シリーズ
現代の福祉国家
⑬

アラブ権威主義国家における再分配の政治

エジプト福祉レジームの変容と経路依存性

河村 有介 著

ミネルヴァ書房

アラブ権威主義国家における再分配の政治
——エジプト福祉レジームの変容と経路依存性——

目　次

| 序　章 | エジプトの権威主義政権と再分配の政治 | 1 |

第1章	権威主義国家における再分配の政治と政治指導者	9
1	政治体制と福祉発展	10
2	新自由主義と福祉改革	21
3	福祉レジームの長期的変化と分析枠組み	28

第2章	現代エジプトにおける福祉レジームの発展	45
1	イギリス保護国期の政治経済構造と社会保障	45
2	ナセル政権期の国家主導型工業化と福祉拡充	52
3	サーダート政権期の経済開放政策と福祉拡充	77
4	七・二三革命と正のフィードバックによる福祉拡充	98

第3章	正のフィードバックの終焉と福祉レジーム	101
1	ムバーラク政権期の政治経済構造の変容	102
2	社会的排除の拡大と福祉レジーム	111
3	福祉のレジームの経路依存性とその帰結	121

第4章	ポピュリズム型福祉レジームと食料価格補助制度	123
1	ナセル政権期の食料価格補助制度の形成	123
2	サーダート政権期の経済開放と急激な制度拡張	130
3	ムバーラク政権期の制度改革と制度の継続性	136

第5章	ポピュリズム型福祉レジームと公的雇用制度	159
1	社会保障制度としての公的雇用	159
2	ナセル・サーダート政権期の公的雇用の発展	162

目　次

　　3　経済自由化と公的雇用制度の頑健性…………………………173

終　章　エジプト福祉レジームと「アラブの春」……………191
　　1　エジプト福祉レジームと理論の発展………………………192
　　2　エジプト福祉レジーム研究の課題…………………………201
　　3　「アラブの春」以後の再分配の政治………………………202

参考文献……205
あとがき……227
人名・事項索引……233

序　章
エジプト権威主義政権と再分配の政治

　2011年1月25日，エジプト国民は，30年にわたって続いてきた長期独裁政権に対する抗議活動を開始し，ホスニー・ムバーラク大統領の辞任を求めた。この抗議運動は，組織化されたものではなかったものの，長期独裁政権に対する抗議の波は，瞬く間にエジプト全土に広がった。この抗議運動には，さまざまな階層の人々が参加しており，男性だけではなく女性も街頭に立って，長期独裁政権に対する不満を爆発させた。この「革命」は，世界を驚かせると同時に，エジプト国民自身をも驚かせた。というのも，ムバーラク政権は，政治的安定を維持する長期独裁政権の典型例とされており，事前には，革命につながるような兆候も見られなかったためであった。しかしながら，このようなエジプト人による抗議運動は，エジプト史上，類を見ない規模にまで拡大した（図序-1）。そして，ついに2月11日には，ムバーラク大統領が辞任を表明し，30年続いた長期独裁政権に終止符が打たれたのであった。

　〔ムバーラク〕大統領が辞任するというニュースを聞くや否や，高揚感が国内全土に広がった。エジプト人は，（中略）ほとんど誰からも好かれず，尊敬もされなかった一つの体制の終わりを祝い，大通りで踊り，歌い，一晩を明かした（Amin 2011：2）。

図序-1 一・二五革命時の放火により煙を上げる国民民主党本部

（ムバーラク時代に与党であった国民民主党の本部ビルは，エジプト国民から独裁と腐敗の象徴とみなされていた。）
出典：Egyptian Streets.

図序-2 一・二五革命後，裁判にかけられるホスニー・ムバーラク（2012年撮影）

出典：New York Times.

この一・二五革命[1]によってムバーラク政権が終焉したとき，多くのエジプト国民は，国の未来に対して楽観的な見通しを持っていた（図序-2）。

しかし，このような楽観的な見通しは，革命後1年が経過しないうちに裏切られることとなった。2012年，エジプト史上初めて民主的な大統領選挙が実施され，ムハンマド・ムルシーが大統領に選出された。当初，ムルシー大統領は，国民から初めての民主的に選出された大統領として歓迎された。しかし，ムルシー政権の政策は，徐々にイスラーム主義者と世俗主義者との溝を深めた。ムルシー政権の支持基盤は，ムスリム同胞団とその関係政党である自由公正党であり，多くのイスラーム主義者を抱えていた。その一方で，一・二五革命の主導者たちには，世俗主義的な考えを持つ者が多かった。革命以後，高インフレ，低成長が進行し，失業問題も深刻化しており，経済状況は芳しくなかった。ムルシー政権は，このような状況で独裁的な傾向を強め，さらに軍部との対立を深めた。たとえば，ムルシー政権は，独立労働組合の形成を認め

図序-3 シーシー国防大臣（写真左）とムルシー大統領（写真右）
出典：BBC Arabic.

る労働法改正案を拒絶する一方で，ストライキ規制を提案し，革命以降も頻発していた山猫ストに関して使用者側に立っていた。このような対応により，エジプトは，国際労働機関から国際労働条約に違反するとしてブラックリストに載った（*Middle East Report Online*, 10 July 2013）。最終的には，国民の不満を利用し，アブドゥルファッターフ・アッ＝シーシー国防大臣が主導する国軍がムルシー政権に最後通牒を突き付け，クーデタを起こした。2013年7月，ムルシー大統領は失脚し，わずか1年でエジプト史上初の民主的大統領は辞任を余儀なくされた（図序-3）。

このような政治的混乱のなかで，社会的公正や公正な分配という問題は，重要な争点であり続けた。これは，公正な分配の欠如が一・二五革命の原動力となったことからも明らかであろう。その上，革命以後も公正な分配はなされておらず，革命の原動力となった国民の不満は，解消されないままである。多くのエジプト国民は，貧困や不充分な賃金，食料不足（とりわけ，パンの不足）など，さまざまな社会的リスクを抱えている。ムバーラク政権崩壊以後も，エジプト国民は，自分たちの生活水準向上のために，ストライキを組織し，デモに参加している。カイロ市内を歩けば，さまざまな場所でストリートチルドレンや物乞いに出会うことになるだろう。とりわけ，若年層では失業や貧困の問題

3

が深刻である。また若者のなかには，社会保険に加入することもできずに，非正規労働に従事する者も多い（*Ahram Online*, 24 January 2013）。

このような社会問題の蔓延は，新自由主義型の経済改革が元凶であったと指摘されている（Harrigan & El-Said 2009b）。2007年には，エジプト政府は，経済自由化政策での努力を称賛され，世界銀行から「トップ・リフォーマー」と称された。ムバーラク政権は，国際通貨基金や世界銀行が処方する新自由主義型の経済政策を従順に実施していると見なされていたため，研究者のなかには，エジプトを「新自由主義の実験場」と呼ぶ者さえいた（El-Mahdi & Marfleet 2009）。

しかしながら，ムバーラク時代のエジプトの社会保障支出は，他の発展途上国に比べて著しく低いわけではなかった。構造調整プログラムが開始されて4年が経過した1995年の時点で，エジプトの社会保障支出は，GDP比4.8％であった。この値は，ラテンアメリカ諸国の1972年から1999年までの社会保障支出平均のGDP比2.9％や東アジア諸国平均の2.4％よりも高かった（World Bank 2005：12）。データの期間が異なるため，一概に両者を比較することはできないものの，この当時のエジプトの社会保障支出が経済規模から考えても，決して小さいものではなかったことが明らかとなろう。また，新自由主義型の経済政策が実施されている間も，歳出全体に占める社会政策全般（社会保障や教育，医療，消費者補助金など）に対する支出の割合が増加した——18.1％（1990/91年），25.6％（1999/2000年）（Galal 2003：2-3）。

ムバーラク政権下において，社会保障制度はどのように機能していたのであろうか。これまで政治学は，エジプトにおける社会保障について積極的に取り上げてこなかった。近年の政治学，とりわけ権威主義体制研究では，権威主義体制の安定性を理解するために，一般市民の行動ではなく，エリートの行動に焦点を当てる傾向があった。これらの研究では，いかに権威主義国家の政治指導者が，選挙（Gandhi & Lust-Okar 2009；Lust-Okar 2005）や政党（Brownlee

2007；Magaloni 2008），議会（Gandhi & Przeworski 2006）などのさまざまな制度を利用して，自らの政権を維持するのかに焦点が当てられてきた。しかしながら，「アラブの春」の例を見れば明らかなように，エジプトでは権威主義政権は，エリートの戦術ではなく，経済的不満を抱えた一般国民の抗議運動によって，その政治的安定性が揺さぶられたのであった。このことから分かるように政治学者は，「アラブの春」を予測することができなかった（Gause 2011）。

では，なぜムバーラク政権は，社会保障に対してある程度の支出を継続していたにもかかわらず，社会保障制度による社会問題の解決に失敗し，国民の不満を蓄積させてしまったのであろうか。

従来の福祉国家論は，民主主義国家の事例分析を中心としており，エジプトのような権威主義国家の社会保障を分析する道具を持ち合わせてはいない。近年では，分析対象を西側先進工業国だけではなく，ラテンアメリカ，東アジア，東ヨーロッパ諸国へと拡大させてきた（Haggard & Kaufman 2008；Mares & Carnes 2009）。これは，福祉国家論自体が，民主政治を前提としたものだったからであった。このような偏向は，ラテンアメリカや東アジア，東ヨーロッパ諸国を分析対象とした研究が民主的移行の後，民主政治がある程度成熟した後に登場してきたことからも明らかであろう。

そこで，本書では，権威主義国家や新興民主主義国家における社会保障に関する研究の知見を利用しながら，エジプト福祉レジームの動態を説明する。権威主義国家における社会保障制度は，民主主義国家とは異なる論理の下で構築され，発展を遂げてきた。いわゆる「第三の波」以降も，独裁的な統治を継続してきたエジプトは，権威主義国家における福祉の政治を分析するのに格好の事例だと言える。

本書では，エジプト福祉レジーム分析のために，新制度論アプローチを用い，新たな分析枠組みを構築する。ピーター・ホールによれば，制度とは，公式の規則や遵守手続，さまざまな非公式な慣行を含むものである（Hall 1986：19）。

そして,「福祉レジーム」を法律や公式の規則から非公式の慣行までを含むさまざまな制度の束と捉えて分析を進める。このような福祉レジームには,先進工業国でも見られるような社会保障制度（たとえば,社会保険や公的扶助など）だけではなく,エジプトを含む中東・北アフリカ諸国に特徴的な食料価格補助や公的雇用などの制度も包摂する。というのも,中東・北アフリカ地域では,社会保険制度など従来型の社会保障があまり発達しておらず,食料価格補助制度など本来社会保障には含まれないような制度が,その代替機能を担っているためである（Silva, Levin & Morgandi 2012：56；World Bank 2002：81）。

　本書では,以上のように福祉レジームを定義し,権威主義国家エジプトにおける福祉レジームの経路依存性の要因を分析する。エジプトの福祉レジームは,ガマール・アブドゥン＝ナセル（ナセル）政権期（1952〜1970年）[2]に大きく発展した。この当時の福祉レジームは,輸入代替工業化戦略を補完するものとして位置づけられた。それと同時に,副次的な目的として,福祉レジームには,バラマキ型の分配を通じた正統性の確保という目標が与えられた。当時,このようなバラマキ型分配は,あくまで工業化戦略の補完を前提としていた。そして,政治的同盟戦略,工業化戦略の双方にとって重要であった都市労働者を主たる受益者としていた。しかし,アンワル・アッ＝サーダート政権期（1970〜1981年）に入ると,部分的な経済開放政策を採用した結果,国民の貧富の差が拡大した。そのため,サーダート政権は,新たな正統性確保の手段を必要としていた。そして,その目的に利用されたのが,福祉レジームであった。サーダート政権は,石油価格の高騰による税外収入（原油輸出収入や湾岸諸国などからの援助資金など）の拡大を背景として,急激に福祉レジームを拡張した。その結果,エジプトの福祉レジームは,分配対象を都市労働者から貧困層などに拡大させた。

　ムバーラク時代（1981〜2011年）には,税外収入が減少し,財政赤字も深刻化したため,サーダート時代のようなバラマキ型の分配を継続することが困難

となった。また，国際通貨基金や世界銀行から，非効率な社会保障制度を見直し，財政赤字を削減するように圧力がかかっていた。このような新自由主義的な経済改革を求める圧力にもかかわらず，ムバーラク政権は，急激な分配の削減が政治的不安定化をもたらすことを恐れ，抜本的な社会保障改革を先延ばしし続けた。その結果，資源分配の歪みが拡大し，貧困や失業などの社会問題の放置につながった。そして，このような社会問題は，結果的にムバーラク政権の土台を徐々に蝕み，「アラブの春」の遠因となった。

本書は，(序章を除いて) 六つの章から構成されている。第1章では，既存の福祉国家研究や権威主義体制研究の知見を基に，権威主義国家における福祉の政治は，民主主義国家とは異なる論理で動いていることを示す。民主主義国家では，福祉の政治は，社会権と強く結びついており，組織労働の政治的影響力が福祉拡大の原動力になっている。それとは対照的に，権威主義国家の福祉の政治は，トップダウン型で決定される。すなわち，政治指導者の戦略が福祉拡充に決定的な役割を果たし，組織労働の政治的影響力のような「下からの圧力」は，副次的な役割しか果たさない。つづいて，権威主義国家における福祉レジームに対する新自由主義型経済改革の影響について検討する。そして最後に，長期的な福祉レジームの変容を分析するための視座を設定する。そして，歴史的制度論の知見を利用し，①決定的分岐点，②経路依存性と正のフィードバック，③正のフィードバックの終焉という鍵概念について説明する。

第2章および第3章では，イギリス保護国時代 (1914～1952年) からナセル時代を経て，サーダート時代，ムバーラク時代に至るエジプトの政治経済構造と福祉レジームの変遷について説明する。エジプトの福祉レジームは，七・二三革命を契機として，急激に発展した。この急激な発展を説明するため，ナセルによる福祉拡充が開始される以前のイギリス保護国時代の政治経済構造や初期の社会保障政策に焦点を当てる。そして，ナセルが政権を掌握した後，福祉レジームがどのように拡張され，それらはどのような特徴を有していたのかを

説明する。ナセル政権下では，国民に対するバラマキ型の分配による政治的支持の調達は，福祉レジームの副次的役割に過ぎなかった。しかし，次のサーダート政権の下では，税外収入の増加を背景にして福祉レジームは急激に拡大し，バラマキの対象を広げた。ムバーラク時代に入ると，税外収入の減少や財政赤字の拡大により，抜本的な福祉改革を迫られるようになった。このような圧力にもかかわらず，ムバーラク政権は，抜本的な改革を先送りし，非効率な分配を継続させた。その結果，ムバーラク政権は，福祉レジームを通じた社会問題の解決ができず，やがて国民の不満は「アラブの春」へとつながった。

次の第4章および第5章は，事例分析を行なう。第4章で扱う食料価格補助も，第5章で扱う公的雇用も，ともに一般的な社会保障制度とは言えないものの，エジプトの福祉レジームにおいては重要な役割を果たしている。食料価格補助制度は，都市労働者に対する食料供給や貧困層に対する援助に利用された。また公的雇用制度は，公共部門への有能な人材の供給に貢献するとともに，政権の支持調達のための道具としても利用された。第4章および第5章では，二つの制度がどのような形で作られ，変容していくのかを分析する。

そして最後に，終章では，まずエジプトの福祉レジームの事例の理論的な貢献について，①歴史的制度論に対する含意と②福祉国家論に対する含意の二つに分けて論じる。そして，本書の課題について言及し，今後の研究の方向性を示す。

注
（1）通常，これらの一連の政治変動を「エジプト革命」と呼ぶことが多い。しかし本書では，1952年の「エジプト革命」と区別するために，2011年エジプト革命を一・二五革命と，1952年エジプト革命を七・二三革命と呼んで区別する。
（2）ナセルは，七・二三革命当初，国家元首ではなかったものの，本書では便宜上1952年から1970年までを「ナセル政権期」もしくは「ナセル時代」と呼ぶ。

第1章
権威主義国家における再分配の政治と政治指導者

　本書が分析対象とするのは，権威主義国家における福祉政治である。しかしこれまでの福祉政治に関する研究は，主として民主主義国家を対象として行なわれてきた。しかし，福祉国家研究の泰斗であるイエスタ・エスピン＝アンデルセンが指摘するように，ドイツのオットー・フォン・ビスマルクやオーストリア＝ハンガリーのエドゥアルト・ターフェの例が示すように，最初に大規模に社会政策を整備したのは，民主的ではない統治体制を採る国家であった（Esping-Andersen 1990：16）。また，現代の発展途上国における社会政策に目を移しても，同じようなことが言える。たとえば，社会保険制度を例にとった場合，サンプル73カ国のうち7割以上が，非民主主義体制の下で，最初に労働災害補償保険が導入されており，老齢年金や疾病保険についても，同じような傾向が見られる（Mares & Carnes 2009：97）。このように民主的とは言えない国家においても，社会政策が整備され，それに伴い福祉政治が展開されている。それにもかかわらず，これまで政治学は，権威主義国家における再分配にあまり関心を払ってこなかった。

　本章では，既存研究の渉猟を通して，権威主義国家における福祉政治は，民主主義国家とは異なるロジックで展開していることを示す。そのため本章では，まず福祉国家論や権力資源動員論，権威主義体制論から，民主主義国家と権威主義国家での福祉政治のロジックの違いを明らかにする。民主主義国家では，

権利政治を基盤とした「下からの圧力」によって社会保障の拡張が進むのに対して，権威主義国家では，政治指導者の政治選択という「上からの力」が決定的な意味を持つ。つづいて，権威主義国家における改革期の福祉政治について考える。1970年代以降，民主主義国家であれ，権威主義国家であれ，新自由主義経済思想の影響力拡大に伴い，福祉政治にも新自由主義の影響が見られるようになった。本章では，権威主義国家では，福祉政治に対する新自由主義の影響も民主主義国家とは異なることを示す。そして最後に，歴史的制度論の知見を利用して，権威主義国家における福祉政治の分析枠組みを構築する。

1 政治体制と福祉発展

民主主義下での社会保障――ボトムアップ・アプローチ

　福祉発展の政治について考えるとき，最初に挙げておかなくてはならない学術的業績は，近代化論だろう。近代化論は，西ヨーロッパにおける国民国家形成の経験を基に発展を遂げており，そのまま本書が対象とするエジプトのような権威主義国家の社会保障の発展に関する議論に適用することはできないものの，いくつかの点で本書の理論的に枠組みに対する示唆を与えてくれる。ラインハルト・ベンディクスによれば，近代化の進展に伴い，伝統的な家父長的な世界観は否定され，伝統的な主従関係は，個人を基盤とする対等な関係へと置き換わった。そして，産業社会の興隆に伴い，国家による経済的自由の保障や私有財産保護が求められるようになった。さらに，このような統治構造の根本的な変化を促し，治者と被治者という関係から，市民によって統治される政府へと変化させた（Bendix 1964: 2）。このようにして拡大された自由権や参政権によって，市民による抗議活動を活発化させ，国家に対する積極的な国民保護が求められるようになった。このような結果，西ヨーロッパの近代民主主義国家は，国民に対して社会権を保障し，福祉国家となった（Bendix 1964; Rokkan

1970)。

　近代化論は，それ自体が西ヨーロッパの政治発展の経験から生み出されたものであるが，福祉政治と民主主義との関係について2点で示唆を与えてくれる。第一に，近代化論では，工業化が伝統的な社会関係を解体し，その代わりに拡大した市民の自発的結社による活動によって社会政策の拡大が生じると考えている。第二に，近代化論では，市民の権利の拡大が社会政策の整備と密接にかかわっていることを示している。市民の権利は，「国家からの自由」（自由権）の保障に始まり，次いで「国家への自由」すなわち参政権の承認，そして最後に積極的な市民の社会的保護（社会権）へとつながると説明されている。この考え方は，トマス・H・マーシャルによる「市民権（citizenship）」という概念とも共通している。マーシャルは，社会的市民権を市民として標準的な水準の生活を送る権利とし，その確立が市民権の発展の最終段階であると考えた（Marshall 1950）。マーシャルの議論は，イギリスの経験に重きを置きすぎているという批判があるものの，自由権や参政権の保障，すなわち民主的な環境こそが，社会権の拡充，すなわち社会政策の拡大につながることを示したという点で重要である。

　新川敏光は，福祉国家自体が資本主義経済を前提として成立したものだとしたうえで，以下のように述べている。

　福祉国家と民主主義的な政治体制の結びつきを，単なる偶然とみなすことはできない。福祉国家において，福祉は権利性を獲得する。したがっていかに寛大であろうとも，福祉が上からの恩恵として与えられている限り，そこに福祉国家は生まれない。福祉が権利性を伴うようになるのは，市民が自らの要求を統治・政策に反映することが制度的に担保されている政治体制，すなわち民主主義的政治体制においてのみである（新川 2014：3）。

最近の研究でも，近代化論者の考え方を継承しており，政治的な開放性（民主主義国家か否か）が社会支出の多寡に影響するという主張がなされている。すなわち，政治的開放性に劣り，議会制度や政党システムが形骸化している権威主義国家では，社会政策に対する支出が，民主主義国家に比べて不充分であるという（Avelino, Brown & Hunter 2005；Lake & Baum 2001；Przeworski *et al.* 2000）。このような研究は，合理的選択制度論を基盤としており，民主主義国家であれ，権威主義国家であれ，政治家は自らの利益を最大化するために行動することを前提としている。民主主義国家では，政治的参加の費用が低く，公職を得るための競争が激しいため，レントの獲得が抑制されている。このような環境では，政治家は選挙に参加し，自らの再選可能性を高めるように行動することが合理的となる。そして再選可能性を高める一つの手段として，政治家は，有権者に対する分配を行ない，彼らの支持を得ようとする。その結果，民主主義国家では，政治家の合理的な行動により，社会政策に対する支出が拡大する。その一方で，権威主義国家では，政党や議会などの民主的な制度が欠如しているため，政治的参加の費用がきわめて高く，（民主主義国家とは異なり）大衆による政治家に対する厳しい監視がない。このような環境では，政治家の本来の選好がより明確に表れてくる。権威主義国家では，政治家はレントを得るために国家の独占的な力を利用するようになり，国民に対して分配をしようとする誘因を持たない。その結果，権威主義国家では，社会政策に対する支出が，民主主義国家に比べて抑制的になる（Lake & Baum 2001：618）。すなわち，彼らのロジックでは，社会支出の拡大は，民主的な制度の下での「下からの圧力」によるのである。

　最近の研究では，民主主義国家における圧力団体全般の行動が福祉拡大に大きな役割を果たすと主張されているものの，古典的な福祉国家研究では，より具体的に組織労働者（および左派政党）の役割を強調している（権力資源動員論）。ウォルター・コルピによれば，開かれた政治的アリーナにおける政治的参加の拡大は，組織労働者が社会保障の拡大において中心的な役割を果たすことを可

能にした。このような民主的環境下では，組織労働によって支持された強力な社会民主主義政党は，広範な市民に利益をもたらす「制度的な」社会政策の形成へとつながる。対照的に，社会民主主義政党が弱い民主主義国家では，貧困層のみを対象とする残余的な社会保障政策しか実施されない。もし労働者の組織化が進んでおり，強力な集団的資源を有しているのであれば，ストライキなどの経済的行動よりも議会を通じた政治的行動のほうがリスクが少なく，労働者が自らの要求を達成するためにより合理的である。このような文脈では，社会民主主義政党は，広範な市民の支持を得るために，社会保障の拡大を実行し，普遍主義的な社会保障制度を整備する傾向にある（Korpi 1983）。その結果，先進福祉国家のなかでも，社会民主主義政党の強い国家（たとえば，スカンジナビア諸国）では，社会保障は労働との結びつきが強くなく，脱商品化の水準が高い（社会民主主義モデル）。その一方で，アメリカをはじめとする公的扶助が大きな役割を果たしている国では，国家は市場で失敗した人々のみに責任を持ち，福祉給付を行なう。その一方で，それ以外の国民は，民間保険への加入が奨励されている。その結果，市場の機能が強化され，社会保障の脱商品化の効果は弱くなる（自由主義モデル）（Esping-Andersen 1990：26-29）。

　しかしながら，権威主義国家における組織労働者と社会保障の関係について考えるとき，民主政の下での因果関係とは異なる因果メカニズムを検討する必要がある。事実，これまでの労働運動と社会保障の関係を扱った研究でも，民主主義国家と権威主義国家では政権と組織労働者の関係が異なることを理由として，権威主義国家を分析対象から外している（Hicks 1999）。強い労働運動と社会保障の関係についての代替的な説明としては，二つ考えられる。第一の説明は，強い労働運動が社会保障拡大の原動力となるのではなく，むしろ障害となる可能性があるというものである。権威主義体制下での政治的指導者は，強い労働運動を体制に反抗する可能性のある潜在的な挑戦者と見なし，労働運動を弾圧することがある。このような文脈において，政治指導者は，潜在的な挑

戦者となりうる労働者の利益になるような社会保障拡充の誘因はない。第二の説明は，権力資源動員論が想定する因果関係とは逆のものである。権力資源動員論では，強い労働運動が寛大な社会保障を作り上げたと考えている。一方で，権威主義研究は，社会保障が弱い労働組合の政治的影響力を強化する手段として用いられたことを示している。たとえば，ラテンアメリカでは，ポプリスモ政権（たとえば，アルゼンチンのフアン・ペロン政権）は，労働者階級からの政治的支持を調達し，自身の政権基盤を強化するために社会保障を拡張させた（O' Donnell 1973）。権威主義国家においては，民主主義国家とは異なり，組織労働者は必ずしも政権からの自立性を有しているわけではなく，政権の統制下にあることが多い。多くの権威主義国家では，労働組合の指導部は政権によって指名されている。また，労働組合員も特権階級と見なされており，彼らの特権が守られる限り，反体制運動を支持する誘因はない。中東・北アフリカ地域では，自律的な労働運動は，反体制的と見なされており，しばしば政府による弾圧の対象となっている（Bellin 2002；Posusney 1997）。既存研究は，権威主義国家において組織労働と政治的指導者の関係性を決定する力は，組織労働の側にはなく，政治的指導者の側に存在しており，政治的指導者は，自らの政権を維持するために，どのような集団，階級――保守的な地主層か，資本家か，それとも小作農や労働者か――と同盟を結ぶのかを決定することを示している。すなわち，民主主義国家とは対照的に，トップダウン型の決定が権威主義体制における社会保障の発展を大きく規定することになるのである。

権威主義国家における国家アクターの重要性――トップダウン・アプローチ

　福祉発展に関与する国家アクターとしては，①官僚組織と②政治指導者の二つが挙げられるだろう。第一の官僚組織については，これまでの研究でも社会保障の発展に大きな役割を果たしていることが明らかにされている[1]。権威主義国家の事例に限定しても，公共政策（とりわけ，社会政策）における官僚組

第1章　権威主義国家における再分配の政治と政治指導者

織の役割に関していくつかの重要な研究が出されている。本書では，①官僚型権威主義（bureaucratic authoritarianism）モデルと，②開発国家（developmental state）モデルの二つを検討する。

　第一の官僚型権威主義モデルは，ギジェルモ・オドンネルによって提唱されたもので，1960年代のラテンアメリカ諸国における権威主義政権への揺り戻しという歴史的経験に基づいている。当時のブラジルやアルゼンチンは，完成消費財の輸入代替を基盤とした経済成長の終焉を迎えていた。それと同時に，工業化の進展によって政策決定に大きな影響を及ぼすようになったテクノクラートは，輸入代替工業化戦略こそがさらなる経済発展の障害であると見なすようになっていた。彼らは，このような障害を取り除くため，軍部と同盟を結び，クーデタによってポプリスモ政権を打倒した。そして，このクーデタ後，テクノクラートは，新自由主義的な経済思想に基づいた経済改革の主導権を握り，外資による投資促進を推進した。このような経済改革は，社会保障にも大きな影響を与えており，寛大な福祉給付は見直され，貧困層を対象とするプログラムへと予算を集中させた（Haggard & Kaufman 2008）。

　第二の開発国家モデルは，「東アジアの奇跡」（World Bank 1993）と呼ばれる高度経済成長という歴史的経験に基づいており，自立的な官僚組織が東アジア諸国における長期的経済発展を可能にした要因であったと見なしている。このような開発国家の多くは，権威主義体制下にあり，政治指導者によって政治家や利益団体の圧力から官僚組織を保護していた。これらの研究では，自立的な官僚組織と福祉の関係について言及していないものの，これらの開発国家では，各種の社会保障制度は意図的に未発達のまま放置されており，その代わりに教育に対して集中的な投資がなされていた（Haggard & Kaufman 2008）。

　しかしながら，官僚機構を権威主義体制下における福祉発展にとって最重要アクターだと断言するのは，早計である。というのも，政治指導者の意向如何で，官僚機構の自立性は左右されるからである。自立的な官僚機構が政権維持

のために必要だと判断すれば，政治指導者は官僚機構を利益団体や政治家からの圧力から保護する措置を取ることになる。官僚型権威主義モデルの場合も，開発国家モデルの場合も，政権維持のために経済成長を必要としており，そのためには利益団体や政治家の個人的利益に左右させず，長期的視点から経済成長戦略を立案できる官僚機構を必要としていた。いずれの場合にも，政治指導者の意向によって，官僚機構の独立性が維持されたのであった。

　第二のアクターは，政治指導者である。権威主義体制下において，政治指導者は，官僚機構以上に，社会保障制度を利用する誘因を持つ。権威主義体制下において社会保障は，官僚型権威主義モデルや開発国家モデルが想定したように，経済成長のための道具として用いられるだけではなく，より積極的に政権の支持を動員するための「バラマキ」の道具としても用いられることがある。権威主義体制下においても，政権に対する国民の支持は，それが自発的支持であれ，強制的になされたものであれ，重要である。というのも，大衆の支持は，権威主義政権に対する潜在的挑戦者であるアクターが政権に反抗的な対応を取ることを回避する誘因を拡大させる。さらに，強権的な手法を用いて政権を維持するよりも，資源分配を通じて大衆の支持を獲得するほうが，政権の正統性に傷をつけることなく，統治コストとしても低く抑えられるため，政治指導者は積極的にそのような手法を採用する傾向にある。このような資源分配には，補助金や現金給付，住宅や医療サービスの提供，雇用先の確保などが含まれる（Ezrow & Franz 2011）。

　では，政治指導者の意向は，福祉発展にどのような影響を及ぼすのだろうか。イザベラ・メアースとマシュー・カーンズは，「立ち上げ組織（launching organization）」という概念を用いて，権威主義体制下における社会保障の発展の多様性について説明しようとした。この「立ち上げ組織」とは，政治指導者の権力掌握に協力した組織であり，具体的には，軍部や政党，王族などが挙げられる。このような組織は，政治指導者の権力掌握に中心的な役割を果たす一方で，

第1章 権威主義国家における再分配の政治と政治指導者

クーデタなどによって現職の政治指導者を失脚させうる能力を備えているがゆえに，現職指導者に対する潜在的な挑戦者でもある。そのため政治指導者は，政権初期に，このような立ち上げ組織との権力闘争を繰り広げることがある（Haber 2006：696）。立ち上げ組織と政治指導者の関係を考えた場合，三つの均衡点が存在すると言われている。異なる三つの均衡点は，政治指導者の戦略の違いから説明されており，このような戦略の違い——①恐怖戦略（terror strategy），②抱き込み戦略（co-option strategy），③組織増殖戦略（organizational proliferation strategy）——によって福祉レジームの特徴に違いが見られる（Mares & Carnes 2009）。

　第一の戦略は，恐怖戦略である。この戦略では，政治指導者は，粛清などの強権的な手段で立ち上げ組織の権力を根絶しようと試みる。このような戦略が成功すると，政治指導者は絶対的な権力を手に入れることとなる。このような体制の特徴ゆえに，政治指導者は，国富をあたかも家産のように扱い，国民に社会政策という形で分配する誘因を持たない（Mares & Carnes 2009：98）。しかしこのような戦略は，三つの理由から稀にしか利用されない。第一の理由は，この戦略がリスクの高い選択だという点である。政治指導者が政治アリーナから立ち上げ組織を排除することに失敗した場合，立ち上げ組織の指導者は，そのような戦略を採った政治指導者の排除を試みる可能性が高い。第二の理由は，このような戦略を実行するためには，秘密警察や武装組織など，新たな組織を必要とする点である。新たに設けられた組織もまた，政治指導者に対する潜在的な挑戦者になるので，同じような戦略を繰り返す必要がある可能性が高い。そして第三の理由は，この戦略が有能な人材を抹殺することにつながり，政権の統治能力を低下させるという点である。

　以上のような理由から，恐怖戦略のみを採り続けている事例は少ないものの，サブサハラ・アフリカ諸国における「不安定レジーム（insecurity regimes）」は，このような恐怖戦略の産物であると考えられる。このようなレジームでは，政

治指導者は,きわめて僅かの政権支持者に対して分配を行なう以外に関心が無く,国内のあらゆる経済的資源(鉱山資源やプランテーションなど)だけではなく,国家権力に付随する資源(国庫収入や対外援助資金,許認可に絡むリベートなど)を私利私欲のために利用する(Bevan 2004a：97-98)。そのため,このレジームの下では,社会保障が未発達であり,貧困問題やHIVなどの伝染病の蔓延が放置されている。また公教育に対する投資もほとんど行なわれていないために,多くの国民は,普通教育や技能習得の機会を得られずにいる。農村部では,社会保障が欠如しているため,気候変動などに起因する一時的な農業生産減少が生活条件の悪化に直結する。また,都市部では,新自由主義的な経済政策の影響により,わずかながらも貧困削減に貢献していた食料補助への支出が削減されたり,廃止されたりしたために,農村部以上に不安定な状況に置かれている国民が多くを占めている。その結果,人々は①自らの出身部族や血縁関係による社会的包摂を受け入れるか,②自発的(もしくは,非自発的)共同体からの退出を受け入れるしか方法が無い。前者では,その共同体の秩序を受け入れる必要があり,場合によっては他の構成員よりも劣位の地位を受け入れなくてはならないかもしれない。後者では,他国への移民(自発的退出)もしくは死亡や他国への難民という形での強制的退出を選択することになる(Bevan 2004b：225-230)。

　第二の戦略は,抱き込み戦略である。この戦略では,政治指導者は,経済的な見返りと引き換えに,立ち上げ組織のメンバーの忠誠心を獲得し,彼らを政権内部に取り込む。この仕組みの中核は,特定の集団に対する選択的な輸入許可や税制優遇,特定経済活動に対する許認可の要求などによって競争を緩和させ,経済レントを創出する点にある。短期的に見れば,この戦略は,政治指導者が少数の人々にレントを分配することで高い経済成長率を実現しうるものの,このようなレント分配システムが経済構造を歪め,資源の誤った分配を招く可能性もある(Haber 2006：701-702)。このような戦略は,福祉レジームの特徴に

も大きな影響を及ぼす。このような戦略を採用した多くの国では，制度受益者の数が限られているが，受益者に対しては寛大な給付を行なう「制限的な」福祉レジームが形成される。このような福祉給付の受益者は，国営企業や大規模な民間企業の被用者に限定されており，彼らに対しては労働運動の急進化を回避するために，寛大な給付が約束されていることが多い。そして，このような給付の財源は，主要産業におけるレントによって賄われている（Mares & Carnes 2009：99）。後述するように，「東アジアの奇跡」を経験した国々では，このような戦略によって，高度経済成長を成し遂げたのであった。

　第三の戦略は，組織増殖戦略である。この事例では，政治指導者は，従来の立ち上げ組織と対抗するために，積極的に政権の支持基盤となる新たな組織を作り上げる。政治指導者は，以下のような二つのメカニズムのいずれか（もしくは，両方）を利用して，クーデタなどの集団的行動のコスト引き上げを図る。第一のメカニズムは，立ち上げ組織に対抗しうる新たな組織を創出することで，現職指導者に対抗する際の新組織との調整コストを引き上げるというものである（たとえば，正規軍とは異なる武装勢力や秘密警察の創設など）。第二のメカニズムは，立ち上げ組織の構成員に対して，新組織への加入を促すことで，立ち上げ組織内部での調整コストを引き上げるというものである（たとえば，軍事政権内部の国軍将校に対する与党加入の奨励など）。この戦略では，政治指導者は，積極的に政権の支持基盤を拡大させており，その手段として福祉給付も利用されている。そのため，前二者の戦略と比べると，この組織増殖戦略を採用した事例では，国民に対する寛大な給付がよく見られる。

　この戦略がもっとも成功した事例は，1929年から2000年まで政権を維持したメキシコの権威主義政権（制度的革命党政権）であろう。メキシコでは，組織増殖戦略のなかで労働組合を政権の支持基盤として取り込んだ。その見返りとして，制度的革命党政権は，労働者に対して雇用保障だけではなく，公共住宅や医療サービス，退職年金など，寛大な社会福祉を提供した。このような戦略を

採る国の多くは，国家コーポラティズム型の政治システムを採用しており，各団体は個別に権威主義政権とのつながりを維持している（Haber 2006：702-704）。そのため，福祉レジームは，先進工業国における「保守主義型福祉レジーム」に類似し，職域ごとに分立する傾向が強い（Mares & Carnes 2009：100）。

　ここでの議論を要約すると，権威主義国家での福祉発展のロジックは，民主主義国家のものとは異なる。民主主義国家では，福祉レジームは，国民，とりわけ労働者の「下からの圧力」により発展する。そして，これを理論的に説明したのが権力資源動員論であった。しかし，権力資源動員論が想定するような因果メカニズムは，議会や選挙制度などの民主的制度が機能し，結社の自由など基本的な人権が保障されていて初めて正常に働く。権威主義国家では，このような民主的制度が欠如しているか，もしくは存在していても正常に機能しておらず，権力資源動員論が想定するような「下からの圧力」が福祉レジームの発展に有効とは限らない。むしろ，政治指導者の意向という「上からの圧力」こそが，権威主義支配下の福祉レジームの発展に大きな役割を果たす。とりわけ，福祉レジームの発展期では，政治指導者が「立ち上げ組織」とどのような関係を構築するのかという生存戦略が福祉レジームの特徴に決定的な影響を及ぼすのである。

　とはいうものの，権威主義国家において「下からの圧力」が社会保障の政治に対して，まったく影響がないわけではない。権威主義統治下において，民衆の抗議などの「下からの圧力」は，政治指導者に対するシグナルとして機能しており，政治指導者の生存戦略の結果として形成された社会保障政策の内容を修正させることがあった（Forrat 2012）。たとえば，1990年代の中華人民共和国では，失業者や老齢年金受給者に対する給付が不充分で，彼らの不満が抗議活動へとつながった。共産党政権は，このような抗議活動に対応して，共産党政権は失業者や年金受給者に対する現金給付を増額するなどの代償を与えた。ある中国研究者の指摘では，中国共産党政権下では，人民がある程度満足できる

福祉給付の提供は，体制の正統性と密接に関連しており，高い経済成長を背景として，このような正統性の危機に対して，迅速な反応をすることができたのだという（Frazier 2006：17）。中国の事例では，権威主義政権が国民の抗議活動に反応して福祉給付の内容を変更することが指摘されているが，政権側が「下からの圧力」が表面化することを見越して，先手を打つことも考えられる。レオニード・ブレジネフ政権下のソヴィエト連邦では，東ヨーロッパ諸国でのソヴィエト支配に対する不満が表面化していた時代であった。そこでブレジネフ政権は，社会福祉の拡充などを通じて国民の物質的な満足に配慮し，労働者の不満が表面化し，正統性が危機に陥ることを回避しようとした（Bialer 1980：161）。権威主義国家では，民衆の抗議活動は，福祉レジームの発展に直接的な影響はないものの，個々の社会政策の内容を変更させる力を有していた。

2　新自由主義と福祉改革

　福祉レジームは，民主主義国家であれ，権威主義国家であれ，第二次世界大戦終結後の特定の条件下において，急激な発展を遂げた。日本を含む西側諸国では，国際的には多国間の自由貿易を推進する一方で，国際的な自由主義から一国経済を保護する配慮がなされた（IMF-GATT体制）。国内では，ケインズ主義経済学に基づき，経済発展のために国家が積極的に経済政策を展開するようになった。西側民主主義国家は，第二次世界大戦後，「黄金の30年」と呼ばれる長期的な経済発展を遂げた。このような条件のなかで社会保障制度の拡充が図られ，福祉国家として発展を遂げた（新川・井戸・宮本・眞柄 2004：28-34）。

　西側先進諸国におけるケインズ主義経済学の隆盛の影響もあり，発展途上国においても，経済成長のための国家による市場への介入が正当化され，ある程度，社会保障制度が整備された。第二次世界大戦終結後から1960年代にかけて優勢だった開発理論が構造主義（structuralism）であった。構造主義の見方で

は，先進国と発展途上国では，経済構造に大きな差があり，途上国が経済発展を遂げるためには，積極的に国家が介入する必要があるとした。構造主義が提示した経済成長戦略が輸入代替工業化であった。国家が市場を規制し，これまで輸入品に依存していたものを国内生産で代替することで，発展途上国でも経済成長が軌道に乗ると考えた。このような積極的な経済への介入の過程で，社会保障制度も整備され，拡充していった（Peet & Hartwick 2015：76-79）。

　しかし1970年代以降，発展途上国において輸入代替工業化戦略の限界が次第に明らかとなり，従来型の国家による市場介入の非効率性が問題視されるようになった。これまでの研究によれば，①貧弱な輸出実績，②非効率な資源分配，③雇用創出の失敗，④貧弱な農業実績，⑤政治的腐敗という観点から，輸入代替工業化戦略が失敗であると見なされた。第一の理由は，貧弱な輸出実績であった。発展途上国の輸出量自体は増加したものの，その主たる輸出先は，先進工業国ではなく，近隣の発展途上国であった。このような状況は，先進国と途上国との間の貿易パターンを是正するという本来の目的を達成していないことを意味していた。また，自国生産者は，輸入品の代替に成功したものの，その商品を製造するための技術や設備は，先進国からの輸入に依存し続けていた。その上，外国企業からの保護措置は，自国産業の競争力を低下させ，輸出を促すには効果的ではなかった。結果として，輸入代替工業化戦略は，部分的に輸入品を減らすことには成功したものの，対外支払い額自体は減少しなかった。第二の理由は，非効率な資源分配であった。貿易障壁によって国内価格が上昇し，これにより，国内消費量に制約が加えられるようになった。その一方で，国内企業は，貿易障壁によって外国企業から保護されることで，新技術の習得などへの意欲が減退し，生産品質の悪化や生産性低下をもたらした。第三の理由は，雇用創出の失敗であった。通常，輸入代替工業化戦略では，重化学工業などの国産化を目指すことが多かった。これらの産業は，資本集約型産業であり，国内では期待していたほどの雇用を創出できなかった。そのため，輸入代

替工業化戦略の恩恵に与ることができる労働者は，きわめて少数であった。経済成長の利益は，資本の所有者やフォーマル部門労働者などの限られた集団のみに分配されたため，国内市場の需要が伸びず，経済成長を制約した。第四の理由は，貧弱な農業実績であった。このような工業化戦略は，農業部門に対して大きな負担を強いていた。工業化を推進するために，国家は，農業生産価格を低く抑えることにより，農業部門で生み出された富を近代工業部門へと投入した。その結果，農業生産者の生産意欲の減退を招き，農業の生産性が低下することとなった。第五の理由は，この戦略に起因する政治的腐敗であった。輸入代替工業化戦略は，経済成長のために国家が積極的に経済に介入することを正当化した。そのため国家は，さまざまな形での裁量を得ることとなった。それと同時に，このような自由裁量は，政治的な腐敗を生み出す余地を作ってしまった。その結果，政策決定に関与するアクターの間での政治的腐敗が進行した（Rapley 2007：47-52）。

　このような輸入代替工業化戦略の失敗に対して，新自由主義者たちは，効果的な経済成長のために国家の役割を最小化させることを主張した。発展途上国では，新自由主義型の経済改革も，能動的に実施されるものと受動的に実施されるものの二つが存在する。前者が，政治指導者の選択による新自由主義型経済改革であり，後者が世界銀行や国際通貨基金の資金貸付を見返りとした構造調整プログラムであった。

　第一が，政治指導者主導による新自由主義型経済改革であった。この典型例が，チリのアウグスト・ピノチェト政権であった。1973年クーデタによるサルバドール・アジェンデ政権崩壊後，ピノチェトは多くのシカゴ学派のマネタリストを政策顧問として任用した。彼らの新古典主義理論は，徐々に実行に移された。彼らは，チリの国際収支問題を解決する方法として，マネタリストショック療法を推奨した。それと同時に，寛大な福祉給付が削減され，貧困削減プログラムへの資源集中が図られた。このようなピノチェト政権下での福祉

レジーム変容の背景には，統治連合（ruling coalition）の変化が影響していた。経済自由化の背景には，統治連合が都市労働者を基盤とする左派連合から，産業資本家を支持基盤とする連合へと変化したことが挙げられる。一般的にピノチェト政権のような官僚型権威主義政権は，産業資本家の支持を得て経済の「正常化（normalization）」を目指す。このような経済正常化のために，政権はかつて活発に活動していた都市労働者層を政治アリーナから排除しようと試みる。たとえば，官僚型権威主義国家では，労働者代表が政策決定にアクセスする権利を奪い，政策決定過程へ関与できる対象を軍部や巨大な寡占民間企業体に限定した（O'Donnell 1979：292-293）。本書の用語を用いれば，官僚型権威主義体制の形成は，都市労働者や労働組合などの左派集団という「立ち上げ組織」の政治的影響力を削減する試みにほかならない。その結果として，社会保障の目的も，都市労働者に対する手厚い給付を通じた都市労働者の動員から，貧困削減や貧困層に対する最低限の所得補償へと変化したのであった。

　第二が，構造調整プログラムであった。新自由主義の潮流は，国際援助機関，とりわけ世界銀行の政策に大きな変化をもたらし，発展途上国における福祉レジームの変化にも大きく影響したと考えられる。世界銀行は，1970年代には，ベーシック・ヒューマン・ニーズ（basic human needs）アプローチを採用し，草の根開発プロジェクトによる世界の貧困層の救済に力を入れていたものの，1980年代に入ると，突如として新自由主義的なアプローチへとシフトした。そして世界銀行は，構造調整プログラムの受け入れと引き換えに，国際収支問題に直面する政府に対するドル借款を提供するようになった（Rapley 2007：75-79）。この構想調整プログラムとは，世界銀行や国際通貨基金から融資を受ける条件として遵守する必要がある新自由主義型の経済改革プランであった。このプログラムの内容は，各借り入れ国政府によって異なるものの，「ワシントン・コンセンサス」に沿ったものとなっており，概ね共通する特徴がある。①財政規律の遵守，②公的支出の優先度の再検討，③税制改革（課税基盤の拡

大と限界税率の引き下げ），④金利の自由化，⑤競争力のある為替レート，⑥貿易自由化（たとえば，輸入関税の引き下げや非関税障壁の撤廃），⑦対内直接投資の自由化，⑧国営企業の民営化，⑨規制緩和，⑩所有権に対する法的保護の10点が挙げられる（Williamson 2003）。構造調整プログラムは，経済活動における国家の役割を最小化させ，民間部門に重きを置いた経済構造へと変革することによって長期的な経済成長を喚起することを狙いとしていた。

1990年代初頭まで，これらの国際援助機関は，社会保障政策が単に経済成長に貢献する道具として見なしており，社会保障政策が経済成長に悪影響を及ぼさない限り，政策の質にあまり関心を持っていなかった。しかし，このような態度は，徐々に変化していった。ユニセフ（国際連合児童基金）は，「人の顔をした調整」というスローガンを掲げ，構造調整プログラム実施期間中の人道的問題をクローズアップした。多くの国では，構造調整プログラムによって，子供や女性など，経済的に脆弱な人々の地位が悪化していることが指摘された。ユニセフは，世界銀行や国際通貨基金が，構造調整プログラムを実施する際に，このようなプログラムが与える経済的に立場の弱い人々に対する負の影響を最小限に抑える対策を講じるべきであることを主張した（Jolly 1991）。

このようなユニセフからの批判に対応して，世界銀行と国際通貨基金は，構造調整プログラムの貧困層への影響を評価し，その負の影響を最小限に抑える対策を講じるようになった。『1990年版世界開発報告書（*World Development Report 1990*）』では，構造調整プログラムが開始されて以降，はじめて貧困削減のための政府による対策の重要性が強調された。それとともに，この報告書では，発展途上国における福祉レジームの改革案を提示した。たとえば，世界銀行は，包括的補助金（generalized subsidies）を非効率的な社会保障制度の一つと見なしており，包括的補助金制度が借り入れ国の国内経済や国家財政に大きな負担をかけることを懸念していた。そのため世界銀行は，より制度受益者を限定し，効率的に貧困削減に結びつくような制度への転換を促しており，代替

案として食料品の貧困世帯への配給やフード・スタンプ，食料の現物支給，直接現金給付など，市場メカニズムを歪めない貧困削減制度を提案していた（World Bank 1990：93）。また最近では，世界銀行は，資金借り入れ国政府が市民団体との協力の下で策定した貧困削減戦略（Poverty Reduction Strategies）の評価に参画するようになり，より貧困削減に結びつく国際援助に関心を払うようになっている。世界銀行は，貧困削減戦略を実行する政府を支援する貧困削減支援貸付（Poverty Reduction Support Credit）や開発政策貸付（Development Policy Credit）に対して資金拠出を行なっている。

では，このような新自由主義型経済改革プログラムが採用された場合，権威主義国家の福祉レジームにはどのような圧力が生じるのだろうか。

第一に，社会支出の減少である。一般的に新自由主義型経済改革は，新興民主主義国家であれ，権威主義国家であれ，海外からの投資に対して門戸を開くことにより，市場での競争を促す。このような経済政策は，市場での経済活動での「敗者」を多く生み出すことになる。そして，経済的敗者は，自分たちの経済的損失を補償するような福祉拡充を求めて，政府に圧力をかけるようになる。新興民主主義国家の場合，この圧力は，社会支出の増大に結びつく。このように福祉拡充のメカニズムは，自由選挙や開かれた立法機関，結社の自由など，効果的な民主的装置によってもたらされたのであった。経済的敗者たちは，政府に対して福祉拡充を求め，政府もまた，このような圧力に応じて福祉拡充という選択を行なう。これとは対照的に，権威主義国家では，民主的な仕組みが充分に発達しておらず，人々の福祉拡充圧力が政策として具体化されることがない。人々は，自らの経済的損失に対する不満を平和的に表明する機会が保障されていない。また，ストライキやデモなどの団体行動は，政権によって制限されているため，コストがきわめて高い（Adsera & Boix 2002；Avelino, Brown & Hunter 2005）。そのため，経済改革は，新興民主主義国家とは異なり，権威主義国家では社会支出の縮小に結びつくと考えられる。

第二に，社会保障の合理化である。ここで言う社会保障の合理化とは，社会保障の貧困削減効果を高める制度改革を指す。新自由主義経済学では，国家が市場機能を妨害しないように，国家の役割を最小化すべきことを説いている。そして，貧困削減を目的とした社会保障制度の維持は，最低限の国家の役割として認識されている。新自由主義経済を推進する権威主義政権やそれと統治連合を形成する産業資本家は，最低限の福祉給付を経済成長のために必要な投資と見なしている。彼らは，このような福祉給付が子供の栄養状態向上や教育状況の改善を可能にし，人的資本を高めることを期待している（Silva, Levin & Morgandi 2012：xi）。また先述のように，近年では世界銀行をはじめとする国際援助機関が，発展途上国における貧困層を対象とする社会福祉事業の整備に大きな関心を持っており，各種報告書のなかで資金貸付国に対して，社会保障の合理化を求めている。

　そして，以下の2点の理由から，権威主義国家では，このような圧力に従うことが政治指導者にとって合理的だと考えられる。第一に，国際機関は，技術支援や構造調整プログラム実施国への助言という形で社会保障の合理化を発展途上国政府に対して促している。このような提案に従うことで，権威主義政権は，国際援助コミュニティ（世界銀行や国際通貨基金などの国際援助機関やアメリカなどの先進国政府）での評判を高めることができる。第二に，政治指導者が社会保障の合理化により，資金を経済成長に直接結びつく事業への投資に回すことが可能になる。このような変化は，権威主義政権の新たな支持層である産業資本家の利益にもなり，統治連合の基盤を強化することにもつながると考えられる。このように，新自由主義型経済改革の結果，社会支出が切り詰められると同時に，市場機能を歪める大規模な社会保障制度は，貧困削減に効果的な，新たなものへの置き換えが進められる。

　さらに権威主義的支配は，大規模な福祉縮減や合理化のような不人気政策の実行にとって好都合な環境だという指摘もある。ディーパック・ラルによれば，

民主主義国家に比べて，権威主義国家では，政治指導者による不人気政策の実行を妨げるものが少ないという。民主主義国家では，政府は常に国民からの圧力にさらされており，国民に対して痛みを強いるような改革を避ける傾向にある。一方で，権威主義国家では，民主主義国家のような国民の圧力を受ける民主的装置が機能しておらず，制度的な拒否点が少ない（Lal 1997）。

　また，このような不人気政策も，政治指導者の戦略の一環として実行される可能性がある。社会保障の合理化もまた，しばしば一部の受益者に対して痛みを強いる不人気な政策である。しかし，このような合理化政策は，より効果的に貧困層に対して資金が届くことで，貧困削減を可能にさせ，権威主義支配に対する貧困層の不満を和らげる可能性がある。その結果，社会保障の合理化によって，権威主義支配の持続可能性が高まることが予測される（Acemoglu & Robinson 2006）。もしくは，政治指導者は，旧来の体制からの脱却のシンボルとして，不人気な経済自由化政策を行なうことも考えられる（Nonneman 1996：37）。

　以上のことから考えると，権威主義国家では，経済自由化や構造調整プログラムが実施されると，福祉レジームの特徴が大きく変化すると考えられる。新自由主義的経済思想に基づき福祉改革がなされた場合，福祉レジームの特徴は，国家の役割が貧困削減などの最低限のものに限定され，民主主義国家における自由主義型福祉レジームに近似していくと予測できる。

3　福祉レジームの長期的変化と分析枠組み

　前節では，経済自由化や構造調整プログラムが福祉レジームに与える影響について論じてきた。しかし，このような理論的な予測は，長期的な制度変化を理解するには，単純にすぎる。本節では，長期的な制度変化を理解するための分析枠組みを設定する。多くの歴史的制度論者が長期的な制度変化を分析するための枠組みを提案している。それらには，いくつかの共通する特徴がある。

①複数均衡：正のフィードバックが生じやすい一連の初期条件のもとでは，帰結となる点は複数あるのが一般的である。
②偶発性：相対的に小さな事象でも，それがしかるべきときに起これば，永続的で大きな影響を及ぼすことができる。
③タイミングと配列の役割の重要性：経路依存過程においては，事象がいつ生じるのかが重要になる。配列の前の時点のほうが後の時点よりもかなり重要になる。そのため，ある事象が「あまりに遅く」生じた場合は何も影響をもたないかもしれないが，別のタイミングであれば，大きな影響を及ぼしていたかもしれない。
④慣性：このような過程がひとたび確立すれば，正のフィードバックは一般的に一つの均衡点へと向かう。そして，この均衡は変化に体制を持つ（原著者強調）(Pierson 2004：44；翻訳書：56)。

　最近の制度論研究では，制度形成と制度の安定という二つのメカニズムを厳格に区分する「断続均衡モデル（punctuated equilibrium model）」が批判されるようになった。このような背景から，近年の研究では，断続均衡モデルに依拠する歴史的制度論は，制度変化を説明するのにふさわしくないと見なされるようになっている。彼らの議論では，このような断続均衡モデルは，外的ショック以外の要因から制度変化を説明することは不可能であるとしている。ジェームズ・マホニーとカスリーン・セーレンは，「断続均衡モデル」を克服し，制度変化を説明するための新たな分析枠組みを提示した。彼らの研究は，表面上は制度配置も安定しているはずなのに，実質的な制度変化が生じたのはなぜか，という問いに答えようとする試みである（Mahoney & Thelen 2010a）。
　しかしながら，既存の歴史的制度論的アプローチもまた，長期的，漸進的な制度変化を説明するための概念を提示している。確かに初期の制度論研究では，静態的で，制度変化を説明しえないものもあったものの（たとえば，Arthur

(1989) や David (1985) など), 多くの歴史的制度論研究は, 制度を不変なものとして捉えていない。もしアクターがこれまで自己の利益に適っていると考えていた制度を維持することに誘因を持たなくなった場合, 外的ショックが生じていなくても制度変化は生じる (Mahoney 2000：516-526)。本書では, 歴史的制度論によって生み出された, 長期的制度変化を分析するための二つの概念を用いる。

決定的分岐点

　第一の概念である「決定的分岐点 (critical juncture)」とは,「一般的には, 別々の国 (もしくは, 他の分析単位) で特徴的な形で生じ, 特徴的な遺産を作り出すと仮定される, 著しい変化の期間」と定義される (Collier & Collier 2002：29)。制度発展の経路を決定づけるさまざまな分岐があるものの, それらのいくつかは, ひとたびその選択肢が選ばれると, 初期地点へ戻ることが非常に困難になるがゆえに「決定的な」分岐点とされる。ジェームズ・マホニーは, 決定的分岐点におけるアクターの選択の重要性を強調している。確かに決定的分岐点におけるアクターの決定の程度は, 事例によってまちまちであり, アクター個人にかなりの自由裁量が与えられている場合もあれば, 決定的分岐点以前の先行条件 (antecedent conditions) がアクターの決定に大きく影響している場合もある。しかし, 多くの事例において, 決定的分岐点は, 意思を持ったアクターがより主意主義的なやり方で結果を形作ろうとしているときに生じる。そして, ある決定が決定的分岐点であり, 将来の結果を狭めるものだということを主張するには, いかに (先行条件ではなく) そのアクターの決定が重要変数を活性化させたのかを示す必要がある (Mahoney 2001：7)。

　このような「決定的分岐点」という概念は, 決して新しいものではなく, さまざまな古典的業績のなかで言及されている (Gerschenkron 1962；Lipset & Rokkan 1967；Moore 1967)。これらの研究では, 歴史的変化の順序やタイミングの

重要性を強調し，制度を過去の政治闘争から生み出された恒久的な産物と見なしている。これらの研究は，決定的分岐点の重要性を強調しているものの，分析対象の制度が再生産され，強化されていくメカニズムを見落としている傾向がある。たとえば，彼らは「凍結（freezing）」や「結晶化（crystallization）」という用語を用いて，ある制度の永続性を説明している。しかし，なぜこれらのパターンが持続したのかという理由や，これらのパターンが政治空間のなかでいかに優位を占めていたのかという過程を説明しない限り，不充分なものとならざるを得ない（Thelen 1999：391）。

そこで，ルース・コリアーとデイヴィッド・コリアーは，そのような遺産を生み出す過程に着目しながら，「決定的分岐点」を定義づけようと試みた。彼らは，このような過程を三つの要素に分けている。

①遺産を作り出すメカニズム：その遺産は，決定的分岐点の直後に，明示的になるのではなく，遺産が結晶化されるいくつかの過程を通じて形成される。
②遺産を再生産するメカニズム：遺産の生産メカニズムに加えて，その遺産を強化する進行中の政治的，制度的効果がある。
③遺産の基本特性の安定性（Collier & Collier 2002：29-31）

最近では，「決定的分岐点」を論理学的に整理しようとした業績が登場している（今井 2013：27-28）。ヒレル・ソイファーは，これまでの「決定的分岐点」の概念化の議論が，長期的な制度的変化に関する因果メカニズムを説明するには不充分であることを批判し，新たな概念を提示した。彼は，「決定的分岐点」において，「許容条件（permissive conditions）」と「生成条件（productive conditions）」を区別することの必要性を説いた。前者の許容条件は，主体性や偶然性の因果的効力，ひいては分岐の可能性を高めるように基底的文脈を変化させ

表1-1　許容・生成条件と帰結

		許容条件	
		なし	あり
生成条件	なし	現状維持	変化なき危機 失われた機会
	あり	漸進的変化	決定的分岐点

出典：Soifer（2012：1580），Table 2.

る要因や条件」（Soifer 2012：1574）と定義されている。換言すると，許容条件とは，決定的分岐点以前に制度の変化を阻んでいた構造的制約を緩和させる条件であり，本書の分析対象に即して考えると，福祉発展を拒む政治体制の崩壊などが考えられる。一方で，後者の生成条件は，「事例を分岐させる初期的帰結を形成する決定的分岐点の要素」（Soifer 2012：1575）と定義されている。こちらも換言すると，決定的分岐点以降の結果を決定づける条件と言え，本書では，福祉発展を促す政治指導者の戦略がこの条件に該当すると考えられる。そして，許容条件と生成条件の二つの条件がそろって，初めて決定的分岐点となる（表1-1）。

　権威主義国家の福祉発展にとっての決定的分岐点について論じる際，政治的，経済的構造と福祉レジームの関係について言及する必要があるだろう。スティーヴン・ハガードとロバート・カウフマンは，20世紀中盤にラテンアメリカ，東アジア，東ヨーロッパにおける福祉発展の転換点があり，このような発展を説明する二つの要素――①決定的再編成（critical realignment）と②工業化戦略――があると主張する（Haggard & Kaufman 2008：44-72）。「決定的再編成」とは，「政治的エリートの構成と労働組織や農民組織，大衆政党の政治的・法的地位の双方の断絶」として定義されている（Haggard & Kaufman 2008：45）。このような決定的再編成の結果，新たな政治指導者が登場し，政権がどのように労働組織（労働組合）や農民組織を扱うのかという指導者の戦略内容に変化が生じると考えられる。このような政治戦略のレパートリーは，先述の分類を用いると，①恐怖戦略，②抱き込み戦略，③組織増殖戦略の3通りが存在する

第1章　権威主義国家における再分配の政治と政治指導者

表1-2　地域ごとの福祉発展期の政治戦略と工業化戦略の組み合わせ

	政治戦略	工業化戦略
東アジア	抱き込み戦略	輸出主導型
東ヨーロッパ	組織増殖戦略	社会主義型
ラテンアメリカ	組織増殖戦略	輸入代替型
中東・北アフリカ（エジプト）	組織増殖戦略	輸入代替型

出典：著者作成。

ことになる。そして、工業化戦略のレパートリーとしては、輸入代替工業化と輸出主導型工業化、社会主義型工業化の三つの戦略が示されている。彼らの概念を本書の分析枠組みに合わせて置き換えてみると、権威主義国家における福祉発展の決定的分岐点を構成する「許容条件」と「生成条件」の内容は、以下のようになる。

　許容条件：政治的変動（革命やクーデタなど）によるエリートの断絶
　生成条件：労働組織や農民組織、大衆政党に対する権威主義政権の政治戦略や経済発展戦略（輸入代替工業化、輸出主導型工業化、社会主義型工業化）

　このような許容条件により、福祉発展の障害（たとえば、福祉拡大に関心のない有力なアクター）が排除される。そして、このような許容条件に続いて生じる生成条件によって、新たな政治的指導者が、彼らの政治的、経済的戦略に沿った社会保障制度を構築する。その結果、福祉レジームの特徴が形成され、それが長期間にわたって持続することとなる。これまでの研究知見を本書の分析枠組みを用いて説明すると、ラテンアメリカ、東アジア、東ヨーロッパの3地域における福祉発展は、以下のように説明できるだろう（表1-2）。

ラテンアメリカ　ラテンアメリカ諸国における許容条件は、19世紀半ば以来、政治的に有力であった輸出型農業寡頭政治（agro-export oligarchies）に対する改革主義者による挑戦であると考えられる。このような

寡頭政治の下では，政治的参加は上流階層や中流階層に限定されていた。そして，この寡頭政治に対する挑戦者は，福祉発展の決定的分岐点における生成条件を生み出した。新体制の政治戦略は，組織増殖戦略であり，たとえば包括的な労働法典を制定することで，組織労働を政権の支持基盤として取り込んだ（生成条件その１）。また，新政権は，輸入代替工業化戦略を深化させ，関税障壁や複数為替レート制，補助金などを用いて国内製造業を保護した（生成条件その２）。1960年代から70年代にかけて，チリやアルゼンチン，ブラジル，ウルグアイ，メキシコにおいて，消費耐久財や中間財，さらに資本財の国内製造を保護するために，さらなる輸入代替化戦略が採られた。輸入代替工業化戦略によって，労働市場の（フォーマル部門とインフォーマル部門との間の）二極化が生み出され，農業部門の排除が進んだ。これらの政治的，経済的戦略が，ラテンアメリカ諸国における福祉レジームを特徴づけた。この福祉レジームは，都市インフォーマル部門や農村部門よりも，都市フォーマル部門労働者に対して有利な制度構造になっている。たとえば，社会保険型年金プログラムは，主として都市フォーマル部門労働者を対象としており，インフォーマル部門労働者は，本プログラムから排除されているか，もしくは（加入している場合でも）最低限の福祉給付しか得ることができなかった（Haggard & Kaufman 2008：61-65）。

東アジア 東アジア諸国における許容条件は，反共政権の形成である。政治的指導者は，基本的に組織増殖戦略を適用せず，労働運動や農民運動を弾圧した。その代わりに，政権は産業資本家の取り込みを図り，彼らに対してレントを分配した（抱き込み戦略──生成条件その１）。そして，経済発展戦略では，輸出主導型工業化戦略を採用した。政権は，平等主義的な所得分配よりも経済成長を優先し，経済成長の利益を国民に行き渡らせることで正当性を獲得しようとした（生成条件その２）。政治指導者は，海外からの投資呼び込みや輸出主導型工業に関するプロジェクトへのレント分配に熱心であったが，彼らの戦略は福祉レジームの拡大に対する誘因を欠いていた。その代わりに政

権は,高技能労働者を必要としていた資本家の選好にも合致した,積極的な人的資源や教育に対する投資を図った。基礎教育や職業訓練に対する投資は,労働者の質を向上させ,さらなる経済成長を確実なものとするためには,必要不可欠であった。その結果,東アジア諸国では,社会保障支出よりも教育支出に大きな関心が払われており,権威主義支配下では社会保障支出の規模は,ラテンアメリカ諸国に比べて限定的であった (Haggard & Kaufman 2008：51-56, 65-69)。

東ヨーロッパ　東ヨーロッパ諸国での許容条件は,共産政権の成立とソヴィエト連邦による東ヨーロッパ諸国に対する政治的優越性の確立であった。共産政権は,全ての政治的,経済的,社会的活動を制御しようとした。彼らは,政党組織や独立した団体を解体させ,解散させた組織を共産党へと統合させた (組織増殖戦略——生成条件その1)。加えて,共産党政権は包括的な経済計画を作り,すべての経済活動を政権の統制下に置こうとした (社会主義型工業化戦略——生成条件その2)。東アジア諸国とは対照的に,東ヨーロッパ諸国における工業化戦略は,国家が圧倒的に大きな役割を果たす福祉レジームを生み出した。国家は,完全雇用の保証だけではなく,基礎的な食料の供給までも担っていた。これらの国では,社会サービスや保険に関する民間市場がないため,政府はすべての社会福祉サービスを計画立案し,実施していた (たとえば,年金や医療サービス)。このモデルは,社会保障が都市労働者だけではなく,農村部労働者をもカバーしていたことから特徴づけられる。農業集団化政策は,社会保険やサービスにおける普遍主義的 (universalist) 社会保障によって,共産党政権が農村部門を統制し得ることが可能になったという副産物を生み出した (Haggard & Kaufman 2008：56-59, 69-71)。

中東・北アフリカ　では,エジプトを含む中東・北アフリカ諸国の福祉発展にとっての決定的分岐点とその許容条件,生成条件は,何だろうか。ハガードとカウフマンは,中東・北アフリカの事例について言及

していないが，これら三つの事例（ラテンアメリカや東アジア，東ヨーロッパ）との比較から，想定することは可能である。許容条件として考えられるのは，トルコのムスタファ・ケマル・アタテュルクやチュニジアのハビーブ・ブルギーバ，エジプトのナセルなどのナショナリスト指導者の登場である。そして，生成条件は，ラテンアメリカの場合と同じく，①労働者や農民の取り込み（組織増殖戦略）と②輸入代替工業化戦略であった。輸入代替工業化戦略は，工業化プロセスにおける国家の役割を強調する。このような戦略に沿って，労働者や農民を取り込むためのポピュリズム的手法を用いた。その結果，20世紀半ばに福祉レジームは，急激に拡大し，都市フォーマル部門の労働者に有利な制度設計となった（Hinnebusch 2006；Richards & Waterbury 2008）。本書では，政治的，経済的構造と福祉レジームとの関係に注目しつつ，（エジプトではナセル時代に経験した）決定的分岐点がその後の福祉発展にどのような影響を与えたのか，分析していく。

経路依存性と正のフィードバック

　第二の分析概念である「経路依存性（path dependence）」は，新制度論，とりわけ歴史的制度論において用いられてきた概念である。マーガレット・リーヴィは，「経路依存性」を次のように定義している。

経路依存とは，単に「歴史が重要である」ということを意味するのではない。（中略）経路依存は――何かを意味するのであれば――ひとたびある国もしくは地域が，ある経路を進み始めたら，逆走のコストがきわめて高くなることを意味しなくてはならない。他の選択点があるだろうが，特定の制度的配置による固定は，安易な初期地点への逆走を妨害する。もしかすると，〔たとえるならば〕経路というよりも樹木の方が良いだろう。同じ幹から多くの異なる枝やより小さな枝が伸びている。逆走したり，ある枝から別の枝へと

よじ登ったりすることも可能である——そして，もし選択した枝が枯死してしまえば，必要なことだが——ものの，登り手が登り始めた枝は，彼女〔登り手〕が辿るものとなりやすい（Levi 1997：28）。

　一般的に，この概念は正のフィードバック（positive feedback）のメカニズムによって理解される。ひとたびある制度が利益集団のネットワークを作り出せば，政治的決定は，そのようなネットワークによる影響を受け，さらなる自己利益追求のために，その制度を強化する傾向にある。このようなメカニズムでは，ある制度の形成は，自己強化的過程へとつながり，ある特定の制度発展の経路から別のものへと変更することが困難になる（Pierson 2004）。この自己強化的過程は，福祉給付を通じた政治指導者の生存戦略にも大きな影響を与える。
　権力の非対称性や制度の分配効果は，政治における正のフィードバックのメカニズムに著しい影響をもたらす。たとえば，セーレンは，制度がアクターの利益を調整する中立的なメカニズムではなく，政治的アリーナにおけるアクター間の権力非対称性を反映していると述べている。このようなタイプの研究では，特定の制度配置が特定の集団への権力集中に貢献し，他の集団の政治的影響力を制約し続けることが強調されている（Thelen 1999：394）。
　正のフィードバックは，先進工業国における福祉国家研究で，しばしば言及されている。シーダ・スコチポルの『兵士と母親の保護（*Protecting Soldiers and Mothers*）』は，正のフィードバックの好例である。彼女の主張によれば，パトロネージの系列に沿った政党間競争の組織だけではなく，国家の断片化がアメリカにおける包括的な社会政策のための運動を主導するはずだった統一的な労働者階級の発展を阻害したのである。同時に，このような政治的構造が，当時のアメリカ政府が実施していた既存社会政策を強化した。南北戦争後，退役軍人やその未亡人に対する給付がなされたことで，彼らは，社会政策に関与する強力な利益集団を形成するようになった。そして，彼らのロビー活動によって，

アメリカにおける社会政策は,彼らの利益に沿うように発展し,他の利益集団の利益は周縁化された (Skocpol 1992)。

このような正のフィードバックは,発展途上国の福祉レジームに関する分析にも応用可能である。第二次世界大戦後,発展途上国においても社会保障制度が整備され,それぞれ特徴的な福祉レジームが形成された。このような福祉レジームにとって転換点となったのが,1970年代ごろから生じた二つの構造的変化であった。一つが経済自由化であり,いま一つが民主的移行であった。本書が対象とするエジプトの事例とは異なり,ラテンアメリカ,東アジア,東ヨーロッパの多くの国では,1980年代から90年代にかけて民主的移行を経験した――サミュエル・ハンティントンの用語でいえば,民主化の「第三の波」が到来した (Huntington 1991)。これらの構造的変化は,民主的移行を経験した3地域において福祉レジームの急激な拡大をもたらし,社会保障支出が拡大した。このような制度拡張の特徴は,20世紀半ばの「決定的分岐点」で形成された制度遺産によって決定づけられた。経済自由化によって,社会保障制度の社会的リスク緩和効果に注目が集まり,経済自由化の敗者は,社会的権利や給付拡充を求めて立ち上がるようになった。民主化は,彼らに対して,政治的,社会的運動による福祉給付の拡大を可能にした。それと同時に,民主的移行によって,これまでの権威主義的な支配の下で従属的地位に甘んじていたさまざまな集団が,圧力団体として自らの利益を最大化させる行動が可能となった。その結果,民主的移行を経験した3地域では,共通して社会保障支出の拡大が観察された。

しかしながら,第二次世界大戦後に形成された福祉制度遺産は,3地域における福祉レジームの発展経路に違いをもたらした。ラテンアメリカや東ヨーロッパでは,元々の福祉受益者であった都市労働者が福祉改革に対する抵抗に成功し,福祉縮減に歯止めを掛けた。たとえば,これらの国々では,労働組合は,民主的移行の結果,強力な圧力団体となった。労働組合は,政権との直接的交渉や大規模抗議活動(ゼネストなど)による圧力によって,政府からの妥

協を引き出すことに成功した。そして，このような労働組合を中心として，福祉拡張が行なわれた。ラテンアメリカ，東ヨーロッパ諸国における福祉改革における抵抗は，正のフィードバック効果から説明可能である。かつての権威主義支配の下で作り上げられた制度構造は，特定のアクター（たとえば，労働組合）に対して，福祉改革に抵抗するための資源を与えることになった（Haggard & Kaufman 2008：199-200）。

ラテンアメリカ，東ヨーロッパ諸国とは対照的に，東アジア諸国では，民主的移行は，かつての権威主義支配下では抑制されていた福祉給付が急激に拡大する契機となった。東アジア諸国では，強力な労働運動が存在しないため，労働組合は，この局面における社会保障の拡大に大きな役割を果たすことができなかった。その代わりに，保守政権が自らの選挙対策として，社会保障拡大の主導権を握ることとなった。たとえば，韓国や台湾では，政治家は，選挙で中間層の支持を動員するために，彼らに対する年金や医療保険拡充を約束した。東アジア諸国では，民主的移行によって，社会保障支出が大幅に拡大したものの，民主的移行以後も，政府は（ラテンアメリカ諸国や東ヨーロッパ諸国に比べると）所得再分配よりも，経済成長の促進を重視していた（Haggard & Kaufman 2008：259）。

以上3地域の事例と比較すると，エジプトをはじめとする中東・北アフリカ諸国は，民主的移行を経験していないがゆえに，福祉レジームの変化もまた，より経路依存的なものになると考えられる。中東・北アフリカ諸国もまた，1970年代に部分的な経済自由化政策を導入したものの，その効果は，以下の三つの理由から，ラテンアメリカや東アジア，東ヨーロッパにおける経済自由化と異なっていた。第一の理由は，中東・北アフリカ諸国における経済自由化政策は，限定的で，市場における公共部門の優位性を切り崩すことが無かったことである（Richards & Waterbury 2008）。第二の理由は，先述の通り，中東・北アフリカ諸国では，民主的移行を経験しなかったことである。第三の理由は，

中東・北アフリカ諸国は，非産油国でさえ，1970年代の石油価格高騰の恩恵を受けていたことである。石油価格の高騰は，産油国における原油輸出収入の増加をもたらしただけではなく，産油国から非産油アラブ諸国への援助資金の増大をもたらした（Richards & Waterbury 2008：50-57）。一般的に，経済自由化は，ラテンアメリカや東アジア，東ヨーロッパで観察されたように，敗者を生み出す。そして，民主化の進行という環境のなかで，敗者からの圧力は，直接的に政府の政策選択に影響をもたらし，社会保障支出が増加するという説明がなされている。しかし，中東・北アフリカ諸国の場合，民主的移行を経験しておらず，このような説明によって社会保障の拡大が説明できない。中東・北アフリカ諸国では，民主的移行による民衆からの圧力増大を経験しなかったものの，原油価格の高騰が，安易なポピュリズム型の「バラマキ」に対するハードルを低下させた。その結果，権威主義政権による支持基盤拡大のために，社会保障制度が利用され，福祉レジームは急激に拡張した。この当時，社会保障制度のなかでも，とりわけ拡大したのが，食料品や燃料に対する価格補助であった。このようなポピュリズム的傾向は，1990年代に構造調整プログラムが導入されるまで継続した[2]。

正のフィードバックの終焉と経路依存性

多くの研究者は，「経路依存性」と「正のフィードバック効果」を同義のように扱っているが，正のフィードバック効果だけが経路依存性をもたらすわけではない。正のフィードバック効果が薄れ，もしくは消滅した後も，重要な制度的特徴が変化せず，残存しているような場合もある。このような状況下での経路依存性を説明するためのヒントとなるのが，「反応的連鎖（reactive sequence）」という概念である。ジェームズ・マホニーは，経路依存の時期を①制度的，構造的再生産の時期，②反応的連鎖期という二つに分けている。制度的，構造的再生産の時期は，多くの研究者が考えている経路依存メカニズムで

ある，正のフィードバックや自己強化メカニズムによって特徴づけられる。それに対し，反応的連鎖期は，このような制度的，構造的再生産の時期に続いて生じ，単純な正のフィードバックだけでは説明のできない経路依存のメカニズムが観察される。この時期には，既存制度に反抗するアクターが登場し，既存制度に対する抵抗や制度変更を図ろうとする。その一方で，制度の既得権益を持つアクターは，このような既存制度への反抗や制度変更の目論みに対抗しようと行動する（Mahoney 2001）。

　反応的連鎖を引き起こすメカニズムは，構造的，制度的再生産の過程を特徴づけるメカニズムとは，実質的に異なる。制度的，構造的再生産のメカニズムは自己強化的で，正のフィードバックの過程によって特徴づけられる一方で，反応的連鎖は，以前のパターンを覆そうとする動きがある，変質的で，巻き返しのある過程によって特徴づけられる（Mahoney 2001：10）。

反応的連鎖期には，既存アクターとそれに対抗する勢力との間の既存制度をめぐる争いのなかで，正のフィードバックとは異なる形で制度が存続する。
　エジプト福祉レジームの経路依存性を考える上でヒントとなる，もう一つの概念がジェイコブ・ハッカーによる「漂流（drift）」である。彼の定義によれば，漂流とは，環境変化に対して対応しなかったことで，既存政策が放置され，実質的な変化が生じる状況を指している。確かにこの概念は，制度の継続性というよりも，制度変化を説明するための概念である（Hacker 2005）。しかし，これは，どの点に注目するかによる。ハッカーの主張では，周囲の環境が変化したことで，たとえ制度自体が変化していなくとも，当該制度の位置づけが変化したことが想定されている。それゆえに，制度自体の特徴に焦点を当てて考えてみると，制度は変化していない，もしくは経路依存的な変化を遂げていると評価できるのである。

これらの概念は，ムバーラク政権下での福祉レジームの変容を理解する際に有用だと考えられる。というのも，彼の治世に入って，エジプト福祉レジームにおける正のフィードバック効果による制度の自己強化プロセスは，見られなくなってしまったからである。そして，この時期には，前節で説明したように，エジプトをはじめとする中東・北アフリカ地域の権威主義国家は，新自由主義的経済改革の実施を迫られ，福祉レジームにも変革の波が押し寄せてきたのであった。その結果，中東・北アフリカの権威主義国家の政治構造に焦点を当てた場合，二つの大きな環境変化が見られた。第一に，国際援助機関や国際ドナー（先進国政府）が，福祉レジーム変容に関与するアクターとして参加するようになった。構造調整プログラムでは，借り入れ国政府（本書の事例では，ムバーラク政権）に対して，新自由主義的な経済社会モデルをベースとして，社会保障制度の合理化を促した。世界銀行や国際通貨基金は，中東・北アフリカ諸国の政府に対して非効率な社会保障制度（たとえば，価格補助制度）を改革し，より貧困層に対象を絞った社会的セーフティネットを構築するように促した。第二に，1990年代に入ると，統治連合の変化によって，中東・北アフリカ諸国の権威主義政権は，組織労働者よりも，商業的農業資本家や産業資本家などのビジネスエリートを重視するようになった。その結果，新自由主義的な経済政策を促進させた（King 2009：7-8）。

　しかしながら，このような新自由主義的傾向は，大衆からの反発によって制約を受けた。このような国際的な圧力にもかかわらず，中東・北アフリカ諸国では，非効率な社会保障制度は温存された。たとえば，国際援助機関から「優等生」と見なされているヨルダンでさえ，構造調整プログラム実施期間中には，国際社会向けに食料価格補助制度を廃止しているとアピールする一方で，一部食料品（小麦など）の公定価格を維持することで，事実上の食料価格補助制度を温存させた（Kawamura 2015）。このような中東・北アフリカ諸国の社会保障の傾向は，国際通貨基金レポートのなかでも，言及されている。

中東・北アフリカ諸国は，平均すると，他地域よりも多くの資金を価格補助に支出しており，ますます価格補助に対する支出が困難になりつつある。2011年のエネルギー価格補助に対する支出の総額は，2,370億米ドルであり，これは世界の補助金の48%，地域全体の GDP の8.6%，政府支出の22%に相当する。それらは，石油輸出国において2,040億米ドル（GDP の8.4%），石油輸入国において330億米ドル（GDP の6.3%）に達する。2012年の国際通貨基金による予備見積もりでは，中東・北アフリカ地域のエネルギー価格補助のおよそ半分を占める，ディーゼル燃料，ガソリンに対する価格補助だけで，地域全体の GDP の3.8%であったことが示された。食料価格補助もまた，〔エネルギーに対する価格補助に比べて〕大きな支出ではないものの，中東・北アフリカ諸国では，一般的なものである。2011年には，国ごとに差異があるものの，地域全体の GDP の0.7%に達した（Sdralevich *et al.* 2014：ix）。

中東・北アフリカ地域の権威主義国家の場合，経済自由化や構造調整プログラムによって，新自由主義型の経済政策が導入され，政治構造の面でも大きな環境変化が生じた。そして，このような経済政策によって，貧富の格差が広がったと考えられる。この問題に対して，新自由主義者たちは，社会保障制度による分配の対象を貧困層に絞り，貧困削減効果を向上させることを提案した。もしこの新自由主義者による処方箋通りに改革が着実に進行すると仮定すれば，前節での理論的予測と一致する。しかし中東・北アフリカ地域の権威主義国家では，経済自由化に伴う政治的，経済的構造の変容にもかかわらず，福祉レジームに大きな変容が見られなかった。それは，大規模な福祉改革には，国民からの反発が予想されたためであった。それゆえ，中東・北アフリカ諸国では，既存制度に対する国民の依存と新自由主義型の経済政策のせめぎ合いのなかで，福祉レジームは経路依存性を維持していたと考えられる。

本章は，既存研究から，権威主義国家における再分配の政治は，民主主義国家とは異なるロジックで展開していることが明らかとなった。民主主義国家では，国民の基本的人権の一種である社会権に基づき，福祉国家政策が整備され，発展してきた。このような環境では，権力資源動員論が主張するように，労働者のようなアクターによる「下からの圧力」が福祉発展を決定づけた。その一方で，権威主義国家では，国民の政治的自由が制約を受けていた。そのため，政治指導者の意向という「上からの力」が福祉発展の原動力となった。しかし1970年代以降，西側の先進工業国において「福祉国家の危機」が叫ばれ，ケインズ主義型福祉国家への風当たりが強まっていったとき，発展途上国でも福祉政治に変容が見られた。それが，新自由主義経済思想の台頭であった。新自由主義は，国家による経済介入の失敗に対して，国家の役割の最小化を唱えた。このような新自由主義による処方箋は，権威主義国家における再分配の政治にも大きな影響を及ぼすことが予測された。しかし，権威主義国家における再分配の政治を長期的な視点から見ると，新自由主義者が予測したほどには，福祉レジームは変容しなかった。そこで，本章は，このような長期的な制度変容を説明するために，歴史的制度論の知見を利用して，権威主義国家における福祉政治の分析枠組を構築した。次章以降では，この分析枠組を利用して，エジプト福祉レジームの変容と継続性を説明していく。

注
（1）従来の研究では，民主主義国家での社会保障政策における官僚組織の役割が強調されており，圧力団体や政治家からの圧力から自立的な官僚組織が老齢年金などの分野での政策発展を牽引したことが明らかにされている（Orloff & Skocpol 1984；Skocpol & Amenta 1986）。
（2）たとえば，ヨルダンにおけるポピュリズム型社会保障制度については，Andoni & Schwedler（1996）や Ryan（1998）を参照のこと。

第2章
現代エジプトにおける福祉レジームの発展

　本章では，エジプトにおける福祉レジームの形成とその政治的，経済的要因を説明する。本書では，七・二三革命をエジプト福祉レジーム発展にとっての決定的分岐点としている。決定的分岐点の前後を比較するために，本章では，イギリス保護国時代（1914～1952年）に遡り，福祉レジーム発展の先行条件である，当時の政治的，経済的構造や萌芽的な社会保障制度の成立を説明する。そして，つづいてナセル主導による七・二三革命とその後のナセルの政治戦略や経済発展計画，そしてそれに伴う福祉レジームの急激な発展について説明する。そして最後に，サーダート政権期（1970～1981年）のポピュリズム型福祉レジームの拡大と再生産について，その当時の政治的，経済的要因に言及しながら説明する。

1　イギリス保護国期の政治経済構造と社会保障

　エジプト福祉レジーム発展の先行条件であるイギリス保護国期の政治的，経済的構造を説明する前に，第一次世界大戦までのエジプトが置かれていた国際環境から説明しよう。19世紀初頭以来，エジプトは，オスマン帝国領の一部でありながら，イスタンブールの帝国政府からの自立を強め，19世紀半ばには，ヨーロッパ列強からも事実上の独立国として扱われるようになった（エジプト

総督領)。このようなイスタンブールとカイロとの緊張関係のなかで、エジプトは、当時のヨーロッパ列強にとって格好の利権拡張の場となった。エジプトは、オスマン帝国やヨーロッパ列強に対抗するため、近代化政策を実施した。しかしこのような近代化政策は、ヨーロッパ列強からの借り入れに依存しており、近代化政策の進展とともに、エジプトは列強諸国への経済的依存度を高めていった。またエジプトは、列強諸国との不平等条約により、国内市場の開放を強いられたことにより、経済的植民地化が進行した。

このように国際的に脆弱な政治経済的な地位が明らかとなったのは、第一次世界大戦時であった。大戦勃発と同時に、オスマン帝国は、ドイツと密約を締結し、イギリスやロシアに対して宣戦を布告した。この当時、エジプト総督(アッバース・ヒルミー二世)は、オスマン帝国に協力して、列強諸国(とりわけ、イギリス)からのエジプトの経済的自立を図ろうとした。これに対して、イギリスは、スエズ運河の自由航行を確保し、植民地インドへの航路確保を目的として、エジプトを占領し、保護国化を宣言した。それと同時に、イギリスは、エジプト総督の退任を要求し、彼の後継者にエジプト国王を名乗らせ、独立国としての体裁を整えた。その一方で、イギリスは、憲法を停止させ、エジプト国民による反英運動を弾圧し、エジプト国内の利権確保に努めた。

イギリス保護国期の政治経済構造

この当時のエジプト経済は、輸入代替工業化の初期段階に位置づけられる。この段階にあるエジプトでは、単純な輸入工業製品は国内産に置き換えられつつあった。そして政府は、織物、衣料品、食品のような国内産業を海外製造業者から保護するために、関税障壁をはじめとする保護手段を導入した。このような保護主義の結果、エジプトでは、消費財産業は急速に発展した。1932年の時点では、エジプトは2万2,500トンもの綿花を輸入していたものの、8年後、その量は5,000トンまで減少した。同じ時期、エジプトでの綿糸生産量は、

3,000トンから5万トンへと飛躍的に伸びた。1939年までには,エジプトの製造業は,すでに国内での砂糖,アルコール,たばこ,ガラス,セメント,石鹸,履物,家具の需要を賄えるまでに成長していた (O'Brien 1966:223-224)。この時期,経済発展における国家の役割は,最小限に抑えられており,市場における最低限の規制や限定的な産業保護,農業部門における灌漑設備の維持などに限られていた。国家に代わり,民間部門が工業,農業,金融,サービスなど,あらゆる分野で大きな役割を果たしていた (Harik 1997:17-18)。

このような初期工業化の進展により,1920年代には賃金労働者の数も増加し,労働運動が活発化した。1921年2月には,最初の労働組合のナショナルセンターが創設された。この組織は,共産主義を掲げる社会党と強力なつながりがあり,およそ3,000人の構成員を抱えていた。この組織の構成員は,エジプト石油産業や国営紡績会社,アブー・シャナブ石油などの大企業の労働者であった。このような共産主義系労働組合は,共産主義者たちによって,反資本主義プロパガンダを宣伝する道具として利用された。たとえば,1924年2月,彼らは国営紡績会社やエジプト石油産業において工場占拠やストライキを煽動し,労働運動の首謀者が逮捕された (Deeb 1979a:189)。この当時,都市労働者の数は少なかったものの,彼らの影響力は,その数に比べると大きなものであった。1927年の国勢調査では,工業部門労働者数は21万5,000人であったが,1937年には27万3,000人になり,10年間で27%増加した。このような労働者は,カイロやアレクサンドリアのような大都市に集中しており,1937年時点で全工業労働者の47%がこの二大都市で雇用されていた。このような労働者の地理的な集中は,労働者階級が実数以上に強力な政治的,経済的影響力を持つことを可能にした (Deeb 1979b:12)。しかしながら,この当時の政治構造のなかには,興隆する労働者階級の選好を政策に反映させるようなアクターが存在しなかった。そのため,1942年まで労働組合の結成は,あくまでも非合法とされていた (Abdel-Fadil 1980:114)。

この当時のエジプト政治は，単純化すれば「三つ巴の権力闘争」として理解することができる。有力な政治アクターは，①王室勢力，②イギリス植民地当局，③ワフド党の三つである。この三つのアクターのなかで，最も進歩的だったのが，ワフド党であった。この政党は，第一次世界大戦後のエジプト・ナショナリズムの興隆のなかで設立された民族主義政党であり，イギリスによる支配からの独立を目指した。このワフド党は，専門職（とりわけ，医師や弁護士），金融資本家，産業資本家や新興実業家，知識人（学者，大学生，著作家，新聞編集者など）のような上流都市居住者や農村部中間層を支持基盤としていた。その一方で，これらの支持基盤に加えて，幅広い社会階層の支持を動員することに成功し，とりわけ1919年の反英闘争では主導的な役割を果たした。この反英闘争は，1922年のイギリス支配からの形式的独立と翌年の憲法公布に結実した。しかしながら，ワフド党は，単独でイギリス植民地当局や王室勢力に挑戦するほどの力を持っていなかった。たとえば，1942年には，王室勢力に対抗し，王室勢力から政権を奪還するために，イギリス植民地当局による支援を必要とした（Ayubi 1995：106-107）。

　このような状況のなかでワフド党は，都市労働者を抱き込むことで，政治的影響力を高めようとした。ワフド党は，共産主義勢力による労働組合の組織化を警戒し，共産勢力に対抗して使用者と被用者との間の産業平和（労使協調）を強調した。そして，ワフド党も，労働組合の中央組織であるナイル河谷労働者総連合を創設し，傘下に置いた（Deeb 1979b：233-237）。

　1930年代に入ると，労働運動は，ヨーロッパ諸国のような進歩的社会政策の導入を求め始めた。その背景にあったのは，世界恐慌の影響による経済不況と，それに伴う労働環境の悪化であった。世界恐慌に起因する経済危機に直面し，エジプト国内の使用者たちは労働者の給与を削減し，経済的に困窮した。また多くの労働者が整理解雇され，国内が失業者で溢れ返った。また，使用者たちは，さらなる労働コスト削減のために，子供を雇い入れ，酷使した。このよう

な都市労働者の失業や貧困，児童労働などの社会問題を緩和するため，労働運動は，労働規制や社会保険，外国人とエジプト人との待遇格差是正を求め，ワフド党をはじめとする政治勢力に働きかけた（Deeb 1979b：233-237）。

　しかし，この当時の労働運動は，ナセル時代に比べて，以下の三つの理由から制約を受けていた。第一に，ワフド党は，王室勢力に比べると進歩的であったものの，多くの党員が労働組合を政治的安定に対する脅威と見なしており，労働組合の合法化に消極的であった。ワフド党出身のイスマーイール・シドキー首相（在任期間：1930〜33年）は，ワフド党自体が一部の労働組合と協力関係にあるが，傘下労働組合出身者が党内で影響力を拡大させることに懸念を表明していた。彼自身も，産業資本家階層の出身であり，1929年には，産業資本家の利益団体である産業連盟の副代表に就任した。第二に，産業界が労働組合の合法化に反対していた。1930年代，シドキー政権以降もワフド党内部には，進歩的な社会政策の必要性を説く党員もいたものの，このような提案は産業界の反対によって実現を阻まれた。エジプト産業連盟は，労働組合合法化法案のなかでも，労働組合組織の巨大化，中央集権化を促進すると考えられる，労働組合の支部設置を認めることに反対であった。このような産業資本家の意向は，ワフド党を支持する労働組合からの反発を招いた（Deeb 1979a：198-200）。第三に，ワフド党の社会政策に対する消極性である。ワフド党は，労働者の支持を得るために，労働組合を党内に取り込み，労働組合の合法化を試みた。しかし，ワフド党は党内の意見をまとめ上げることができず，複雑な社会問題の解決には及び腰であった。また，常に王室勢力がワフド党に対して政治的な嫌がらせを行なっているため，ワフド党も解決の困難な社会問題に取り組むよりも，国民統合などナショナリズムに関連する争点に重心を置くようになった（Binder 1966：224）。

　保護国時代のエジプトの経済構造を見ると，初期工業化の進展によって，都市在住の賃金労働者の数も増加しており，大都市では工業化に伴う社会問題が

顕在化しており，進歩的な社会政策の必要性は高まっていた。しかし，政治構造を見ると，このような進歩的な社会政策が実現される可能性はきわめて少なかった。社会政策拡充に積極的なアクターは，政治の表舞台にはおらず，有力なアクターである，王室勢力，イギリス当局，ワフド党は，労働者の政治的影響力を拡大させる可能性が高い社会保障拡充に反対であった。また，この当時の労働運動は，このような政治構造のなかに取り込まれておらず，労働組合は非合法の扱いを受け，労働運動は弾圧の対象であった。そのため，彼らの選好が社会政策に反映される可能性は，きわめて小さかった。

保護国時代における限定的な福祉発展

歴史的に見れば，権威主義国家における社会保障政策は，都市労働者への支持基盤拡大戦略のなかで用いられてきた。しかし，イギリス保護国時代のエジプトには，進歩的とされたワフド党を除いて，積極的に都市労働者へ支持基盤を拡大させようとするアクターはいなかった。そのような戦略を採ったワフド党でさえも，同党の支持基盤である産業資本家の反対もあり，労働組合合法化をはじめとする，積極的な社会政策には及び腰であった。

このような状況のために，当時の社会保障政策は，きわめて限定的であった。すでに1854年には，年金制度が導入されていたものの，受給対象は退官した公務員（文官および軍人）に限られていた（El-Meehy 2009：76）。その後，第一次世界大戦終結後には，エジプトでも工業化の進展により，都市での社会問題が顕在化し，政府も社会問題解決の手段として，社会保障政策の重要性が認識されるようになった。そこで，政府は，アブドゥッラフマーン・リダーを長とする委員会（リダー委員会）を設け，社会問題の解決手段を検討するよう命じた。この委員会は，ヨーロッパ諸国の先進的な社会政策を参考にしながら，政府に対して広範囲にわたる提案をした。リダー委員会報告書では，労働時間の制限や児童労働の禁止などの労働者保護の強化が提言された。それとともに，労働

者を被保険者とする社会保険（疾病，老齢年金，失業）の創設が提案された。このような提言に対して，エジプト産業連盟は，リーダー委員会の提言に反対した。産業資本家たちは，とりわけ労働コストの上昇に直結する社会保険の導入に反対した。彼らは，工業化の初期段階にあるエジプトでは，なによりも安価な労働力の確保が重要であり，安易にヨーロッパ諸国の社会制度を前提条件の異なるエジプトに導入することには慎重であるべきだと主張した。このような産業界からの圧力によって，1930年代に制定された労働法は，労働者に対する社会保険に関する規定を欠いていた（Tignor 1982：26-27）。

　ワフド党政権はいくつかの社会立法を行なったものの，当時の社会立法は，表面的なものでしかなかった。1932年にエジプト政府は，国際労働機関に対して調査団を送るように求めた。この調査団は，エジプト国内における社会改革に関する政策提言を行なうことを期待されていた。しかしながら，調査団は，エジプト政府による「エジプトはいまだ充分に経済発展を成し遂げていないので，女性や児童に対する最低限の法的保護や労働災害補償を除いて，社会立法を実施する余裕はない」という言い分を受け入れ，積極的な政策提言を行なわなかった。そのため，政府は，1932年に少数者や女性に対する法的保護に関する立法を，そして1936年に労働災害補償に関する立法を制定するにとどまった（Solidarity Center 2010：7-8）。労働災害補償は，産業労働者だけではなく，機械を取り扱う農業労働者も適用対象であったものの，補償給付の額はきわめて低かった（Abdel-Fadil 1980：114）。

　第二次世界大戦後，エジプト国内でも，社会問題に対する関心が高まった。1950年には，公的扶助制度が創設され，「年金給付」と「社会援助給付」の二つが設けられた。年金給付は，給付資格のある国民の権利とされ，給付期間にも期限が無かった。その一方で社会援助給付は，給付期間が12カ月に制限され，政府の自由裁量で給付の決定がなされ，権利性が否定された。このような公的扶助制度の質は低く，同制度に対する年間支出は，国庫収入のわずか0.5％に

とどまった（El-Meehy 2009：81）。このように給付水準が低いにもかかわらず，エリート層の一部は，同制度に対する支出を資金の無駄だと見なして批判しており，公的扶助を取りやめて工業化のための投資に回すべきだと主張した。エジプト政府も，公的扶助に対する支出水準の低さを認識していたものの，公的扶助給付の水準は，最低賃金を下回る額でなくてはならないという主張によって，給付水準の低さを正当化していた。

2　ナセル政権期の国家主導型工業化と福祉拡充

七・二三革命──福祉レジーム発展の決定的分岐点

　1952年，ナセルは，王制に不満を持つ将校を糾合し，自由将校団を組織した。この自由将校団は，軍部の支持を集め，第一次中東戦争の敗北によって権威を失墜させた王制に反旗を翻し，七・二三革命を成就した（図2‐1，図2‐2）。本書の理論的枠踏みに即して考えると，自由将校団や彼らの出身母体である国軍は，「立ち上げ組織」であり，旧体制崩壊後のエジプト政治の舵取りを担う組織であった。しかしこの自由将校団は，右派（イスラーム主義者など）から左派（共産主義者など）を含む多様な思想的背景を持った将校の寄せ集めにすぎず，旧体制の打倒以上の明確なビジョンを持っていなかった。当時は，民族主義者ナセルによる個人支配体制は確立されておらず，自由将校団による集団的支配体制が敷かれた。革命当初に制定された暫定憲法（1953年憲法宣言）では，自由将校団の主要メンバーが参加する革命指導評議会に統治の全権が委ねられ，特定の個人による支配や政治的思想の浸透を否定した（Kassem 2004：17）。

　このように自由将校団には，多様なイデオロギーを持つ者がいたが，革命前に影響力を持っていた政治アクターの排除という点では一致していた。第一の有力アクターであったイギリス植民地当局は，第二次世界大戦以後の国際政治の混乱のなかで，すでにエジプトにおける政治的影響力を失いつつあった。第

第2章　現代エジプトにおける福祉レジームの発展

図2-1　事実上の最後の国王，ファールーク一世
出典：Al-Arabiya English.

図2-2　七・二三年革命の際に王宮前に展開する戦車
出典：Ahram Online.

二次世界大戦終結後，イギリスにはかつてのような大帝国を維持する経済的余裕はなくなり，植民地インドでの独立闘争にも手を焼いていた。そのため，イギリス軍は，革命前の1947年には（インド航路の安全確保に必要な）スエズ運河地帯を除くエジプト国内から撤退した。その後もスエズ運河地帯を確保し続けようとしたイギリスの姿勢は，エジプト国内での反英運動を刺激した。このような反英運動の盛り上がりを背景として，新革命政府は，イギリスとの交渉に臨んだ。そして1954年10月，イギリス軍のエジプト国内からの12ヶ月以内の撤退が合意され，イギリス軍に対して種々の特権を認めた1936年英埃条約の破棄が宣言された。この両国合意は，エジプトは運河基地の維持を義務づけられ，緊急時にイギリス軍に対して同基地を提供することが定められていたものの，この合意によってイギリス当局のエジプト国内政治に対する影響力は，格段に減少した（Vatikiotis 1991：388-390）。

　そして，第二の政治的アクターである王室勢力は，革命によって打倒の対象とされ，政治的実権を失った。その後も国王は，形式的に存続していたものの，革命翌年の共和政宣言によって王位が廃され，王室は国外へ追放された。さら

に，王室勢力を政治的，経済的に支えた地主層は，農地改革の結果，政治的，経済的影響力を減少させた。七・二三革命直後，新政府は，農地改革法を制定し，農地の保有を一人当たり200フェッダーン[1]に制限した（Sadowski 1991：59）。

さらに，第三の有力政治アクターであるワフド党は，革命後，自由将校団によって解散を命じられた。自由将校団メンバーの多くは，政争の絶えなかった政党政治に対して否定的な見方を採っており，このような政治対立を乗り越えるための新たな翼賛政党の結成を目論んだ。1953年1月，自由将校団は，解放同盟（Liberation Rally）を結成した。この政治組織は，革命以前の政党政治家を監視下に置く目的で創設された。それと同時に，解放同盟の創設には，国民を政治的に動員し，新政権の支持基盤へと育成しようとする意図が込められていた（Binder 1966：227）。その結果，かつて有力であった政治アクターは，すべて政治の表舞台から排除された。そしてこれは，その後のエジプトの福祉レジーム発展にとっての障害が取り除かれたことを意味した。

新政権は，既存の政治エリートに代わって，組織労働を新たな支持基盤として取り込み，政治的に動員しようとした。解放同盟は，組織内に労働部会を設け，労働組合の抱き込みを図った。この労働部会は，徐々に政府機関である社会問題省労働局の機能を代替するようになり，労働政策や労働組合に関する事項を扱う機関として成長した。労働組合員もまた，解放同盟本部に足しげく通うことで，新体制に対する忠誠心を示すことが期待されるようになった（Posusney 1997：52）。このような政権と労働組合との関係は，自由将校団内部での権力闘争の結果，強化されることとなった。革命当初，自由将校団内部には，ムハンマド・ナギーブ将軍とナセル大佐の二人の有力者がいた（図2-3）。ナセル大佐は，七・二三革命を主導し，国軍内部での政治的影響力が大きかった。その一方で，ナギーブ将軍は，国民からの幅広い支持を集め，その人気を背景として，革命直後から革命指導評議会議長と首相を兼任し，共和政宣言の後に

第2章 現代エジプトにおける福祉レジームの発展

図 2-3 　ナギーブ（写真左）とナセル（写真右）（1953年）
出典：Bibliotheca Alexandrina Mohamed Naguib Digital Archive.

は大統領をも兼任した。1954年ごろから両者の確執が表面化し，ナセルは，労働組合，とりわけカイロ交通労働者連合を動員し，ナギーブとの権力闘争を有利に進めようとした。交通労働者によるストライキによって，カイロ市内は2日間にわたって混乱した。このような労働組合の動員によって，ナセルの支配が強化される一方で，ナギーブの政治的影響力は減退した。ナセルは，ナギーブがナセル暗殺を試みたムスリム同胞団と協力関係にあることを口実として，ナギーブを自宅軟禁下におき，大統領の座から追い落とした（Kassem 2004：91）。この権力闘争において労働組合が利用されたことで，その後の政権と組織労働者との関係が決定づけられた。

　それと同時に，権力闘争は，革命政権の特徴を変化させた。ナギーブが失脚し，ナセルが政治的実権を掌握した結果，政権運営は，自由将校団による集団統治からナセルによる個人支配へと変質した。ナギーブ失脚後，ナセルは，大統領に就任した。そして，最高決定機関であった革命指導評議会を解散させ，自身への権力集中を図った。その後，1956年に憲法が制定され，ナセルの個人支配体制が公式化された。この憲法では，大統領に対して，閣僚の任免権を与

えており，この憲法の制定によって，エジプトの統治体制は，大統領個人に権限を集中させた大統領制へと移行した。ナセルは，この憲法の規定を利用し，自由将校団メンバーの一部を閣僚から外し，代わりに自分に忠誠を誓う文民を任用した（Kassem 2004：17）[2]。そして，多くの専門家を経済政策や農業政策，社会問題を扱う新部局の長に任命し，政策の刷新を図った（Vatikiotis 1991：388）。

革命当初，自由将校団のメンバーは，政治システムの変更に対しては積極的であったものの，経済システムの変更に対しては，それほど積極的ではなかった。彼らは，国家が経済に介入するのではなく，民間部門が経済発展の主導権を握るべきだと考えていた。しかし次第に，工業化プロジェクトでの国家の役割を認識するようになった。1950年代，エジプトの工業化は，主として軽工業による初期段階から，その次の段階へと歩を進めようとしていた。国内に有力な産業資本家が育っていなかったエジプトでは，工業化の進化によるさらなる経済成長のためには，国家による積極的な介入を必要としていた。それゆえに，新政権は，化学工業や機械工業におけるプロジェクトに乗り出した。ただしこの段階では，政府は民間部門を経済成長の主体を担うべきであるとの認識であり，国家が財政面や経営面でプロジェクトに関与するものの，民間企業が主体となって，プロジェクトが進められた（O'Brien 1966：84）。

七・二三革命は，革命以前に有力であった保守的政治アクターを排除し，福祉拡充の障害を取り除いた。また，革命に続くナセルとナギーブとの権力闘争によって，組織労働者が新たな政治アリーナにおいて大きな役割を果たすようになった。しかしながら，革命そのものは，福祉拡張の強力な推進力とはならなかった。本書の枠組みから説明すれば，七・二三革命は，以下の二つの理由から，決定的分岐点における許容条件であって，生成条件ではなかったと言える。第一に，革命直後の段階では，政府はいくつかの工業化プロジェクトに積極的に介入し始めていたものの，政府による工業化プロジェクトへの関与は限

定的であった。これらの工業化プロジェクトは，主として民間部門によって担われていた。新政権は，国家が工業化プロジェクトにおいて計画立案や財政支援を行なう意思は持っていたものの，国家が経済活動で中心的な役割を果たそうという意思を持っていなかった。この当時，公共部門の規模は小さく，国家による福祉供給は，革命以前の受益者（公務員）に限定されていた。第二に，新政権は，いまだ組織労働者との関係の制度化に成功していなかった。ナセル大佐は，ナギーブ将軍との権力闘争のなかで，一部の労働組合の動員に成功したものの，新政権が創設した政治組織と労働者組織（労働組合）との正式な関係樹立には至っていなかった。しかし，1956年のスエズ動乱（第二次中東戦争）によって，エジプトの政治経済構造は大きな変化を遂げることとなる。

スエズ動乱と国家主導による輸入代替工業化戦略

前章で論じたように，許容条件と生成条件との間に論理的なつながりはないものの，許容条件（本書では，七・二三革命）が生じたのち，いくつかの事象があり，それが決定的分岐点の生成条件となった。エジプト福祉レジームの発展にとっての決定的分岐点の生成条件となるのは，スエズ動乱（第二次中東戦争）とそれに続くエタティズム型工業化戦略の推進であった。この出来事は，図らずも国際的な混乱によって引き起こされたものであるが，このような政治的な出来事によってエジプトの政治経済構造が安定し，その後の福祉レジームの急激な発展をもたらした。

生成条件の端緒であったスエズ動乱は，1956年7月のエジプトによるスエズ運河国有化に起因した（図2-4）。ナセルは，アスワン・ハイダムの建設を自国経済の発展に不可欠なものと考えており，ハイダム建設のためにアメリカからの融資を取り付けていた。しかし，ナセルがソヴィエト連邦に接近したことから，アメリカはハイダム建設への融資を拒絶した。これに対してナセルは，ハイダムへの融資拒絶の報復として，当時，イギリスを中心とする国際会社が

図2-4 スエズ運河国有化を伝える当時の新聞記事
出典：Al-Ahram.

運営していたスエズ運河の国有化を図った。このようなナセルの行動は，英仏両国およびイスラエルによるエジプトへの宣戦布告の引き金となった（スエズ動乱）。スエズ動乱は，中東・北アフリカ地域の国際関係に大きな影響を与えたが，それと同時にエジプト国内の経済構造にも決定的な変容をもたらした。エジプト新政権は，スエズ動乱を機に，英仏両国資本の国内企業を接収し，公共部門の拡大を図った。1956年11月に，1万5,000を超える英仏系資本の国内企業が国有化された。翌年1月には，これらの接収企業は，半官半民組織である「経済機構」の下に再編された（Vatikiotis 1991：396）。スエズ動乱前後に多くの民間企業を国有化した結果，国家が経済活動において中心的な役割を占めるようになった。

　すでに新政権は，スエズ動乱前から急激な経済成長の推進力として民間企業に依存することの非効率性を認識しており，さらなる工業化のためには国家による経済活動への積極的介入が必要だと考えていた。革命政権は，政府目標に民間部門を誘導するため，1950年代半ばから積極的に経済発展計画を策定し始めていた。しかし，スエズ動乱以前から革命政権は，政府の野心的な目標と民間企業が担う経済成長の手段との間に大きな隔たりが存在することに気づいていた。政権側の認識では，経済的誘因や間接的な統制だけでは，国家が設定した生産や投資の目標を順守させることができず，より直接的な統制手段を必要

だと認識するようになった。そのため，新政権は，民間部門との交渉や妥協ではなく，国家の役割拡大により，目標と手段との隔たりを解消しようとした。スエズ動乱は，このように考えていたナセル政権にとって，まさに「渡りに船」の出来事であった（O'Brien 1966：240）。

　動乱中の英仏系資本の国内企業の接収に引き続いて，ナセル政権は，1960年に，ミスル銀行をはじめとする主要国内銀行の国有化に乗り出した。これらの主要銀行は，さまざまな企業を所有している統括会社としての役割も担っていたため，この国有化によって，エジプトの主要産業が国家所有となった。この国有化以前，ミスルグループは，マハッラ・アル＝クブラーに中東・北アフリカ地域最大の織物工場を保有しており，ミスルグループ全体で国内の織物生産の約60%，紡織セクターの雇用の53%を占めていた。この国有化は，政府の経済発展政策を妨げる私的独占を防ぐという名目で実施された（Waterbury 1983：72）。

　さらにナセル政権は，包括的な経済発展計画を策定し，経済発展において国家が主導的な役割を果たすことを内外に示した。エジプトは，1950年代半ばから，経済発展計画を策定し始めており，1957年には，農業部門や工業部門の成長計画を公表していた。しかし，この当時は，まだ包括的な経済発展計画を策定するには至っていなかった。1959年になると，最初の包括的五カ年計画（1960/61〜1964/65年度）が導入された（Hansen 1991：128-129）。この五カ年計画は，あらゆる経済分野における詳細な投資や貯蓄，生産，消費に関する目標が定められた。実質的な国民所得を10年で２倍にするという野心的な計画は，中東・北アフリカ世界でも大きな注目を浴びた（O'Brien 1966：310）。

　また1961年には，ナセル政権は，いくつかの国有化法を制定し，国内の主要産業を国有化した。1961年第117号法では，政府がすべての民間銀行と保険会社，そして軽工業および重工業企業や海運企業の国有化を規定した。これらの企業の国有化の際，政府は，その株式を50年償還の政府債券へと転換した。ま

た，1961年第118号法では，その他の指定83企業の株式のうち，半数以上を政府に売り渡すことが定められた。さらに，1961年第119号法では，1株当たりの価値が1万エジプト・ポンドを超える民間企業が国有化の対象とされ，147の中規模企業が政府に引き渡された。これらの法律によって国有化された企業の価値は，2億5,800万エジプト・ポンドと見積もられ，そのうちの1億2,400万エジプト・ポンドが国家によって接収された。その後，国有化を免れた民間所有の株式の大半も，1963年から64年にかけて，国家に接収された（Waterbury 1983：74）。このような国有化によって政府所有となった民間企業は，160の企業に再編され，11の準公的機関の統制下に置かれた。結果として，多くの製造業や貿易企業は，政府の統制下に置かれ，有力な民族資本家や企業家階層は，没落した（Hansen 1991：126-27）。

　その一方で国家が経済活動で中心的な役割を果たすようになった。その結果，1960年代には政府予算の規模が国内総生産の65％を占めるまでに拡大した。そして国家主導型の経済運営により，順調に工業化が進展し，GDP全体に占める工業製品の割合は，10％（1952年）から20％（1962年）へと増大した（Vatikiotis 1991：396）。

　このような公共部門の拡大は，「社会主義」イデオロギーによって正当化された。ナセル大佐は，1955年4月のバンドン会議以来，しばしば「社会主義」という用語を演説や声明のなかで使用していた。1957年12月，ナセルは，今後の目標を「社会主義的で，民主的かつ協同主義的な（cooperative）社会」の建設にあると表明した（Dessouki 1982：59）。彼は，さまざまな形で理想の社会を定義しており，彼が使用する「社会主義」という語も，さまざまな政策分野での政治的選択（農地改革や民間企業国有化，既存政党の解散など）を正当化するための「マジック・ワード」であるという側面が強い。彼の政策選択も，マルクス主義などの政治的教条によるものではなく，さまざまな試行錯誤のなかでなされてきたものであった。そのため，彼の政治スタイルは，同時代のメディア

では,「プラグマティック社会主義」と呼ばれていた (*The Economist*, 14 March 1964)。

　ナセルの「社会主義」は,組織増殖戦略を推進するなかで,徐々にさまざまな政治組織のなかに体現されるようになった。1956年に解放同盟に代わる政治組織として創設された国民連合 (National Union) は,国内全土に濃密なネットワークを構築し,あらゆる村落や都市部の街区に支部を設けた (Binder 1966：230)。この政治組織は,ヒエラルキー構造をとっており,下は村落や都市部の街区ごとの支部組織から,上は国民会議や執行委員会に至るまで,整然と階層化されていた。またすべての国民は,国民連合への参加を義務づけられていた。この政治組織は,漠然とした「社会主義」をイデオロギー的基盤としていたが,実際には,アルゼンチンのペロンやポルトガルのアントニオ・サラザール,ユーゴスラヴィアのヨシップ・ブロズ・チトー,トルコのケマル・アタテュルクの手法に類似していた。政党という語が特定の党派性や階級間の闘争や分断を含意しているがゆえに,国民連合は,政党ではなく,そのような対立を乗り越え,国民統合を目指す政治戦線であると規定された (Waterbury 1983：313)。このようなナセルの戦略は,制度化された政治組織の創設を通じ,支持基盤を立ち上げ組織である軍部から,新たな階層へと広げていく組織増殖戦略の一環であると捉えることができる。

　「社会主義」の旗の下で,新組織である国民連合による組織労働者の抱き込みが行なわれた。マーシャ・ポザスニーによれば,このような組織労働者の抱き込みは,ユーゴスラヴィアをモデルにして,1955年のバンドン会議後に開始された。ナセルは,ユーゴスラヴィアに比べて発展が遅れているエジプトの労働政策を改善するため,国民連合の労働局と労働組合との話し合いを持った。このような政府の動きに対応して,労働組合活動家たちは,単一で,階層構造を持つ労働組合のナショナルセンターを創設しようとした。政治エリート(とりわけ,内務省や治安機関)のなかには,労働組合運動の影響力が政府に浸透す

ることを懸念して,組織労働者の抱き込みに反対する者もいた。しかしながら,1957年,ナセル大統領は,政府による執行部の任免権保持と引き換えに,単一のナショナルセンターであるエジプト労働者同盟（Egyptian Workers' Federation：EWF）の創設を承認した（Posusney 1997：60-63）[3]。

　しかしながら,国家と組織労働者との関係は,常に友好的であったわけではなく,常に国家による弾圧のリスクを抱えていた。EWFは,独立系労働組合を傘下に収め,産業別に傘下の労働組合を再編成することで勢力拡大を図っていたが,このような労働組合活動家の戦略は,保守的エリートの労働運動に対する疑念を生んだ。1958年末には,政府の反共キャンペーンの一環として,労働運動は一時的に弾圧された。この弾圧によって,ほぼすべての労働組合活動家が逮捕された。また,労働法典では,労働組合が中央集権的な単一のナショナルセンターを創設することを認めているものの,EWFの政府による公認は,反対派によって意図的に遅らされた。内務省は,労働運動が国内の政治的不安定化に関与しており,EWFの公認は,政治的リスクを高める懸念があるとの報告書を提出していた（Posusney 1997：64-67）。また,1959年以前には,急進的労働運動が政府機構内部に浸透するのを防ぐために,公務員の労働組合結成が禁じられていた（Bianchi 1989：132）。

　しかし,国際的要因がナセルによる急進的な社会改革路線を促進した。1958年,エジプトはシリアと合邦し,アラブ連合共和国（United Arab Republic：UAR）を形成した。ナセルは,新国家の大統領に選出された。しかし,新国家形成以来,シリア地域の政治家たち,とりわけ右派政治家は,ナセルによるシリア政治への介入に対して不満を抱き,新国家からの離脱を狙っていた。そのため,合邦からわずか3年でシリアの右派軍人がクーデタを起こし,UARからの離脱を宣言した。ナセルは,UARからのシリア離脱という失策に乗じて,反ナセル勢力の影響が拡大することを恐れた。そこでナセルは,エジプト国内の反動勢力による行動の機先を制し,国民の支持を得るために,より急進的な

政治改革を実行しようとした(Waterbury 1983：313-314)。

1962年には, ナセル政権は, エジプトが独自の社会主義（アラブ社会主義）を採用することを表明した。この政治的意思表明は,『憲章 (al-mithaq)』として公表された（図2-5）。同書は, ナセルによる「社会主義」の導入を社会的自由達成のために不可欠なものとし, 彼の選択を正当化した。

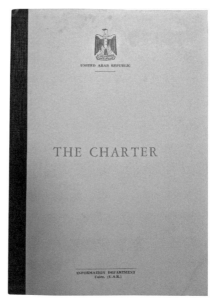

図2-5 対外宣伝用に翻訳された『憲章(al-mithaq)』
出典：著者撮影。

エジプトにおける経済的, 社会的低開発の諸問題に対する社会主義的な解決は,（中略）決して自由選択の問題ではなかった。社会主義的解決は, 現実によって課された歴史的不可避なものであり, また大衆が切望するものであった（Information Department 1962：49）。

エジプトが追求する「アラブ社会主義」は, ナセルの演説のなかでも言及されており, その独自性が強調されていた。ヨーロッパ起源のマルクス主義が宗教の存在を認めず, 私有財産制を完全に否定している一方で,「アラブ社会主義」は, イスラームをはじめとする宗教の存在や私有財産制を認めており, マルクス主義よりも優れているとされた（Hansen 1991：115）。

そして, このような「アラブ社会主義」イデオロギー実現のための政治組織として位置づけられたのが, アラブ社会主義連合（Arab Socialist Union）であっ

た。この政党は、従来の国民連合に代わる形で1962年に創設された政治組織で、これまでの政治組織（解放同盟、国民連合）が職能別の下部組織を持っていなかったのに対して、アラブ社会主義連合は下部組織を職能別に編成した国家コーポラティズム型の組織構造を有していた（Waterbury 1983：313）。また、「アラブ社会主義」では、都市労働者や小作人のようにこれまでの支配者から抑圧されてきた社会階層のためのイデオロギーであることが強調されていたため、象徴的には、労働者と小作人の利益を代表する機関とされ、党内すべての機関において、代表者の半数を労働者と小作人から選出するように規定していた（Waterbury 1983：325）。

　ただし、あくまでもアラブ社会主義連合という政治組織は、「アラブ社会主義」というイデオロギーと同様に、ナセルの権力基盤強化の道具の一つにすぎなかった。それゆえに、アラブ社会主義連合の構成員は、形式的には立法機関の選挙への立候補を認められていたものの、実際にはナセル個人への忠誠度によって立候補の可否を事前に判断された（Kassem 2004：18）。また、アラブ社会主義連合は、ナセルを支持する大衆を動員することで、軍部や治安機関内部の反ナセル派やムスリム同胞団による陰謀を牽制する役目を担っていた（Waterbury 1983：325）。

ナセルの戦略と福祉レジームの発展

　七・二三革命直後から、自由将校団メンバーは、所得再分配を通じた社会的公正の重要性に言及し、それを達成するための手段として福祉拡充に意欲を見せていた。ナギーブ将軍は自著のなかで、新たに創設された解放同盟が「すべての市民に対して失業や疾病、老齢という悲惨な出来事から護られる権利が付与されるよう設計された社会システム――すなわち『福祉国家』」の建設を約束するものであるとし、経済システムのなかでも、公正な富の分配がなされる必要があることを主張した（Naguib 1955：184-185）。また、ナセル大佐も、

1954年4月30日の演説において,福祉拡充の重要性に言及し,国民への食料の安定供給や雇用の確保,生活保障の拡充を約束した。しかしながら,このような社会政策に対して繰り返し言及されているにもかかわらず,実際のところ新政権は,革命直後,農地改革を除いて,革新的な社会改革を実行に移すことはなかった(Dessouki 1982：58-59)。

ナセル大佐がナギーブ将軍との権力闘争に勝利した後,新指導者となったナセルは,1956年7月に憲法(1956年憲法)を制定し,権力基盤の強化を図った。それと同時に,この憲法では,国家の役割として,所得再分配を通じて経済的不平等を是正することを規定しており,少なくとも表面上は社会保障の拡充が明文化されていた。新憲法では,すべての国民に対して社会保障や医療,住宅,教育に関する各種の社会サービスを受ける権利があると規定した(第2部第21条)。また国家は,すべての国民に対して相当の生活水準を確保し,社会,文化,医療に関するサービスを提供する義務を負っていることを規定し(第3部第49条),病院施設の建設や医療サービスの確保を政府の義務とした(Dessouki 1982：60)。このように,新政権は,すでに革命直後の段階でイデオロギー的には,福祉拡充の条件を備えていたものの,福祉拡充が本格化するのは,スエズ動乱以降であった。

同年10月のスエズ動乱を引き金として,エジプトの政治的,経済的構造は変容を遂げた。その後の政治的,経済的特徴として,①国家主導型経済(エタティズム),②組織労働者との政治的同盟という二点が挙げられる。第一の特徴が,国家主導型経済(エタティズム)の採用であった。ナセル政権は,最終的には国家主導型の経済を目指すことになったが,もともと革命直後には,工業化戦略のなかで民間部門が中心的な役割を果たしてくれることを期待していた。しかしナセルは,徐々に望ましい経済システムに対する考え方を改め,経済活動における国家の役割を拡大させようとした。ナセル政権は,スエズ動乱の際,主要な民間企業を国有化した。これ以降,国家は,経済の司令塔であるのみな

らず，経済活動における最有力プレイヤーとなった。この時期のエジプトは，輸入代替工業化を目指しており，ナセルの戦略もそれに沿ったものとなった。このような条件下において，福祉レジームは，輸入代替工業化成功の可能性を最大化するように機能することを期待されていた。そして，第二の特徴が，組織労働者との政治的同盟であった。ナセル政権は，その立ち上げ組織であった軍部との強い結びつきを維持していた一方で，都市労働者や小作人を体制内に取り込むことにより，自らの政権の支持基盤を拡張させようとしていた（組織増殖戦略）。たしかに，民主主義国家における組織労働者とは異なり，エジプトの組織労働者は，政権から自立したアクターではなかった。ナセル政権にとって，労働運動は，権力基盤を強化するための単なる駒に過ぎなかった。しかしナセルの政治戦略により，都市労働者を優遇した社会保障制度が重点的に拡充された。ナセル政権は，組織労働者が国家の統制下に入ることと引き換えに，都市労働者に対して，象徴的な代表選出権だけではなく，経済的安定や社会保障を与えた。その結果，都市労働者は，要求した以上の利益を享受していたという（Dessouki 1982：73）。

　ここで重要なのは，ナセル時代の福祉レジームの主要目的は，工業化戦略の補完であり，所得再分配を通じた社会的公正の実現については，副次的な目標に過ぎなかったことである。たしかに，統治エリートは，七・二三革命直後から社会的公正を強調しており，労働者階級だけではなく，国民全体に対する寛大な福祉給付を行なっていると国民に示すことで正統性を確保していたことも確かである。しかし，このような寛大な福祉給付は，あくまで「社会保障制度が工業化戦略を補完している限りにおいて」という留保がついていた。そのため，国民全体に対する給付を行なう社会保障制度の支出規模は小さく，副次的な制度として扱われていた。ナセル時代の社会保障制度は，工業化戦略の補完を図る中核的な制度（たとえば，社会保険や公的雇用，食料価格補助）と，国民全体への福祉給付を行なう副次的な制度（たとえば，医療サービスや公的扶助）の二

つに分類できる。

社会保険制度

　ナセル時代に整備された社会保険制度は，社会的リスクに対応した，①労働災害，②老齢年金，③障害および死亡，④失業，⑤疾病の五つのカテゴリーに分類された。そのうち，失業給付と疾病給付を除く三つのカテゴリーについては，1950年代に整備された。

　そして，被保険者は，①政府労働者と②民間企業及び国営企業被用者という二つのカテゴリーに分類された。政府労働者に関しては，1952年に公務中の死亡事故に対する補償給付制度が創設され（Garrison 1976：133），1956年には老齢年金制度が開始された。その財源は，労働者と政府（使用者）の双方からの保険料で賄われた。労働者は，保険料として給与所得の10％を支払う一方で，政府は労働者の保険料と同額を支払うこととなっていた。またその後，国庫負担は引き上げられ，当該労働者の給与所得の12.5％と同額とされた（Hansen & Marzouk 1965：217）。

　一方で，民間企業や国営企業の被用者を対象とした社会保険制度は，1955年第419号法によって創設された。彼らに対する社会保険を運営するため，新たに保険共済基金が設立され，財源は被用者と使用者からの保険料によって賄われた。保険料は，被用者の給与所得の5％とされ，使用者の保険料は，それと同額とされた。さらに，1958年第208号法によって，1936年に創設された労働災害補償給付の内容が改善された。民間企業および国営企業被用者を対象とする社会保険制度は，1959年に統合され，①労働災害補償給付，②老齢年金給付，③障害および死亡給付の三つのカテゴリーに整理された（ILO 1960：1）。

　社会保険制度の主たる受益者は，都市労働者であった。法律上では，原則として農業労働者や日雇い労働者，使用者の家族，家事労働者（家政婦）を除くすべての賃金労働者に社会保険が適用されることになっていた[4]。1970年の

時点で被保険者の半数以上が大都市圏であるカイロやアレクサンドリアに居住していた（Garrison 1976：223）。そして，都市労働者のなかでも，公共部門（政府部門および公共企業部門）に属している労働者が中核的な制度受益者であった。というのも，民間部門では，法律上は加入義務があるにもかかわらず，使用者が保険料の支払いを嫌って，雇用している賃金労働者を社会保険に加入させないため，社会保険から漏れてしまっていた（Loewe 2000：14）。たとえば，雇用主が労働者に対して，彼らがオーナーとなる偽装企業を作らせることで，見かけの上では，使用者・被用者の関係から，対等なパートナーとなった。これによって，法律の上では，彼らは賃金労働者ではなく，企業オーナーとなった。そのため，社会保険に加入できなくなり，雇用主も保険料の支払いを免れることができた[5]。また，この当時は，日雇い労働者が保険対象ではなかったため，労働者の雇用と解雇を繰り返し，日雇い労働者のように扱うことで，正規労働者を雇用することで発生する保険料の支払いを免れるという手口も報告されていた（Garrison 1976：242）。

　このように受益者の多くが公共部門に属しているという特徴から，主要企業が国有化された1960年代に被保険者の数も飛躍的に増加した。とりわけ大規模な国有化があった1961年には，被保険者の数がほぼ倍加し，約30万人（1960年）から約55万5,000人（1961年）へと増加した。ナセル時代が終わった後の1971年の時点で，被保険者数は1956年の20倍に増加した（図2-6）。さらに，被保険者数が増えるにつれて，保険給付者数も急激に増加した。たとえば，老齢年金給付の受給者数は，1万284人（1964年）から7万6,743人（1971年）へと急激に増加した。それと同時に，1人当たりの平均給付額も大幅に伸びた。1964年から71年にかけて，食料小売価格が31％程度しか上昇していないにもかかわらず，月間の平均給付額は倍加した。政府統計によれば，1971年の段階で，老齢給付に対する支出は，社会保険全体の支出の50％以上を占めていた（Garrison 1976：226）。

　1960年代に入ると，①労働災害，②老齢，③障害および死亡の三つ以外にも

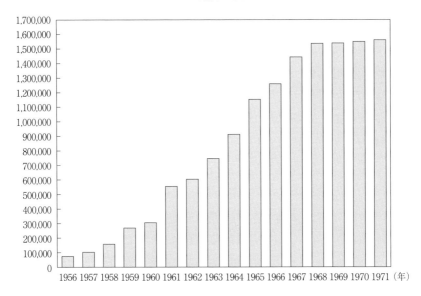

図2-6 社会保険の被保険者数の変遷（1956～1971年）
出典：Garrison（1976：220），Table 21を基に著者作成。

社会保険給付が拡大され，④失業と⑤疾病が社会保険の対象として加わった。1959年の段階で，1年以内の疾病保険の開始と3年以内の失業保険の開始が法律で規定されていた（ILO 1960：2）。しかし，さまざまな反対に遭遇し，実施が遅れたため，これらの社会保険サービスが実行に移されたのは，1960年代半ばであった。失業保険に関しては，1964年に新たな法律が制定され，実際に失業者に対する給付が開始されたのは，翌1965年であった。また疾病保険[6]の実施も，1964年に新法が制定されたことで，ようやく実施される運びとなった。疾病保険実施が遅れたのは，労働者，医師の双方が保険導入に対して反対していたためであった。中小企業の社会保険加入率が低いエジプトにあって，新たな疾病保険の対象となる労働者の多くは，国営企業もしくは大手民間企業に勤務しており，すでに既存の医療保険（民間共済保険や団体保険）に加入していた。それにもかかわらず，新たに所得の1％相当の疾病給付保険料を徴収されるこ

とになっていた。そのため，彼らにとって，新たな疾病保険は負担が増えるだけで，無用のものであった[7]。さらに医師にとっては，新たな疾病保険により，診療報酬が減少することになっていた。そのため，医師たちも，自らの収入減に直結する新保険にの導入には反対した（Garrison 1976：244-246）。

　社会保険制度は，実施に対して一部の労働者から反対があったものの，概して親労働的な特徴を持つものであった。なかでも，もっとも顕著な親労働的な点は，労働組合による制度運営への関与であった。労働組合は，各種社会保険法の変更に意見を述べることができるだけではなく，日常的な社会保険業務の運営にも参画できた。労働者は，政府機関である社会保険機構の運営委員会に対して代表者を送ることができ，運営委員6名のうち2名が労働者代表であった。また地方レベルでも，社会保険の運用に労働者が関与できる制度的枠組みが設けられていた。各地方の労働組合は，労働組合員のなかから，社会保険業務を行なう人間を1名選出することができた。選出された組合員は，社会保険機構が提供する短期講習を受講した後，社会保険実務専従職員となり，一時的に本来の会社業務を免除された。中央レベルから地方レベルに至るまで，社会保険制度の運用に対して労働者の意向は反映されるような仕組みになっていた（Garrison 1976：168-172）。

　ナセル時代の社会保険制度の特徴としてもう一つ挙げられるのが，工業化プロジェクトを財政的に支援する仕組みを備えていた点である。保険料収入の多くは，対象被保険者への給付を除いて，政府によって管理され，政府の投資計画に基づいてさまざまなプロジェクトに投資された。1961年には，民間企業・国営企業労働者を対象とする社会保険基金では，約920万エジプト・ポンドを生み出しており，その多くは長期の工業化プロジェクトやその他の政府事業に対して投資され，そこから回収してきたものであった（表2-1）。政府労働者を対象とする社会保険基金も，同時期に保険料を投資にまわしており，その利益から経費を差し引いた余剰金は，470万エジプト・ポンド（1961/62会計年度）

第2章　現代エジプトにおける福祉レジームの発展

表2-1　社会保険の余剰資金（1956～1963年）
（単位：百万ポンド）

	歳　入	歳　出	剰余金
1956年	1.1	0.2	0.9
1957年	2.3	0.7	1.5
1958年	3.1	0.7	2.4
1959年	4.1	1.0	3.1
1960年	7.5	1.8	5.7
1961年	12.7	3.6	9.2
1962年	n/a	n/a	20.9

出典：Hansen & Marzouk（1965：219），Table 8.3.

表2-2　政府部門労働者社会保険基金の収支（1956～1962年）

	受益者数（千人）	剰余金（百万ポンド）	積立金累積（百万ポンド）	投資利益（百万ポンド）
1956/57年	204	7.3	24.4	0.7
1957/58年	221	12.5	36.9	1.1
1958/59年	228	12.3	49.2	1.3
1959/60年	582	15.7	64.9	2.0
1960/61年	600	20.8	85.8	2.5
1961/62年	625	24.9	142.2	4.7

出典：Hansen & Marzouk（1965：217），Table 8.2.

に及んだ（表2-2）。社会保険機構の幹部は，社会保険制度の目標の一つとして，「開発計画に対する資金援助での貢献」を挙げている（Garrison 1978：290）。この幹部の発言は，保険料収入を長期的な工業化のために最大限に利用しようとする政府の意思を物語っている。

　社会保険制度自体も，財源の多くは，使用者と被用者から徴収される保険料によって賄われており，政府拠出の額は最小限に抑えられていた。1960年代の「アラブ社会主義」政策の一環で，所得分配を通じた社会的公正の重要性が強調され，社会保険も拡充された。この拡充政策によって，1961年に保険料は，被用者所得の5％から7％（被用者の保険料）へ，支払給与の10％から17％（使用者の保険料）へとそれぞれ引き上げられた。1964年にはさらに引き上げられ，被用者，使用者それぞれ給与所得の10％，23％へと引き上げられた（Abdel-Fadil 1980：31）。一方で，社会保険に対する国庫負担は，政府労働者に対し

ては手厚く，給与所得の15.5％相当分を国家が負担していたものの，民間企業，国営企業被用者に対しては，被保険者給与のわずか1％相当の金額を国庫から拠出するにすぎなかった（Garrison 1976：236-238）。

公的医療サービス

七・二三革命以来，ナセル政権は，革命以前には一部の社会階層の特権であった社会保障制度の大衆化を推進してきた。政府による無償医療サービスは，社会保障大衆化の象徴的存在であった。そのため，政府も，このような医療サービス拡充を「革命の成果」として喧伝し，プロパガンダに利用した。革命後13年間で無償医療サービスに対する支出は，34％増加し，都市部での病院施設も増えた（Information Department 1964：105-108）。このプロパガンダ冊子が発行されたのちも，政府による医療サービスは拡充され，政府系病院の病床数は，2万5,710（1952年）から5万6,223（1973年）へと増加し，政府系病院だけでも1万人当たり16床を確保していた（Garrison 1976：74）。

このように「革命の成果」として政権プロパガンダにも取り上げられるような制度であるが，さまざまな欠陥を抱えており，社会保障制度としての質は，それほど高くなかった。社会保険制度とは異なり，医療サービスの財源は，国家からの負担で賄われていた。そのため，医療サービスの充実には，財政的制約が付きまとっていた。1965年の時点では，総予算の5％が医療サービス充実のために支出されていたものの，その後の度重なる戦争により，社会政策に対する予算も減少し，総予算に占める医療サービスへの支出割合も減少した。そして，1971年には総予算の1.6％にまで落ち込んだ（Bayat 2006：136-137）。そのため，革命後，医療サービスの需要が増加していたにもかかわらず，医療サービスの拡充は限定的となった。その結果，政府系医療施設は，つねに受け入れ能力以上の患者を抱えることとなった。その一方で，富裕層は混雑する政府系医療機関を避け，民間病院を利用した。さらに，公共医療サービスが社会保険制

度(疾病保険)と並立していたことにより，都市労働者(とりわけ，フォーマル部門労働者)の多くは，廉価だがサービスの質が劣る公共医療機関を利用せず，社会保険を使って民間病院を利用した。その結果，公共医療サービスの受益者は，貧困層に限定されるようになった。財政的な制約があるうえ，ナセル政権にとって強力な支持基盤であった都市労働者も公共医療サービスの利用を回避した結果，需要に見合うだけの投資がなされなかった (Garrison 1976：174)。

公的扶助制度

革命直後，新政府は，公的扶助制度を社会保障として重視しておらず，革命以前の制度をそのまま運用していた。新政府は，公的扶助制度よりも社会保険制度を重視しており，1960年代まで具体的な拡充の動きはなかった。国庫負担で運営される公的扶助制度は，社会保険制度の補完として位置づけられており，1960年代に「アラブ社会主義」思想に基づく社会的公正の実現が強調されるまで，スポットライトを浴びることは無かった。

しかし，「アラブ社会主義」イデオロギーの採用により，公的扶助制度は，公正な分配や貧困層の社会的権利を実現し，統治の正統性を確保するための手段として位置づけられるようになった。1964年，新たな公的扶助法(1964年第113号法)が制定された。政府は，この新法の前文で，以下のように宣言した。

1950年に制定された社会法〔公的扶助法〕は，廃された旧体制の下で制定され，多くの不充分な点を抱えていた。それがゆえに，政府は，これらの不充分な点を是正し，新体制の目標に従い，より多くの恩恵を〔国民に〕もたらすよう，新法を通過させる必要性を認識した (Garrison 1976：176)。

この新法は，公的扶助制度を二つの点で拡張させた。第一に，受給対象者が拡大した。新法では，1950年法で受給対象者であった，①孤児，②子供のいる

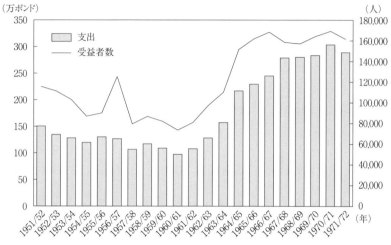

図2-7 公的扶助に対する支出額および受益者数（1951/52〜1971/72年）
出典：Garrison（1976：205），Table 16を基に著者作成。

寡婦，③障害者，④65歳以上の高齢者に加え，⑤子供のいる離婚女性を対象とした。また，資力調査での諸条件も緩和され，公的扶助受給者が賃金労働に従事したり，手工芸によって収入を得ることを許可した。同時に，これらの収入が公的扶助給付の50％を超過する場合には，給付を減額することが定められた。第二に，新法では，公的扶助を受給する権利をすべての国民が持つことが確認された。旧法下では，公的扶助給付は，予算に余裕がある場合に限って行なうと規定されていた。しかし新法では，この規定が改正され，すべての受給資格のある国民が権利として公的扶助給付を受けることができることが規定されるとともに，政府が5年以内に公的扶助制度の拡充のために必要な財源を確保すべきことが明記された（Garrison 1976：176-182）。新法の制定に伴い，1964年を境にして，公的扶助制度に対する支出も大幅に増加した。1963年から71年にかけての食料小売価格の上昇が約50％であったのに対し，公的扶助支出は，同期間に倍増している（図2-7）。

第**2**章　現代エジプトにおける福祉レジームの発展

食料価格補助と公的雇用

　エジプト福祉レジームの形成にとって重要な制度として，食料価格補助制度と公的雇用制度が挙げられる（詳細については，それぞれ第**4**章，第**5**章を参照）。食料価格補助制度は，主要産業国有化ののちには，ナセルによる工業化戦略に不可欠の存在となった。ナセルの政策は，「低賃金・低価格食料品（low-wage, cheap-food）」政策と称された（Rowntree 1993）。農産品の強制買上制度によって農村から農産品を徴発し，それらを安く都市労働者に提供しようとした。その代わりに，都市労働者の賃金上昇を最低限に抑えることが構想された。このようなメカニズムは，スエズ動乱以降の公共部門の拡大のなかで，公共企業部門労働者の賃金上昇を抑制し，公共企業の資本蓄積を促した。そして公的雇用制度も，工業化戦略を補完する働きを期待されていた。ナセル政権は，大学卒業者に対して公共部門での職を保証した（雇用保証スキーム）。これにより，大学を卒業した有能な人材を公共部門（政府部門および公共企業部門）に確保しようとした。そして，工業化を担う人材の確保を図ると同時に，彼らをナセル政権の強力な支持基盤として取り込もうとした。

　ナセル時代には，革命前にはほとんど未発達であった社会保障制度が急激に拡張された。七・二三革命は，福祉拡張の障害であった保守的なアクターを政治的に排除し，その後の福祉拡張に道を拓いた一方で，それ自体は福祉拡張の原動力とはならなかった（決定的分岐点の許容条件）。その後ナセルは，スエズ運河会社を国有化し，スエズ動乱（第二次中東戦争）を招いた。このスエズ動乱こそが，福祉発展にとっての原動力となった（決定的分岐点の生成条件）。スエズ動乱のなかで英仏系資本の国内企業が次々と接収された。その後も，国内の主要企業が国有化されたことで，エジプトの経済構造が決定づけられた。そして，政治的には，労働者の抱き込みを図り，一党支配体制を作り上げた結果，政治構造も親労働的な一党支配体制として安定した。

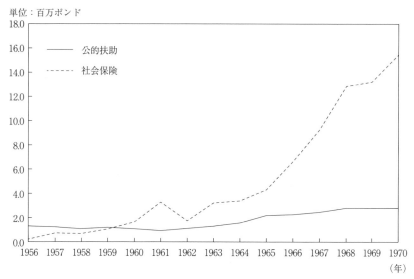

図2-8　社会保険支出と公的扶助支出の比較（1956～1970年）
出典：Garrison（1978：289），Table 1 を基に著者作成。

　エジプトでは，このような政治経済構造のなかで福祉レジームが形成された。その特徴は，「ポピュリズム型」と形容されるもので，国民，とりわけ都市労働者に対する寛大な福祉給付が強調された。しかし，ナセル時代の福祉レジームの主たる目的は工業化戦略の補完であり，寛容な福祉給付による正統性の確保は，副次的な目的にとどまっていた。この点は，社会保険制度と公的扶助制度との比較から明らかとなるだろう。先述のように，1964年の公的扶助法では，新たに貧困層の社会的権利を強調し，公的扶助に対する支出も大幅に増加したと言われている。しかしながら，社会保険に対する支出と比べると，公的扶助に対する支出の増加は微々たるものであった（図2-8）。1960年代に入ると，社会保険は大幅に給付が拡大した。給付拡大の背景には，主要産業の国有化に伴う社会保険料収入の安定化があった。このような社会保険料収入は，被保険者に対する給付にまわされるほかに，国家による投資にまわされ，ナセルによ

る工業化戦略を支えた。その一方で、公的扶助給付の水準は、財源の制約もあり、低く抑えられた (Garrison 1976: 212)。このような二つの制度の給付水準の差は、ナセル時代には、公正な分配による正統性の確保がそれほど重視されていなかったことを示している。しかしナセルの死後、エジプトの福祉レジームは、ポピュリズム的な特徴が強化され、これまで副次的とされた公正な分配による正統性の確保という目的が前面に押し出されるようになった。

図2-9　ナセル大統領の葬儀に集まるカイロ市民（1970年10月1日）
出典：Bibliotheca Alexandrina Gamal Abdel Nasser Digital Archive.

3　サーダート政権期の経済開放政策と福祉拡充

　1970年、ナセルは大統領在任のまま亡くなり、副大統領のアンワル・アッ＝サーダートが大統領に就任した（図2-9, 図2-10）。サーダート政権は、経済を回復させるため、海外からの投資誘致を狙って、部分的経済開放政策（インフィターフ）を実行した。サーダート政権は、湾岸諸国や西側諸国の投資家に市場開放を行なった。従来の理解では、インフィターフは、「社会的公正」から「経済成長」や「効率性」に重きを置くようになったとされている。アーシフ・バヤートは、以下のように述べている。

図 2-10　サーダート大統領
出典：Bibliotheca Alexandrina Anwar Sadat Digital Archive.

〔サーダート〕体制は，「平等主義的／ポピュリズム型手法」と「経済成長／生産性」との間の選択に直面したとき，結局は後者を選択した（Bayat 2006：138）。

しかしながら本書では，サーダート時代に「経済成長／生産性」を重視する政策——すなわち，インフィターフ——が採用されたことが，「平等主義的／ポピュリズム型手法」の拡充——すなわち，福祉拡充——を招いたことを示す。

ナセルによる個人支配の黄昏——経済的失敗と第三次中東戦争の敗北

　サーダートがナセルから大統領職を引き継いだとき，エジプトは深刻な経済危機に悩んでいた。その原因は，1960年代にまで遡ることができる。第一の要因は，対外債務の増加による国内経済の不調であった。対外債務は，ナセルによるさまざまな政策の結果であった。その内容としては，スエズ動乱当時の英仏系企業の接収に対する金銭補償（2,500万エジプト・ポンド），スエズ運河会社の旧株主に対する補償（2,750万エジプト・ポンド），アスワン・ハイダム建設のための隣国スーダンへの補償（1,500万エジプト・ポンド）などが挙げられる。対外債務がエジプト経済に重くのしかかる一方で，外貨獲得の手段である輸出は思うように伸びなかった。これは，ナセルが国際競争力のあった農業部門の犠牲のもとに，輸入代替工業化戦略を採ったためであった。対外債務の増加によって，1962年5月には，国際通貨基金から緊急の借り入れを行なうことになり，即座に2,000万エジプト・ポンド相当が引き出された。ナセル政権は，エジプト・ポンド切り下げを行なったものの，それだけでは輸出を促進するには

第2章 現代エジプトにおける福祉レジームの発展

充分ではなかった。その結果，政府は，さらなる緊縮財政を行なうことになった。ナセル大統領は，右派のザカリア・ムヒーユッディーンを首相に任命した。ムヒーユッディーン首相は，ただちに国際通貨基金との交渉を開始した。エジプト政府は，同基金からの援助と引き換えに，さらなる通貨切り下げや増税，価格統制の緩和などの経済改革を実施することになっていた。この改革は実行に移されなかったものの，このような現状は，すでに1960年代半ばには，ナセル政権にさらなる福祉拡充を行なう余力がなかったことを示している（Waterbury 1983：94-97）。

第二の要因は，中東・北アフリカ地域を取り巻く国際関係の緊張に起因するものであった。1962年から1967年にかけて，エジプトは北イエメン内戦に介入し，泥沼にはまり込んだ。その結果，軍事費が増大し，外貨準備高も減少した。さらに，北イエメン内戦への介入は，対米関係を悪化させ，アメリカからの小麦援助が停止した。当時，小麦を海外からの輸入に依存していたエジプトは，商業ベースで小麦を輸入せざるを得なくなった。また，エジプトは1967年の第三次中東戦争でイスラエルに敗北し，エジプトの原油生産の半分を占めていたシナイ半島が占領され，スエズ運河の航行が不可能になった。その結果，エジプト経済を支えていたシナイ半島の原油資源とスエズ運河通航料収入を一挙に失うことになった（Vatikiotis 1991：412）。このように，外貨持ち出しが増加する一方で，外貨獲得手段が奪われたことで，エジプト経済は危機に瀕した。

また，1967年の第三次中東戦争での敗北は，エジプトの国内政治に大きな影響を与えた。敗北後も，左派急進勢力は，特権階級に対する革命を継続し，大衆の動員を図るべきことを主張したものの，ナセルは右派勢力との妥協を図り，彼の演説のなかでも「アラブ社会主義」の政治的主張は影をひそめるようになった。さらに右派勢力は，政治的危機に対する処方箋として，政治的，経済的な自由化を実施し，西側諸国からの投資を呼び込むことを主張していた。こ

のような右派勢力の主張に合わせて,ナセル政権は,1960年代に行なわれた急進的な政治動員を解除し始めた。たとえば,アラブ社会主義連合傘下の急進的左派勢力の巣窟であった社会主義青年機構に解散を命じた。また,農村部では低所得層の組織化運動を終息させ,農業協同組合の政治的機能が徐々に弱められた (Hinnebusch 1985：37)。

左派の排除と経済的門戸開放政策(インフィターフ)

　1970年の時点では,すでにナセルによる政治的,経済的な選択が失敗していたことは,明らかとなっていた。しかしサーダート政権がナセルのアラブ社会主義路線の本格的修正に乗り出すのは,1973年の第四次中東戦争終結後であった。これは,サーダートの大統領就任時,いまだナセルによる社会主義的手法を支持する左派勢力の影響力が強く,経済改革を開始する前に,左派勢力の影響力を弱める必要があったためであった。このような左派勢力の首領は,自由将校団メンバーであり,与党アラブ社会主義連合の上席代表,副大統領のアリー・サブリーであった。集団そのものは小さいものの,左派勢力は組織としてまとまっており,1960年代には「アラブ社会主義」思想の浸透とともに,政治的決定で大きな役割を果たしていた。サーダートに政権が移った後も,左派勢力はアラブ社会主義連合の執行委員会の多数を占めており,内務省や情報省,警察,治安機関に強力なネットワークを持っていた。そのため,このような左派勢力は,サーダートによる権力基盤強化や経済改革の障害となっていた(Hinnebusch 1985：40-44)。

　そこで,サーダート大統領は,右派勢力を動員し,ナセル時代の政策を批判させた。この政策論議において,サーダートはあくまで,左派勢力(親ナセル派)と右派(アラブ社会主義路線からの離脱を主張する勢力)の上に立った中立的な調停者として振る舞った。しかし実際には,右派勢力に対して,ナセル批判を行なわせることで,社会主義的な手法の修正を目指していた。ここでのナセ

ル批判の要点は，ナセル時代には政治的自由が無く，反対派は弾圧され，基本的人権が蹂躙されていたことを強調し，彼を独裁者として断罪することにあった（Hinnebusch 1985：61）。

それと同時に，サーダート大統領は，批判の矛先を親ナセル勢力の中心にいたアリー・サブリーにも向け，サブリーやその一派を「権力の巣窟」と批判し，左派勢力の排除を始めた。1971年5月2日，サブリーは，副大統領を解任され，与党アラブ社会主義連合からも追放された。続く数週間のうちに，サブリー支持者の閣僚や党幹部は，その職を辞していった。左派勢力は，サーダート大統領による策動に対して，ナセルを信奉する国民（とりわけ，学生や労働者など）が街頭で自分の名を叫び，左派排除の不当性を訴えることに期待をかけていた。また左派勢力の影響力が強い警察や治安機関が，サーダート大統領の動きを封じ込め，左派勢力に与することが想定されていたものの，実際には，サーダートが機先を制し，大統領配下の共和国防衛隊を動員して，左派勢力を一掃した（Waterbury 1983：349-353）。

アリー・サブリーとの権力闘争に勝利し，経済改革が加速した。サーダート政権は，1974年に十月文書を公表し，新たな政策であるインフィターフの概要を示した。この「インフィターフ」という用語は，1960年代後半に初めて使用され，海外からの投資や利潤追求に対する門戸開放という積極的な意味が込められていた。1974年第43号法では，かつて1962年憲章で一部制限されていたあらゆる分野での海外からの投資が合法化された。それと同時に政府は，フリーゾーンや化学産業，紡織業，鉱業，銀行，住宅，観光など，あらゆる分野での投資計画を承認した。これらのプロジェクトに対しては，国有化や接収対象からの除外を含むさまざまな特権が与えられており，通常公共部門に適用される法律や規則——労働者の経営参画や労働者に対する（強制的な）利益分配システムに関することさえも——が適用されなかった（Ayubi 1991：20）。

しかしながら，インフィターフは，自由主義的な経済の青写真ではなく，

(公共部門の役割に大きな変化を及ぼさない)単なる投資促進プログラムであったことを強調しておく必要がある。実際に，政権関係者はインフィターフが公共部門に大きな変化をもたらさないことを強調していた。マムドゥーフ・サーリム首相(在任期間：1975年4月〜1978年10月)は，インフィターフについて以下のように言及していた。

> この政策〔インフィターフ〕は，これまでのシステムの一般哲学や平等な分配の原則から逸脱しておらず，また公共部門や総合的な国家計画の諸原則の重要性の弱めることもない。ましてや，これ〔インフィターフ〕が混沌や衝突，矛盾を意味するものではない (Ayubi 1991：21-22)。

また，1977年に計画省が発行した「五カ年計画」では，1970年代半ばの経済の停滞を構造的なものではなく，不充分な資金の流動性や国際収支の赤字に起因する一時的なものと考えていた。そのため，政府に必要なことは，国内の経済構造の変革ではなく，海外からの資本の呼び込みを促すような施策であると捉えていた (MoP 1977：5)。そして，サーダート政権の経済顧問たちは，アラブ諸国，とりわけ湾岸諸国からの資金がエジプト経済の復興に不可欠であると認識していた。アラブ系の資金は他の資金に比べて素早く調達でき，エジプト国内での構造改革を迫られる可能性が少ないからであった (Ikram 2006：21)。

　また，インフィターフでは，国営企業の縮小というよりも，経営効率化に重点が置かれた。サーダート時代には，ナセル時代に設けられた国営企業の統括機関 (muassasat amma) が廃止され，各国営企業の経営の自主性が重んじられるようになった。その代わりに25の事業分野ごとに部門別高等評議会が設けられ，傘下の国営企業の(統制ではなく)経営支援にあたることとなった。1975年第111号法では，この部門別高等評議会についての規定があり，評議員から

労働者代表を排除することによって,経営の効率化を図った[8]。また同法では,各国営企業や半官半民企業の総代会についても規定があり,総代会は,所管大臣,財務計画各省の代表者,5名の部門別高等評議会の評議員,3名の専門家,そして経営会議によって指名された4名の使用者代表から構成されていた。このように,政府は,極力経営側の意に沿わない労働者が公共企業の経営に参画することを避けようとした。このような措置は,公共企業の経営の効率化を図るものであると同時に,ナセルによる「アラブ社会主義」のなかで強調されていた「下からの」経営を否定するという象徴的な意味も込められていた(Wahba 1994:192-194)。

　抜本的な経済構造改革が行なわれなかった結果,インフィターフは,ナセル時代に生み出された経済構造の欠点を是正することができなかった。インフィターフが終わりを迎えたときに指摘されていたエジプト経済の欠点は,以下の8点に要約することができる。第一に,価格やインセンティブにおける歪みによって資源の浪費を招いた。第二に,為替レートや通商規制によって,輸出よりも輸入が促進され,投資の配置に歪みが生じた。第三に,為替や貿易のレジームが過度に断片化しており,複雑であった。為替レートだけでも取引内容に応じて3種類──中央銀行レート,商業銀行レート,市中両替レート──が存在し,それぞれ取引レートが異なっていた。第四に,国家財政の基盤が脆弱であった。サーダート政権下で,経済規模に占める政府予算の規模(GDP比)は増加したものの,そのような予算増加は,税収の増加ではなく,過度な借り入れによって賄われていた。またエジプトの国家予算は,外的な影響に弱く,海外の経済変動によって,予算規模が大きく変動した。第五に,経済活動の多くは,公共部門──政府活動および公共企業──によって担われていた。これらの活動は,政府の保護下に置かれており,民間企業との競争が生じにくかった。第六に,資本の生産性を高めようとする圧力が弱く,とりわけ公共部門では低い生産性が放置されたままであった。第七に,政府による経済運営は,環

境変化に充分に対応していなかった。たとえば，エジプト政府は，インフレ抑制のために，補助金や価格規制を通じて価格を統制しようとしたものの，失敗に終わった。また財政政策が経済安定化の手段として充分に活用されていなかった。最後に，経済運営を担う政府機関は，充分に新たな経済システムのデザインを描くことができていなかった（Ikram 2006：44-54）。

インフィターフ期全体を通じて，エジプト経済における公共部門の優位性に変化はなかったものの，インフィターフは，徐々に富裕層に利殖の機会を与えた。そのような集団のなかには，ビジネスに成功し，経済的な影響力を高める者も現れるようになった。しかしながら，このようなビジネスエリートは，西ヨーロッパ諸国の産業革命期に現れたブルジョワジーとは異なり，国家から自立した存在ではなかった。むしろ，エジプトのビジネスエリートは，国家に寄生することによって，自らの経済的影響力を高めていった。たとえば，民営化プロセスにおいても，サーダート政権は，ビジネスエリートの支持と引き換えに便宜を図った。またサーダート政権下で統治エリートは，このような機会を利用して，国家資産をあたかもプライベートな資産のように利用し，自己利益拡大に努めた。サーダート大統領自身は，ビジネスでの利得を公然と懐に入れたり，彼自身の名義で資産を手に入れたりすることはなかったが，彼の妻や兄弟，取り巻きたちは，大統領の関係者であることを利用して利殖にいそしんでいたという（Springborg 1989：34）。その結果，大統領や官僚機構を中心としてパトロネージのネットワークが構築され，ビジネスエリートはその一部に組み込まれるようになった。

インフィターフは，経済構造に大きな変革をもたらさなかったものの，表面上はエジプト経済に繁栄をもたらした。1975年から1985年にかけて国民所得の成長率は，年平均8％に達した。それと同時に，1人当たりの所得も5％以上増加していた。サーダートや彼の取り巻きたちは，このような経済成長を経済改革の成果だと見なしたが，実際には，エジプト国内における生産活動は停滞

していた。たとえば、紡績業のようなエジプトの国内主要産業では、わずかに生産が増加するにとどまった。エジプト経済は、製造品の輸出促進に失敗しており、エジプトの輸出総額は、GDP比12.9％（1970年）から16.9％（1974年）へと増加したものの、1976年には11.5％へと減少した。このような輸出実績の多くは、石油輸出によってもたらされており、製造品の輸出はインフィターフ期を通して振るわなかった。また投資も石油、建設、電気、通商・金融、輸送、倉庫業など、生産に直接関係しない分野に集中し、生産活動への投資も振るわなかった（Cooper 1982：108-113）。

複数政党制の導入

サーダート政権下では、複数政党制の導入により、徐々に経済構造だけではなく、政治構造にも変化が見られた。1974年に十月文書を発した後、サーダート政権は、アラブ社会主義連合とその関連組織内部の反対勢力を牽制するために、積極的に政治的自由化の手法を取るようになった。1975年の党内選挙が終わり、国民会議（立法機関）は、党内派閥として機能していたものを党内会派（*manabil*）として正式に組織化することを決定した。当初、14の党内会派が提案されたものの、国民会議は、最終的に「リベラル右派勢力」、「中道勢力」、「左派勢力」の三つを承認した。サーダート大統領は、サブリー副大統領との権力闘争では、右派勢力を代表していたが、この党内会派の形成プロセスのなかでは、すべての会派を調整するイデオロギー的に中立的立場であるかのように振る舞った。しかし実際のところ、サーダートは中道勢力と強いつながりを持ち、自分自身の権力基盤とすることを目論んでいた。リベラル右派勢力は、インフィターフのさらなる促進により、民間部門への投資を活性化する必要性を強調した。一方で左派勢力は、社会的、経済的平等の追求やブルジョワジーに対する敵視やアメリカへの疑念という点で共通していた。しかし左派勢力は、ナセル主義者とマルクス主義者の二つに分断されており、相互不信の結果、組

織的なまとまりを欠いていた。とりわけナセル主義者は，マルクス主義者がソ連邦の手先であるとの疑念を抱いており，マルクス主義者の煽動による階級闘争の激化を懸念していた（Waterbury 1983：364-366）。

　1976年の議会選挙では，アラブ社会主義連合内部の3会派のみが組織として参加可能（無所属としての立候補は可能）であったが，七・二三革命以降，少なくとも見かけの上では，はじめての複数の勢力が争う競争的選挙となった。この選挙は，中道派勢力が352議席中280議席を獲得し，中道派の圧倒的勝利に終わった。一方で，リベラル右派勢力，左派勢力は，それぞれ12議席，2議席の獲得にとどまった。この議会選挙の後，サーダート大統領は，これらの党内会派を独立した政党へと移行させる決定を下した。1978年，親サーダート派である中道勢力は，国民民主党（National Democratic Party）と名称を改めた。リベラル右派勢力，左派勢力は，後にそれぞれ自由党（*Hizb al-Ahrar*）と国民統一進歩党（*Hizb al-Tagammu*）に改称した。さらにサーダート政権は，1977年1月に，反体制勢力に対しても政党設立を許可した。この決定に応じて，経済的自由主義系の反体制派が新ワフド党を，左派系の反体制派が社会主義労働党を結党した（Fahmy 2002：62-63）。

　サーダート時代，組織労働者は，権威主義的な支配体制の下での重要なパートナーの地位を維持していた。サーダート大統領は，アラブ社会主義連合を三つの党内会派に分割することを決定した際，アラブ社会主義連合傘下の労働組合に対して，サーダートが主導していた中道勢力への支持を表明するようにさまざまな圧力をかけた。サーダート大統領は，労働組合活動家に対して，中道勢力への支持表明と引き換えに，将来選挙に出馬する際の政府による支援を約束した。このような勧誘に失敗したときには，労働組合員を脅迫し，自派への支持を取り付けた。このようにして，労働組合活動家の一部は，中道勢力の政治局やカイロ支部に組み込まれた。また，中央レベルでは，サーダート政権は，一部活動家の反対はあったものの，中道勢力に対するエジプト労働組合総同盟

(政府公認の労働組合中央組織であるEWFの後身：ETUF）の支持を取り付けることに成功した。これ以降，ETUFの執行部は，サーダート政権に抱き込まれ，地方レベルでの活動家の動きを封じ込める際に，サーダート政権に協力するようになった（Posusney 1997：108-113）。

その一方で，複数政党制の導入は，副産物を生み出し，その後の政治システムの構造変化に大きく影響した。ナセル政権下では，議会への立候補者に対して事前に審査があり，その審査を通過しなければ立候補することができなかった。サーダート政権期には，そのようなあからさまな事前審査はなくなったものの，メディアの独占や反体制派の脅迫など，間接的なコントロールが存在した。直接的なコントロールが緩められるとともに，議会選挙は，政党（アラブ社会主義連合）による組織選挙から個人選挙へと移行し，候補者の資金調達力が選挙結果を左右するようになった。選挙に勝利するために，候補者は，選挙前に有権者に対して食料などを振る舞ったり，選挙区内の開発――たとえば，モスクの改築など――に貢献したりする必要が生じた。選挙法上，候補者が選挙運動に50エジプト・ポンド以上使用することを禁じてきたが，実際に選挙に勝つためには，1万エジプト・ポンドは必要だとされた。さらに，候補者は，地域のインフラ整備や有権者に対する公共部門の雇用斡旋などにも積極的に関わる必要があったため，政府とのつながりを必要としていた（Hinnebusch 1985：176）。

選挙の形態が個人選挙へと移行し，選挙コストが上昇するにしたがって，選挙は資金力のあるビジネスエリートに有利なものとなり，彼らは議会内部でも大きな役割を果たすようになった。それにしたがって，議会委員会は，ビジネスエリートの利益表明の場となった。たとえば，計画・予算委員会では，公共企業の株式の投資家への売り渡しや労働者の賃上げに対する反対など，農業委員会では，農地保有制限の緩和などが要望された。これらの要望の全てが政策として実現したわけではないが，ビジネスエリートの要望に応じて実現した政策も多かった（Hinnebusch 1985：176-177）。

このようなサーダート政権下での政治的自由化は，民主主義の赤字を解消するどころか，正統性の危機を招いてしまった。先述のように，サーダート大統領は，就任直後からナセルの統治スタイルを独裁的だと批判し，翼賛政党のアラブ社会主義連合を解体して複数政党制を導入した。しかし，このような政治的自由化政策によって，国民に対する権威主義的な統制が緩和されることはなかった。エジプトにおける政治的自由化は，政治的支持を広げようとするサーダートの戦略の一部であった。このような政治的自由化は，ビジネスエリートに恩恵をもたらし，その後の政治的影響力の拡大につながった。本書の理論的枠組みから考えると，サーダート政権は，ナセル政権が採っていた組織増殖戦略を放棄し，ビジネスエリートとの恩顧関係を強化したのであった。その一方で，組織労働者は，いまだ政権と政治的同盟関係にあったものの，ビジネスエリートが政治的影響力を高めていくにしたがって，その政治的影響力は減少していった。ビジネスエリートとは対照的に，多くの国民は，政治的自由化の恩恵を受けられなかっただけではなかった。サーダート政権の採用した経済開放政策によって，国民の多くは，物価の急上昇や実質賃金の目減りなどに苦しんでいた。このようにして，サーダート政権は，自らの統治の正統性を高める新たな方法を見つけ出す必要に迫られた。このような正統性の危機を回避するために利用されたのが，社会保障の拡充を通じた分配機能の強化であった。

正のフィードバック効果とポピュリズム型福祉レジームの拡張

　インフィターフは，「持つ者」と「持たざる者」との間の収入格差を拡大させた。「持つ者」は，インフィターフに乗じて資産を増やし，経済的影響力を拡大させた。たとえば，国内小売流通業の独占的構造は，「持つ者」に利益拡大の機会を与えた。20社が牛肉流通を，10社が飲料の流通を，9社が紙の流通を，そして4社がバイク部品の流通を牛耳っており，消費者が支払う価格は，流通業者が生産者に支払う価格の二倍以上になった。このようにインフィター

表2-3　所得分配の構造

所得集団の持つ資産の割合	50年代初頭	1972年	1975年	1976年
下位60%	18.0	29.8	34.9	33.7
中間30%	38.5	37.0	30.2	31.7
上位10%	43.5	33.2	34.9	34.6

出典：El-Issawy（1982：101），Table 4.9.

表2-4　都市部および農村部における貧困（1958～1975年）

		1958/59年	1964/65年	1974/75年
貧困ライン以下で生活する家庭の割合	農村部	35.0%	26.8%	44.0%
	都市部	30.0%	27.8%	34.5%

出典：Ibrahim（1982：384），Table 12.2.

フ期に利殖の機会を得た投資家たちの多くは，革命以前に上流階級だった人々や，1950年代から60年代にかけて湾岸諸国で財を成した人々であった（Hinnebusch 1985：280）。

「持つ者」とは対照的に，「持たざる者」は，インフィターフに起因するインフレに苦しんでいた。インフィターフ期の賃金上昇率は，インフレ率を下回ったため，実質的には賃下げとなった。多くの国民にとっては，インフィターフは生活水準の低下をもたらした現象であった。このような影響を最も大きく受けたのが，従来は中間層とよばれていた人たちであった。彼らは，ビジネスエリートほど投資のための元手を持っておらず，かといってすべてをなげうって海外へ移民することもできなかった（Amin 2011：55-56）。所得格差は，1950年代から1972年にかけては緩和されていた。これは，ナセル政権下において，農地改革や大企業の国有化など，さまざまな平等主義的施策が実施されたためだと考えられる。その後，インフィターフの結果，所得格差が拡大した。エジプト国内での高所得者上位10％が持つ資産の割合が上昇した一方で，中位30％が持つ資産の割合が減少した（表2-3）。このデータは，インフィターフによって中間層が徐々に浸蝕され，縮小したことを意味する（El-Issawy 1982：101-102）。また別の統計データ（Ibrahim 1982）では，インフィターフによって貧困

ライン以下で生活する国民が増加したことが示されている。都市部の貧困ライン以下の世帯の割合は，ナセル時代に30.0％（1958/59年）から27.8％（1964/65年）へと減少したものの，サーダート政権下で再び上昇した（表2-4）。

　サーダート時代には，労働市場も低迷しており，すでに増加する新規参入者を吸収する能力が弱まっていた。この当時，エジプト国内の人口は，年平均2.31％で上昇しており，1976年までに3,800万人に達する見込みであった。これは，年間約90万人ずつ人口が増加していたことを意味している。労働市場は，このような新規参入者を吸収する必要があったものの，どの部門も旺盛な需要を吸収する能力に欠けていた。この当時，最も多くの新規参入者を吸収していた公共部門（政府部門や公共企業部門）は，すでに余剰人員を抱え，低い生産性に苦しんでいた。そのため，これ以上急激に新規参入者を抱え込むことは不可能であった（第5章参照）。そして，いま一つの人材吸収源であった海外への移民──とりわけ，湾岸諸国への移民，出稼ぎ──も，一概にエジプト経済にとって望ましいとは言えなかった。国外で働く移民労働者からの送金は，エジプト経済にとって重要な外貨獲得手段であったが，移民は労働市場にマイナスの効果ももたらしていた。熟練技術者が，高賃金の海外への移民を選択した結果，国内産業の一部で熟練労働者の人材不足が深刻化しており，賃金が急激に上昇した。このような現象は，湾岸諸国での需要が高い建設業で顕著であった（Ikram 1980：67-69）。

　またこの時期には，本来「持たざる者」を保護するはずの社会政策のほころびが表面化した。顕著な例が住宅政策と医療政策であった。ナセル時代，住宅政策は，カイロやアレクサンドリアなどの大都市圏の環境改善のために，重視されていた。ナセル政権は，さまざまな階層向けに公共住宅を建設，供給した。それと同時に，家賃統制政策を導入し，国民が廉価で住宅を借りることができるようにした。しかし，この家賃統制政策は，住宅建設に対する民間の投資を冷え込ませ，公共住宅の供給だけでは，大都市圏での住宅需要に応えることが

できなくなっていた。1960年から74年の間，新たに9万世帯分の住居が必要とされているにもかかわらず，わずか2万8,000世帯分の供給能力を持つにすぎなかった。その結果，住居を持たない国民の割合は，21.7%（1970年）から31.9%（1977年）へと上昇した。インフィターフは，このような状況をさらに悪化させた。住宅への大規模な投資がなされたことで，不動産価格が急激に上昇し，政府の家賃統制政策も形骸化した。家主は，家賃のほかにさまざまな名目で手数料を徴収したり，家主が家賃統制下にある住宅から店子を追い出し，建物を売却することで利益を上げた（Hinnebusch 1985：270-271）。本来は，貧困層や中間層に対して安価な住宅を提供することが目的であった家賃統制政策は，インフィターフのなかで形骸化し，住宅市場の主役は富裕層となった（Waterbury 1978：177-198）。

　1970年代には，公的医療サービスにもほころびが見られるようになった。ナセル時代に「革命の成果」として喧伝された公共病院は，不潔で衛生状態も悪く，医療設備も旧式なものになっていた。またマンパワーも不足しており，カイロ郊外のアッバーシーヤ地区では，医師や看護師の数は患者の数の増加に対応しきれず，医療の質が低下した。しかしサーダート政権は，このような旧態依然とした公共病院を更新することはなかった。政府に代わり，民間資本が最新設備を導入した病院を建設するようになった。しかし，疾病保険に加入していない貧困層には利用できず，旧態依然とした公共病院を利用し続けなくてはならなかった（Hinnebusch 1985：272）。

　このような経済的，政治的状況の下で，正統性を高め，体制の安定化を図る手段として利用されたのが，さまざまな形での利益の分配であった。ジョン・ウォーターベリーは，サーダート政権による統治の特徴を「政治的代償（political giveaways）の増加」と評した。この時期，サーダート政権は，さまざまな社会集団，階層に対して政治的な代償をした。たとえば，都市労働者に対しては，例年メーデー演説の際に最低賃金の引き上げに言及したり，基本税控除額

の引き上げを約束したりすることが多かった（Waterbury 1983：228-229）。この他に「政治的代償」の一種として利用されたのが社会保障制度であった。サーダート政権は，社会保障制度による国民に対する給付を拡大することにより，社会的公正の実現を図り，インフィターフによって傷ついた政権の正統性回復を図った。その結果，各種社会保障制度が大幅に拡充された。そして，これまで福祉レジーム最大の目的であった工業化戦略の補完という機能が後退し，ナセル時代には副次的であった公正な分配による正統性の確保という目的が前面に押し出された。

　このように正のフィードバックが機能し，福祉拡充が実現した背景には，税外収入の増加があった。この時期のエジプトにおける税外収入の増加の背景には，国際関係の変化が関係している。第一の変化は，国際的な原油価格の上昇である。第四次中東戦争中にアラブ側が石油戦略を発動した結果，原油価格は急激に上昇した。エジプトは，それほど大きな産油国ではないものの，湾岸諸国からの援助資金の増加という形で恩恵を受けた。対イスラエル戦の最前線に位置するエジプトには，石油戦略で潤った湾岸諸国から援助資金が提供されていた。第二の変化は，イスラエルとの和平実現である。対イスラエル和平は，湾岸諸国の反発を招く可能性がある一方で，エジプトにさまざまな恩恵があった。まず，第三次中東戦争のときに閉鎖したスエズ運河を再開できるという点である。スエズ運河再開によって，安定的な通航料収入を得られるようになった。次に，第三次中東戦争の際に占領されたシナイ半島の返還である。これにより，エジプト国内の石油生産の半分を占めるシナイ油田群を取り戻すことができた。また，対イスラエル和平の推進によって，アメリカからの戦略的援助が開始されるとともに，西側諸国からの投資や観光客も見込むことができた（Amin 2011：53-54）。このような税外収入の増加は，国家予算にも表れていた。1970年代後半から80年代にかけて，歳入総額に占める税外収入の割合は増加し，1980/81財政年度には，歳入総額の35％を占めていた（図2-11）。

第2章　現代エジプトにおける福祉レジームの発展

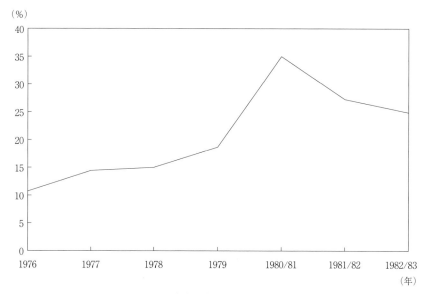

図2-11　歳出に占める税外収入の割合
出典：Ahmed (1984：13), Table 7 を基に著者作成。

　サーダート政権は，急激な福祉拡充により統治の正統性を高めたことで，正統性の源である分配システムの修正が次第に困難となってしまった。1977年の食料暴動は，そのような決定的な事例である。税外収入に依存してさまざまな社会保障制度を拡張し，歳出は歳入の限度を超えて膨張した。その結果，エジプトは外貨準備高の減少に悩まされることとなり，国際通貨基金からの借り入れと引き換えに財政赤字の原因である社会保障制度の改革を約束した。食料価格補助制度の改革も，その一環であった。しかしサーダート政権が食料価格補助改革を表明すると，国民の猛反発を受けた。反対派の一部は暴徒化し，カイロをはじめとする都市部は，一時無政府状態になった。このような猛反発を受け，サーダート政権は，制度改革を撤回せざるを得なくなった（詳細は，第4章参照）。その後，サーダート政権は，社会保障改革を実施することができず，福祉レジームの経路依存性は，強化された。

93

社会保険とサーダート年金

　サーダート政権下で，社会保険制度は貧困層へ対象者を拡大させ，その特徴を大きく変化させた。この当時，受給対象者として追加されたのは，①使用者および自営業者，②海外在住のエジプト国民，③非正規労働者であり，彼らに対して，老齢，障害，死亡の各給付が開始された。第一のカテゴリーである使用者および自営業者は，それぞれ1973年第61号法および1976年第108号法により，受給対象とされた。使用人および自営業者は，これまで保険対象者であった賃金労働者と同じく，強制加入であり，それぞれの所得に応じて強制的に保険料を徴収された。第二のカテゴリーは，海外在住のエジプト国民である。1970年代以降，海外への出稼ぎなどで移民するエジプト国民の数も増加したため，政府としても彼らに対して社会保障制度を適用する必要性を認識していた。1973年第74号法によって海外在住の個人事業主が，さらに1978年第50号法によって海外在住の賃金労働者も保険の対象となった。このカテゴリーの特徴は，社会保険への加入が任意とされており，使用者の保険料負担が無いという点である (Maait, Ismail & Khorasanee 2000：6 ; MSI 1984：435-437)。

　そして最も重要なのが，第三のカテゴリーである非正規労働者への保険適用拡大であった。「非正規労働者」と言っても，さまざまな形態の労働者が含まれていた。1980年第112号法によれば，日雇い労働者や農業関連の有期契約労働者，漁業者，家事労働者だけではなく，年間の家賃収入が250エジプト・ポンド以下の小規模家主も新たに被保険者に加えられた（MSI 1984：433)。このような被保険者の収入はきわめて少なく，彼らからの保険料では社会保険を運営することができなかった。そのため政府は，彼らに対する保険適用を拡大するにあたって，国庫からの財政負担を増やした。この枠組みは，社会保険制度の一部とされているが，従来の社会保険の枠組みとは異なり，保険料収入自体は微々たるもので，公金投入を前提とした貧困削減プログラムであった（Selwaness 2012：4）。この非正規労働者に対する制度拡張は，「包括的社会保険ス

キーム」と呼ばれ，サーダート政権によるセーフティネット拡充を通じた社会的公正実現のための戦略の一環であった。このような制度拡張の結果，社会保険制度の受益者は1970年代に急激に増加した。サーダート政権下では，被保険者の数が360万人（1973年）から1,094万人（1983年）へと増加した一方で，社会保険給付総額は，同期間で447％増加した（Maait, Ismail & Khorasanee 2000：4）。

　サーダート政権は，社会保険制度の拡張と並行して，非拠出型の給付拡大を図った。1977年第30号法では，政府は，これまで社会保険制度の対象外であった国民に対して資力調査付きの非拠出型給付を拡大させるべきことが明記されていた（Bibars 2001：83）。さらに，サーダート政権は，新たなセーフティネットとして「サーダート年金」を創設した。この「サーダート年金」は，先述の「包括的社会保険スキーム」と同時に実行されたサーダートの社会福祉戦略の一部で，就労する貧困層を支援する非拠出型の給付であった（Maait, Ismail & Khorasanee 2000）。この「サーダート年金」の受給対象者は，65歳以上の高齢者，とくに高齢寡婦，離婚女性，障害者，離婚女性の子供などであり，その受給者は，1994/95年時点では，すべての年金受給者の15.9％を占めていた（Nassar 2002：193）。サーダート政権は，この「サーダート年金」を重要な正統性の源と見なしていた。それは，わざわざ給付制度に大統領自身の名前を冠していることからも明らかであった（Sabry 2005：32）。

　これらの事例から明らかなように，社会保険制度は，（フォーマル部門の）労働者中心のものから，貧困層をも含摂するものへと変容した。それと同時に，ナセル時代には工業化ための資金調達機能が重視されていたが，サーダート政権下では所得分配によって正統性を高める道具としての性格を強めた。社会保険制度と公的扶助制度は，ナセル時代には明確に役割分担がなされており，社会保険制度は都市労働者（とりわけ，フォーマル部門労働者）を主たる対象とし，国庫負担が原則の公的扶助制度は貧困層を対象としていた。サーダート時代に入ると，その分担は曖昧になり，ともに公的資金を利用して貧困層に対する給

付を行なうようになった。

食料価格補助と公的雇用

　サーダート時代の福祉レジームの特徴は，税外収入の増加を背景とした急激な制度拡張であった。ここで言及する①食料価格補助，②公的雇用の二つの制度は，急激な制度拡張が生じた社会保障制度の典型例であった。

食料価格補助　ナセル時代には，低価格での食料品，とりわけ小麦製品の流通を農業部門からの富の収奪によって賄ってきた。しかし，サーダート時代には，インフレで物価が高騰したにもかかわらず，食料品価格の公定価格を低く維持した。その結果，食料価格補助制度は，工業化を支援する制度から，都市部住民に大規模な財政負担に基づいて安価な食料品を供給する制度へと変貌した。サーダート時代には，小麦やコメだけではなく，「贅沢品」とされてきた冷凍魚や牛肉までが補助対象食品に追加された。この当時，エジプトで消費される小麦の多くは，海外からの輸入によって賄われていたが，このような輸入食品の購入価格と小売レベルでの公定価格との差額は，すべて国庫によって負担されていた。このような国庫負担を解消するために，サーダート政権は制度改革を表明したものの，国民からの猛反発によって，改革撤回を余儀なくされた（1977年食料暴動）。その結果，制度改革は先送りされ，国庫に対する大きな負担は解消されなかった（詳しくは，第4章参照）。

公的雇用　食料価格補助と並んで，公的雇用制度もサーダート時代に急激な制度拡張を経験した社会保障制度の一つであった。サーダート政権下で民間部門の経済活動が活発化したとはいえ，高賃金の公共部門は，労働市場の新規参入者，とりわけ大学卒業生にとって，いまだ魅力的であった。1970年代に入ると，民間部門と公共部門との間の給与格差は広がった。その結果，公共部門の職に対する需要が増加し，供給を上回るようになった。サーダート政権は，公共部門への新規参入を制限すべきだと認識していたものの，

第2章　現代エジプトにおける福祉レジームの発展

図2-12　キャンプ・デーヴィッド合意
（宿敵イスラエルとの和平を実現したことも，サーダート大統領が不人気の原因の一つであった。）
出典：CNN.

ナセル以来の雇用保証スキームを維持し続けた結果，公共部門が急激に肥大化し，余剰労働者を大量に抱えることになった（詳しくは，第5章参照）。

　サーダート政権は，インフィターフによる「持つ者」と「持たざる者」の格差拡大に加えて，イスラエルとの和平という外交面での不人気（図2-12）もあり，正統性を確保するために新たな手段を必要としていた。そこで利用されたのが，社会保障制度であった。サーダート政権は，税外収入の増加を背景に社会保障に対する支出を拡大させた。その結果，福祉レジームの主たる目的に変化が生じ，国民への寛大な給付による正統性確保が目標として前面に出されるようになった。そして，ナセル時代には，中核的制度されてきた社会保険制度や食料価格補助制度も国民，とりわけ貧困層に対する福祉給付の手段として利用されるようになり，中核的な制度と副次的な制度の特徴の差異が曖昧になった。

　このような社会保障制度を利用した「政治的代償」の分配による正統性確保の重要性は，サーダート大統領自身の発言のなかにも表れていた。1977年の食料暴動後，サーダート大統領は，公正な分配を表すイデオロギーとして「民主

社会主義」の重要性に言及した。大統領は，新政党である国民民主党の二つの目標として，エジプト国民に対して，充分な食料と住居を提供することを挙げた (*The Times*, 16 August 1978)。これは，サーダート政権にとって，社会保障制度を利用したさまざまな形での分配が正統性維持のためにきわめて重要であることを物語っていた。

4 七・二三革命と正のフィードバックによる福祉拡充

本章では，エジプトにおける福祉レジームの形成とその政治的，経済的要因を説明した。まず，イギリス保護国時代には，政治経済構造から福祉レジームの未発達を説明した。この当時，エジプト国内でも，工業化が進展し，労働者階級というものが徐々に形成されるようになっていた。そして，彼らは労働運動を組織し，進歩的な社会政策の実現を求めるようになった。その一方で，王室勢力，イギリス植民地当局，ワフド党が当時の有力な政治アクターであったが，いずれのアクターも社会保障制度の発展に関心を持っていなかった。むしろ，社会保障制度をはじめとする進歩的社会政策は，労働コストの上昇につながるため，不要であるとする主張のほうが強かった。そのため，七・二三革命によって，これまでの有力アクターの政治的影響力が削減されるまで，社会保障制度は未発達のままであった。

このような状況を劇的に変化させたのが，七・二三革命であった。この革命やその後の社会改革により，革命以前に有力であった政治的アクターは，その影響力を削がれた。しかし，この革命だけでは，エジプト福祉レジームの発展には不充分であった。この革命は，福祉拡充に理解のないアクターを政治的排除したという点で福祉レジーム発展の障害を取り除くことに成功したものの，福祉レジーム発展の推進力を持っていなかった（決定的分岐点の許容条件）。そのため，レジーム発展の推進力となる政治的事象の発生を待つ必要があった。

第2章　現代エジプトにおける福祉レジームの発展

このような推進力の一つとなったのが，スエズ動乱であった。この動乱に際して，ナセル政権は，英仏系企業の接収，国有化に踏み切った。その後，ナセル政権は，国家主導型の輸入代替工業化を推進し，主要企業を次々に国有化した。このようななかで利用されたのが「アラブ社会主義」イデオロギーであった。このように政治経済構造が変化した結果，ナセル時代には福祉レジームも急激に発展した。ナセル時代，社会保障制度の第一の目的は，ナセルによる工業化戦略を支えることであった。そのため，「アラブ社会主義」イデオロギーによって強調されるような公正な資源分配は，副次的な目的にすぎなかった。

しかし，サーダート時代に入ると，公正な分配が福祉レジームにとってのもっとも重要な目的となった。これは，経済開放政策の影響により，貧富の差が広がり，サーダート政権に対する国民の不満が高まったためであった。このような正統性の危機に際して，サーダート政権は，税外収入の増加を背景にして社会保障に対する支出を拡大させ，公正な分配の実現による正統性の回復に努めた。その結果，社会保障制度はポピュリズム型のバラマキの道具と化し，ナセル時代には，中核的な制度であった社会保険制度や食料価格補助制度も国民，とりわけ貧困層に対する福祉給付の手段として利用されるようになった。次章では，このようなポピュリズム型福祉レジームがムバーラク時代に入り，どのような問題に直面し，そしてどのように変容したのかを説明していく。

注
（1）エジプトで利用されている面積の単位で，1フェッダーン＝0.42ヘクタール。
（2）たとえば，ガマール・サリームやアンワル・アッ＝サーダート，ハサン・イブラーヒームなどのメンバーが排除された。
（3）その後，EWFは，エジプト労働組合総同盟（Egyptian Trade Union Federation；ETUF）に改組される（Solidarity Center 2010：11）。
（4）法律上，すべての賃金労働者が社会保険へ強制的に加入することになっていたものの，当初はいくつかの例外を認めており，すでに民間保険（民間共済や団

体保険)に加入している労働者は,強制加入を免れていた。国際労働機関の推計によれば,7万人から8万人程度存在するとされていた。また,労働災害給付については,一部例外が存在した。社会保険が対象とするカテゴリーに含まれていなくても,機械を使用したり,特定の職業病の危険がある農業労働者,日雇い労働者,季節労働者,荷役労働者は,労働災害給付の対象とされた (ILO 1960:2)。

(5) このような抜け穴は,1971年の法改正によって,使用者も社会保険への加入を義務付けられたため,不可能となった。

(6) 政府部門労働者に対してのみ,医療保険給付に加えて,疾病・傷害時の給与補償給付も行なわれていた。

(7) このような要因に加えて,病気療養休暇を取りにくくなることも,労働者が疾病保険に反対した理由であったと指摘されている。新疾病保険の実施に伴い,病気療養休暇の申請には,政府機関である社会保険機構所属の医師の承認が必要となった。そのため,病気療養に名を借りた「ズル休み」もしにくくなったと言われており,新保険の実施に伴い,労働者1人当たりの年間病気療養休暇日数の平均は,8日から2.1日へと減少した (Garrison 1976:244-246)。

(8) 評議会の構成員は,傘下企業の経営責任者,独立の専門家,財務省,計画省,経済省の代表者から構成されており,所管大臣が議長を務めることになっていた。

第3章
正のフィードバックの終焉と福祉レジーム

　本章では，ムバーラク政権下における政治経済構造の変容と福祉レジームの継続性について焦点を当てる。そのためにまず，ムバーラク政権下での政治経済構造の変容を説明する。サーダート大統領の暗殺により，ムバーラクは大統領の座に就いた（図3-1，図3-2）。ムバーラク時代に入ると，サーダート時代とは異なり，福祉レジーム拡張の正のフィードバック効果も減退した。また1990年代に入ると，構造調整プログラムの受け入れに伴い，本格的に新自由主義型の経済改革が実施された。しかし，この経済改革は，世界銀行や国際通貨基金が期待していたものとは異なり，政権とビジネスエリートの癒着を生んだ。そして，このような癒着は，政治構造にも大きな影響をもたらし，統治連合も親労働的なものから，親資本家的なものへと変貌した。つづいて，ムバーラク時代の社会状況と福祉レジームの継続性について説明する。このとき，政治経済構造は大きく変容したものの，福祉レジームは，サーダート時代からのポピュリズム的な特徴を維持した。これは，ムバーラク政権が，新自由主義勢力からの改革圧力があったにもかかわらず，国民の反発を招く可能性が高い抜本的な社会改革を回避したためであった。ムバーラク政権は，なによりも政治的安定を優先した結果，社会保障制度を通じた資源分配の歪みを放置，拡大させた。そのため，ムバーラク政権は，若年層の失業や貧困などの社会問題に有効に対処できず，「アラブの春」での若者の不満爆発の遠因となった。

図 3-1 サーダート大統領（中央）とムバーラク副大統領（中央左）
出典：Bibliotheca Alexandrina Anwar Sadat Digital Archive.

図 3-2 サーダート大統領の暗殺
出典：Bibliotheca Alexandrina Anwar Sadat Digital Archive.

1　ムバーラク政権期の政治経済構造の変容

　サーダート政権は当初，税外収入の増加を背景にして社会保障制度を拡張させていた。しかし税外収入の減少にもかかわらず，歳出削減が実行されなかった結果，外国からの借り入れに依存するようになった。このような外国からの借り入れは，エジプト経済に深刻な影響をもたらした。エジプトは，1975年までに，短期借入分の元本返済と利息の支払いのために20億8,300万米ドルを必要としており，この額は，エジプトの対外債務のおよそ3分の1に達した。また，1975年時点での対外債務の支払総額は，同じ年の輸出総額の78％に相当した（Amin 2011：54-55）。その後も，エジプトの対外債務は増加し続け，未払い債務は，1987年には400億米ドルを超えた。これは，GDPの112％に相当した。このデータは，公定為替レートを使用した場合の数字であり，（より市場での実勢レートに近い）自由市場レートを使うとGDPの184％に相当した（Ikram 2006：56）。この当時のエジプトは，すでに対外債務を返済することができない状況に陥っており，経済回復のためには，さらなる改革を必要としていた。

　さらにエジプトは，投資と貯蓄，輸入と輸出という二つのギャップに起因す

表3-1　輸出入収支（1982～1988年）　　　（単位：十億米ドル）

	1982年	1983年	1984年	1985年	1986年	1987年	1988年
輸　出	7.96	7.85	8.48	8.71	7.84	7.27	8.28
輸　入	11.66	11.52	13.41	13.68	12.88	10.63	12.62
差　額	-3.70	-3.66	-4.93	-4.97	-5.04	-3.36	-4.34

出典：Richards（1991：1723），Table 2．

表3-2　債務返済の規模（1982～1987年）

	1982年	1983年	1984年	1985年	1986年	1987年
比　率	26.2%	26.7%	23.1%	26.9%	36.0%	42.4%

出典：Richards（1991：1724），Table 4．
注釈：比率＝債務返済額／財・サービスの輸出額（労働者の送金を含み，外国企業による石油輸出を除く）

るマクロ経済的な危機に直面していた。第一のギャップは，投資と貯蓄のギャップであった。石油収入が減少し，公共企業部門が赤字を積み上げていくにつれて，公共企業は貯蓄を減少させていった。それと同時に，エジプト・ポンドでの実質金利がマイナスであったため，民間部門には国内銀行に預けておくインセンティブがなかった。そのため，民間資金は，国内に残らず，海外での投資にまわされてしまった。また国内に投資されたとしても，その主たる対象は製造業ではなく，インフラ整備であった。このような投資パターンは，輸出主導型産業部門の低迷をもたらした。輸出主導型産業に対する投資は，国内投資総額の2割にも満たなかった。第二のギャップは，輸出と輸入のギャップであり，輸出主導型産業の脆弱性と関連していた。このギャップは，1980年代後半には縮小するものの，この減少は輸入実績の向上ではなく，輸入の減少に起因していた。それに加えて，1980年代の輸出実績の多くは，原油輸出によるものであったため，原油販売の減少──29億米ドル（1983年）から13億6,000万米ドル（1987年）への減少──は，輸出実績の悪化に直結した（表3-1）。ムバーラク政権は，赤字削減に向けて，国際的な圧力を受けたものの，経済規模に比べて債務返済の規模は，1980年代を通して大きいままであった（表3-2）。海外からの借り入れが困難なため，ムバーラク政権は，国内銀行からの借り入

れで対処しようとしたものの，このような選択は，国内のインフレを加速させた（Richards 1991：1722-1724）。

このようにエジプト経済は，深刻な状況に陥っていたものの，ムバーラク政権が国民に痛みを強いることとなる改革には消極的だった。そのため，改革着手は1991年まで先延ばしにされた。このような深刻な経済状況だったため，国際通貨基金からも早急に改革を実施するように催促されていたものの，ムバーラク政権は，いくつかの時間稼ぎ戦術を使い，改革を先延ばしにした。その一つの戦術が「有言不実行」戦術であった。エジプト政府は，自国経済の「大胆な改革」を実行する意思があると宣言したにもかかわらず，実施された改革内容はわずかばかりで，国際通貨基金から推奨されていた改革内容に比べて満足いくものではなかった。このほかにも，エジプト政府は，時間稼ぎのための小細工を繰り返していた。たとえば，インフレ率やGDP，政府の歳出入に関する政府統計の存在を隠蔽したり，データ自体を改竄して国際通貨基金に提出することで，データの信頼性を確認し，時間を稼いだ（「ナンバーズゲーム」戦術）。また，外部専門家を混乱させるために，政府は管轄が重複する複数の委員会を設置し，その委員会に（国際通貨基金とは正反対の意見を持つ人物を含め）さまざまな意見を持つ委員を任命し，彼らの意見を聴取するという名目で時間を浪費させた（「カムフラージュ」戦術）。通常は，国際通貨基金，世界銀行スタッフとの会合には，5名程度の閣僚が出席することになっているが，政府はその閣僚たちに異なった意見を述べさせ，時間稼ぎをさせた。さらに，「重要な公務がある」という理由を付けて，その会合に出席する閣僚を繰り返し交代させた（「ミュージカル大臣」戦術）。このような子供だましのようなことを繰り返し，数年にわたって改革の先延ばしに成功した（Richards 1991：1728）。

1991年の湾岸戦争は，エジプトの経済構造の変容にとっての転換点となった。イラク（フセイン政権）によるクウェート侵攻によって引き起こされたこの戦争において，エジプトは，イラク膺懲のために結成された多国籍軍に協力した。

エジプトは，この多国籍軍への協力と引き換えに，アメリカをはじめとする西側政府から経済の構造改革の実行を条件とした資金援助や債務免除を引き出した。17の援助国政府およびパリクラブの合意によって，エジプトは，国際通貨基金合意の遵守を条件として，3年以上にわたって未払いの商業債務の50％（100億米ドル相当）およびアメリカ政府が持つ67億米ドル相当の軍事債務の免除を受けることとなった。それと同時に，アラブ諸国政府は，70億米ドル相当の長期債務の免除を約束した（Harrigan & El-Said 2009a：40）。合計240億米ドル相当の債務免除を受けることで，より有利な条件の下で構造改革が可能となった。

このような状況の下でエジプト政府は，国際通貨基金とのスタンドバイ・ローン合意（2億3,400万 SDR 相当）および世界銀行との構造調整ローン合意（3億米ドル相当）に署名し，構造調整プログラムを受け入れた。これによりエジプト政府は，短期的には財政赤字を縮小させることで，国際収支の均衡を回復させることを目指した。それと同時に，エジプト政府は，国際機関の援助の下，経済構造改革を行ない，国家主導型経済（エタティズム）から自由市場経済への移行を図ることになった。このような改革の提案は広範囲に及び，公共企業の民営化，貿易レジームの自由化，国家による価格統制の緩和と効率的な食料価格補助制度の構築などが提案されていた（Harrigan & El-Said 2009a：39-40）。このような提案の多くは，エジプト政府が策定した経済改革・構造調整プログラム（Economic Reform and Structural Adjustment Programme：EASAP）に盛り込まれることになった。

エジプト政府は，国際機関支援の下で，財政赤字の削減に取り組んだ。エジプトの財政赤字は，1987/88財政年度には GDP 比15％であったが，1996/97財政年度には GDP 比2％まで減少した。このような財政赤字削減努力のうち，4割程度が歳入拡大努力によるもので，残り6割が歳出削減によるものであった。もっとも大きな歳入拡大努力が税制改革であり，ムバーラク政権は新たな売上税を導入するとともに，関税や印紙税の引き上げを行なった。その一方で，

図3-3 ガマール・ムバーラク
出典：Ahram Online.

図3-4 アフマド・ナジーフ首相
出典：Al-Ghad.

歳出削減効果として大きかったのは，公共企業改革であった。政府から公共企業に支出される補助金を削減，停止することで，これらの企業トップに政府補助金に依存しない経営を促した（公企業に関する1991年第203号法）(Harrigan & El-Said 2009a：40-42）。

2000年代に入ると，ムバーラク政権は，さらなる経済自由化政策を採り始めた。その先頭に立ったのが，ガマール・ムバーラク（ムバーラク大統領の息子）であった（図3-3）。ムバーラク大統領の高齢化が進むにつれて，ガマール・ムバーラクが後継大統領と目されるようになった。彼は，2000年2月に与党国民民主党の執行部に選出されたのを皮切りに，与党内での政治的影響力を高めていった。さらに2002年9月には，党内序列第3位である政策局長に就任した(Rutherford 2008：219）。彼は，父親とは異なり，軍部や情報機関に権力基盤を持たず，ビジネスエリートとの強力なネットワークを持っていたため，国内外から新自由主義の唱道者と見なされていた。

ガマール・ムバーラクとともに，新自由主義的経済改革政策の象徴として扱われた人物が，アフマド・ナジーフ首相（在任期間：2004～2010年）であった（図3-4）。2004年に成立したナジーフ内閣には，世界銀行や国際通貨基金での勤務経験がある人物が閣僚に任命された（たとえば，ユースフ・ブートロス・ガーリーやマフムード・ムヒーユッディーン）。このような閣僚人事は，国内外にさらなる経済自由化政策を実施する意思の表れであると見なされ，製造業を中心と

する輸出主導型経済への転換が期待された（Adly 2013：93）。

　このような経済自由化は，エジプトの政治的，経済的構造に大きな二つの変化をもたらした。第一の変化は，統治連合（ruling coalition）の組み替えである。ナセル以来，組織労働者は，公式には歴代権威主義政権の重要な政治的パートナーであった。ムバーラク政権下でも，与党国民民主党は傘下に労働組合やそのナショナルセンター（ETUF）を抱えており，公式には労働者のための政党であった。しかし実際のところ，ムバーラク政権は，労働組合や都市労働者よりも，ビジネスエリートとの関係を重視した。これは，インフィターフによってビジネスエリートが経済的影響力を高めたことが背景にあるが，それと同時にサーダート政権下で資本家に対する敵視が弱められ，政権へのロビー活動が容易になったことも要因の一つとして考えられた。ビジネスエリートは，自らの利益確保のため，エジプト経営者クラブやエジプト産業同盟など，さまざまな団体を結成した。このような利益集団は，サーダート時代の政治空間の再編によって，議会委員会や政府諮問会議など，さまざまな機関への参入が可能になったことで，権益を拡大させた（Ehteshami & Murphy 1996：761）。

　また，サーダート政権下での政党再編（国民民主党の成立）や選挙制度改革によって，選挙スタイルも組織選挙から個人選挙へと変化したことで，ビジネスエリートの政治参入に対して，有利に働いた（第2章参照）。ムバーラク政権下において，国会議員（下院議員）全体に占めるビジネスエリートの割合は，12％（1995年）から17％（2000年），22％（2005年）へと，国政選挙の度に増えていった。ムバーラク政権も，このようなビジネスエリートの政治参入を利用し，権力基盤の強化を図った。一方でビジネスエリートは，権力中枢とのつながりを得ることで，今後のビジネスが有利に展開できることを期待し，ムバーラク政権との関係強化を図った。その典型的な人物が，エッズ製鉄会長のアフマド・エッズであった（図3-5）。エッズ製鉄は，1994年創立の比較的新しい会社であった。しかしエッズ会長は，ムバーラク政権との強力なつながりを利用

図3-5　アフマド・エッズ
出典：Ahram Online.

して事業を拡大させ、エッズ製鉄を国内製鉄市場の7割を牛耳る、中東・北アフリカ地域最大の製鉄会社へと育て上げた。アフマド・エッズは、大手製鉄会社会長という肩書のほかに、与党国民民主党書記の肩書を持つ政治家でもあった（Beinin 2009a：31-32）。

　このような結果、政権とビジネスエリートとの間に強力なネットワークが形成され、国民民主党はビジネスエリートが自分自身の政治的影響力を高めるための道具として利用されるようになった。一方で、国民民主党政策局などの党中枢には、政権中枢と親しい関係にあるビジネスエリートが配された。このようなネットワークは、国民民主党の影響下にある議会常任委員会や銀行も取り込んでいた（Osman 2010：135）。さらに、次世代基金（Future Generation Foundation）などの慈善団体や米埃経済評議会（U.S.-Egypt Business Council）、在埃アメリカ商業会議所（American Chamber of Commerce in Egypt）などの利益集団、シンクタンクのエジプト経済研究センターなどもネットワークのなかにいた。そして、ガマール・ムバーラクがこのネットワークの中心的人物であった（King 2009：116）。

　このような形でビジネスエリートが政治空間に参入し、政権と強固な関係を作り上げた結果、組織労働者の政策上での重要性が低下した。ムバーラク政権は、1990年代に入ると組織労働者に対する統制を強めようと試みた。これは、経済自由化の進展により、労働者の生活水準は悪化し、労働者が体制に対する挑戦者と見なされるようになったからであった。とりわけ非正規労働者は、インフィターフ以降、その数を急激に増やしており、正規労働者に比べて厳しい立場に置かれていた。そこで、1995年第12号法では、労働組合内部での執行部役員選挙の際の立候補資格者を正規労働者に限定し、有期契約労働者などの非

第3章　正のフィードバックの終焉と福祉レジーム

正規労働者を排除した。この法律によれば，まだ非正規労働者に対して投票権は認めていたものの，このような措置は，政権が政治的に挑戦を受けるリスクを最小化しようとする意図でなされたものだと指摘されている。また中央組織（ETUF）の幹部を政権に抱き込むことで，公式の場で経済改革に対する反対声明が出ることを防ごうとした（Kassem 2002：64-65）。このように，ムバーラク政権にとって組織労働は，有力な政権の支持層から潜在的な挑戦者，もしくは政策実行の障害へと見方が変化した。

　第二の変化は，クローニー資本主義の発展であった。ムバーラク政権は，経済レントを最大化するための道具として，経済政策を活用した。このような戦略は，政権と民間部門，とりわけビジネスエリートとのインフォーマルなつながりを強化した。ムバーラク政権は，制度的なチャンネルではなく，インフォーマルなネットワークを活用した。ムバーラク政権は，少数のビジネスエリートに対して，彼らのビジネスに対する資金援助や特権を与えることと引き換えに，政権に対する支持を得た（Adly 2013：92）。政権との強力なつながりを持っているビジネスエリートは，公立銀行の借り入れなどに対して特権的なアクセス権が与えられていた。2002年の段階で，銀行部門の不良債権総額の18％が，12の顧客によるものであった。そして民間部門への貸付総額の53％は，充分な担保を取らずに貸し付けが行なわれていたものであった。このような貸付相手の多くは，ムバーラク大統領やその取り巻きに近い人物であった（Adly 2009：11-12）。

　また，公共企業改革をはじめとする経済政策も，ムバーラク政権によるビジネスエリートを取り込むための政治的資源として利用された。ムバーラク時代，公共企業資産の売却を規制するルールが存在していなかったため，ムバーラク政権は，公共企業の資産を特定のビジネスエリートに低価格で売り渡していたことが指摘されている（King 2009：113-124）。さらに，市場規制の変更もまた，ビジネスエリートの利殖機会の一つであった。たとえば，放送事業への民間企

業の参入解禁による新たなテレビ局の設置や民間資本を活用したインフラ整備事業（空港，港湾，発電所など）でも，政権に近いビジネスエリートに対して便宜が図られた。また政権は，特定の企業に対して公共企業との取引を許可することによって，独占的な利益を得られるように図った（Wurzel 2009：108）。このような環境下において，ムバーラク政権は，政権を維持するために，パトロネージの利益を得る人物の数を限定する傾向があった。その結果，ムバーラク政権は，政権の維持に必要なレントシーキングの余地を狭める，急進的な経済改革の実施に消極的になった。

　エジプトでは，政府に批判的な意見を持つビジネスエリートは，きわめて僅かであった。エジプトのように政治的権力が指導者に集中している状況では，政権に批判的な態度を取ることは，経営者としてきわめてリスクの高い選択であった。というのも，政治指導者は，政権に反対する経営者を不利に扱うことも考えられたからであった。それゆえに，政権が定めたルールに無批判に従わざるを得なかった（Wurzel 2009：111）。確かに，一部のビジネスエリートは，ムバーラク政権内部での腐敗を一掃するためにさらなる経済自由化や民主化を主張していたが，その数はごく限られていた（Hashem & El-Mikawy 2002：51）。このような条件下では，大半の有力なビジネスエリートは，政権に取り込まれることを選択し，その結果，政権とビジネスエリートの間のインフォーマルな関係が強化された。

　エジプトは，構造改革実施のために債務免除などの財政的支援を受けており，他国に比べて有利な立場にあったものの，ムバーラク政権は，自らの政治基盤を掘り崩す可能性のあった経済自由化を実施する意思はなかった。ムバーラク政権は，目標として輸出主導型の経済成長を達成させるために，製造業の強化を訴えていたものの，実際には従来からの輸入代替工業化戦略の一環として設けられた国内産業保護措置が多く残存していた。

2 社会的排除の拡大と福祉レジーム

　第1章で論じたように，理論的には経済自由化とともに市場機能に悪影響を及ぼす社会保障制度が改革され，福祉縮減が生じることが予測されていた。しかし，エジプトでは，新自由主義者が予測したほどの福祉縮減が生じることはなく，社会保障システムとしての非効率性も温存されたままであった。たとえば，世界銀行は，エジプトにおける経済自由化の進展を評価する一方で，遅々として進まない福祉改革の必要性を繰り返し強調していた。エジプト政府は，事実上のセーフティネットとして利用している食料や燃料に対する価格補助の支出が，2004年時点で，GDP比10％近くに及んでおり，世界銀行は，このような価格補助に対する支出適正化を繰り返し求めてきた。さらに，世界銀行は，エジプトにおける社会保障制度の非効率性として，福祉の恩恵が貧困層よりも，中間層や富裕層に手厚く分配されているという点を指摘した（World Bank 2005：11-14）。これは，サーダート時代の社会保障が，国民全体に対するポピュリズム型の分配による正統性の維持を主たる目的としていた名残りであった。

　このような福祉改革の遅れを説明する際に取り上げられるのが，「社会契約（social contract）」という議論である。ここで言う「社会契約」とは，ジャン・ジャック・ルソーの「社会契約論」とは似ても似つかぬものであるが，権威主義体制下での統治者と国民との間に交わされた「市民が経済的保障や社会サービス，福祉，その他の利益の提供と引き換えに政治的参加に対する制約を受け入れる」という内容の擬制的契約を指している。エジプトを含む中東・北アフリカ諸国では，再分配政策において国家が果たすべき役割が大きく，国民も国家による公正な分配を期待している。このような社会的選好は，容易には変化することがなく，欧米やアジア諸国以上に，中東・北アフリカ諸国の資本主義

の形態に色濃く反映されている (World Bank 2004：42-43)。エジプトでは，サーダート政権下で急激に福祉レジームが拡張された結果，国民の間でも，国家による公正かつ寛大な分配が当然と考えられるようになった。この「社会契約」という語は，『エジプト人間開発報告書 (*Egypt Human Development Report*)』のなかでも使用されている。この報告書のなかでは，時代遅れの「社会契約」の書き換えの必要性について述べられており，旧来型の「社会契約」とは，食料価格補助をはじめとする社会保障制度などを通じた公正な分配を求める社会の考え方を指している (UNDP & INP 2005, 2008)。

　しかし，このような「社会契約」の議論だけでは，エジプトにおける福祉レジームの経路依存性を説明するには，静態的すぎる。本書では，「社会契約」という説明に加えて，二つの要因からムバーラク政権下での福祉レジームの経路依存性の説明を試みる。第一の要因が分配資源の急激な減少であった。ムバーラク政権下において，エジプトは深刻な財政危機に直面していた。前章で説明したように，1970年代以来，エジプトは，石油輸出やスエズ運河の通航料，海外からの援助資金など，多くの税外収入を手にしており，「準レンティア国家」と呼ばれた。そして，このような税外収入が急激な福祉レジームの拡張を支えてきた。ホスニー・ムバーラクが大統領に就任した1981年，歳入額はGDPの6割程度であった。しかし2000年代後半には，歳入額は1980年代のわずか半分程度にまで減少した。サミール・スライマーンによれば，エジプトが深刻な歳入減少に直面した三つの原因を挙げている。第一の原因は，先進工業国における財政危機に起因するエジプトへ流入する援助資金の減少であった。エジプトは，発展途上国でも有数の援助受け入れ国であり，そのような国際援助減少の国庫に対する影響は，深刻なものであった。第二の原因は，石油輸出およびスエズ運河収入の減少であった。とりわけスエズ運河の通航料収入は，国際的な経済変動に左右されやすいため，国際的な景気後退の直接的影響を受けた。第三の原因は，国際的な景気後退による税収の減少であった。これは，

第3章　正のフィードバックの終焉と福祉レジーム

エジプト経済の構造的な問題にも原因があった。エジプトでは，大規模な製造業が発達しておらず，石油公社やスエズ運河公社，中央銀行が納める税金に依存していた。それゆえに，税外収入が減少するとともに，これらの機関が国庫に支払う税金額も減少した。これらの3要素に加えて，急激な人口増加に伴って，1人当たりに分配できる資源の量が減ってしまったことが，分配資源の減少をさらに深刻なものにした（Soliman 2011：42）。その結果，ムバーラク政権は，これ以上，サーダート政権が行なったような急激な福祉拡充戦略を継続することができなかった。

　第二の要因が国民の政治的，経済的排除であった。前節でも述べたように，多くの国民は，経済改革の恩恵を受けることができなかった。家計支出サーベイによれば，1990年から1995年にかけて実質的な1人当たりの消費額は減少したという。また同期間に，貧困ライン以下で生活する人々の割合も，都市部，農村部ともに40％程度から，45％（都市部），50％以上（農村部）へと上昇した。その一方で，きわめて僅かのビジネスエリートだけが経済改革の恩恵を受けることができ，彼らのような限られた富裕層がエジプト国内の消費額の半分以上を占めていると推定される（Mitchell 1999：32）。そして，政治構造の変化によって，「民主主義の赤字」が深刻化していた。サーダート時代までは，形式的にではあれ，都市労働者や小作人が政治の主役であるとされていた。そのため，政策の面でも市場競争の効率化よりも再分配を重視する政策が採られてきた。社会保障制度も，そのような平等主義的な政策志向のなかで利用され，拡張を果たしてきた。しかしムバーラク時代になると，統治連合の主体は，組織労働者からビジネスエリートへと移行し，政権内部での組織労働者の政治的影響力も減退するようになった。このような統治連合の変化によって，ビジネスエリートなどの富裕層に有利な政策（たとえば，国営企業の民営化や労働規制の緩和）が採られるようになり，多くの国民は現政権への不満を募らせていった。

　2000年代に入ると，統計上は国内の貧困状況に改善が見られるものの，国民

表3-3 抗議活動発生件数の推移(1998〜2008年)

	抗 議	ストライキ	座り込み	デ モ	集 会	合 計
1998年	42	40	18	14	N/A	114
1999年	60	54	32	18	N/A	164
2000年	N/A	40	48	47	N/A	135
2001年	N/A	19	32	64	N/A	115
2002年	N/A	24	26	46	N/A	96
2003年	N/A	25	22	6	33	86
2004年	N/A	43	90	46	87	266
2005年	N/A	46	59	16	81	202
2006年	N/A	47	81	25	69	222
2007年	19	74	179	49	179	500
2008年	29	129	218	78	N/A	454

出典:Adly(2013:210),Table 10.3.

図3-6 キファーヤ運動
(写真の青年が額に貼っているのは,「Kifaya!(もうたくさんだ!)」と書かれたプレートである。)
出典:Daily News Egypt.

の実感としては,政治的にも,経済的にも,自分たちが置かれている状況に改善が見られないと考えており,ムバーラク政権に対する不満が表面化するようになった。もっとも大きな例が,2003年から2005年にかけて大きく盛り上がった「キファーヤ運動」(正式には,「変革のためのエジプト人運動」)であった(図3-6)。この運動は,七・二三革命以来初めての大規模な政治運動であり,ムバーラク政権に対する直接的な批判を行なった初めての政治運動でもあった(Oweidat *et al.* 2008)。また,2000年代には,さまざまな形での抗議活動も活発

化した。抗議活動の数は，1998年には114件が報告されていたが，2004年ごろから急増し，2008年には454件に上った（表3-3）。このような状況では，分配資源の減少によって各種の社会保障制度の抜本的改革を必要としていたとしても，改革実行により国民の不満がさらに蓄積すると予測された。

その結果，ムバーラク政権は，政治的不安定化を避けるために抜本的な社会保障改革を先送りし続けた。経済的自由主義に基づく社会保障制度の合理化も試みられたものの，分配構造の明示的な修正は，1977年の食料暴動のような騒乱に発展する可能性があった。確かにムバーラク政権は，軍部や警察，情報機関を統制下に置いており，暴動を鎮圧する能力が無いわけではない。しかしながら，そのような弾圧は，統治の正統性に傷をつけたり，国際社会からの評判を落とす可能性があった。また，実感できない経済成長の効果や民主主義の欠如という点ですでに正統性を欠いているムバーラク政権にとって，これ以上，正統性を危機にさらす可能性がある抜本的な改革は不可能であった。このような状況下では，ポピュリズム型福祉レジームは，抜本的な変化を受けず，サーダート政権以来の制度的特徴を維持した。

社会保険制度

ムバーラク政権期に，社会保障制度としてのいくつかの問題点が表面化した。第一の問題点は，低い社会保険加入率であった。サーダート時代にはこれまで社会保険制度に加入できなかった層（非正規労働者）にも加入対象が広げられ，すべての労働者が加入する建前になった。しかし，その後もさまざまな理由から社会保険に加入できない（もしくは，加入しない）労働者が数多く残された。これは，使用者だけではなく被用者までもが，高い保険料の支払いを避けたためであった。一部の労働者は，当座の資金の必要性から，社会保険への加入を避けることがあった。また，使用者が保険料負担を逃れるために，その被用者に対して社会保険加入という選択肢を与えないことも広く見られた（Sieverd-

表3-4 年齢層，性別，居住地域による社会保険加入率の相違（2006年）

	男性	女性	都市部	農村部	合計
25～29歳	31.8	36.9	45.1	22.8	32.7
30～39歳	47.2	45.2	59.9	36.2	46.7
40～49歳	61.5	53.5	73.5	46.5	59.2
50～59歳	62.5	44.6	77.3	40.8	58.2
合計	40.6	38.7	56.2	28.4	40.2

出典：Sieverding（2012：10），Table 1．

ing & Selwaness 2012：3）。このような加入逃れは，エジプト社会保険官庁の行政能力の欠如に起因していた。公共部門での社会保険加入率は，ほぼ100％に達していたが，民間部門ではわずか62％にとどまっていた。社会保険機関が民間部門の使用者の動向を把握できていないことが指摘されている（Loewe 2000：15）。

公共企業部門の民営化が進展したことで社会保険制度のほころびも大きくなっていった。労働者全体の社会保険加入率は，ムバーラク政権下で低下しており，1998年の51.6％から2006年の41.8％へと減少した。公共企業の民営化により，公共部門での仕事が減少したことにより，労働市場の新規参入者である若年層は，民間部門で働き始めるようになった。しかし民間部門には，社会保険への加入を逃れる事業所も多く，多くの若者が社会保険に加入できなかった（Roushdy & Selwaness 2012：11-15）。このような傾向は，若年層の社会保険加入率（32.7％）が低く，年齢層が上がるごとに社会保険加入率も上がっていくという事実からも確認できる（表3-4）。たしかに，このような数値だけから考えれば，仕事を始めた当初は技能が無く，インフォーマル部門で働かざるを得なかったが，その後経験を積むにつれて，フォーマル部門に職を見つけて転職するというライフサイクルモデルを示しているようにも見える。しかしながら，エジプトの場合，既存研究から考えると，労働者，とくに教育水準の低い労働者がインフォーマル部門から脱出することは，極めて困難であった（Sieverding 2012：10）。そのため，若いうちに社会保険の加入機会を逃した労働者は，その後も社会保険に入ることができない可能性が高かった。

第二の問題点は，低い給付額であった。エジプトにおいて，形式的な年金給付の所得代替率は，他の中位所得国に比べて高かったものの，実質的な給付は，

多くのエジプト人にとって不充分なものであった。これは，年金給付額がインフレ率によって調整されることが無く，政府の命令によって一方的に決定されていたためであった。たとえば，1980年代のインフレによる物価上昇率は20％だが，年金給付の増加率はわずかに10％であった。エジプトの年金給付は，とりわけ障害者年金や死亡給付（遺族年金）の受給者にとって厳しいものであった。賃金稼得者が若いうちに傷害を負ったり，死亡した場合，その保険料の支払い総額はきわめて低く，家族は遺族年金だけでは生活することができないと言われている。またこのような要因から，男性稼得者を失った世帯がしばしば貧困ライン以下に転落してしまうのであった（Loewe 2000：15）。

　第三の問題点は，年金受給者の割合が大きいことであった。エジプトは，比較的若年層人口の多い国であるが，全人口に占める社会保険受給者の比率が比較的高く，1998年の時点で38％となっていた（Maait, Ismail & Khorasanee 2000：4）。中東・北アフリカ諸国平均（27％），ラテンアメリカ諸国平均（25％），アジア諸国平均（4％）と比較すると，この数値の高さが明らかとなるだろう。受給者が増加した背景には，平均寿命の延びが関係していた（Helmy 2008：204）。さらに，1990年代に，公共企業部門の余剰労働力を削減し，民営化を促進するために導入された早期退職スキームが，公共部門からの退職者の数を増加させ，同時に年金受給者の数も増加させた。その結果，1983年に416万人だった受給者数は，1998年には650万人に達した（Maait, Ismail & Khorasanee 2000：4）。

　このように社会保険制度の持続可能性に影響する問題点がいくつか存在するにもかかわらず，ムバーラク政権は，持続可能性を高めるための抜本的改革を実施せず，社会保険制度に対する国庫支出を増やし続けた。1987年以来，政府は，既存の政府負担金に加えて，追加の支出を行なっていた。この政府の追加負担金は，年々上昇する生活コストを賄い，年金受給者がかつてと同じ生活水準が維持できるように開始されたものであった。実際には，インフレ率は保険給付額の上昇率よりも大きく，ムバーラク政権の意図したようにはいかなかっ

表3-5　社会保険基金による投資とその収益（2001/02～2010/11年）

	投資額 （十億ポンド）	投資利回り （％）	名目上の インフレ率（％）	実質的な 投資利回り（％）
2001/02年	167.3	9.7	2.7	7.0
2002/03年	189.6	9.2	4.2	5.0
2003/04年	213.0	8.9	16.5	-7.6
2004/05年	239.2	9.0	4.8	4.2
2005/06年	264.1	9.0	7.7	1.3
2006/07年	270.0	8.3	9.5	-1.2
2007/08年	284.7	8.3	18.3	-10.0
2008/09年	296.3	8.3	11.8	-3.5
2009/10年	308.0	8.1	11.8	-3.7
2010/11年	311.0	8.4	11.1	-2.7

出典：Maait & Demarco（2012：161），Table 5.1.

たものの，国庫の追加負担金の額は急激に増加した。2000/01財政年度には80億米ドルだったが，2004/05財政年度には130億米ドル（歳出総額の8.2%）へと大きく上昇した（Helmy 2008：207）。このような政府による無計画な支出拡大戦略は，国庫に大きな負担をかけていた。通常，エジプトの社会保険制度では，納められた保険料は，投資運用に回され，政府短期債権の購入や国民投資銀行への融資に利用される。このような投資によって剰余金を生み出し，将来の年金支払いのために積み立てることになっている。しかし，1975年以来，インフレのために実質的な投資利回りが低下し，マイナスになることさえあった。そのため，これまでの積立金を取り崩すようになった（表3-5）。その結果，政府は，現在の給付水準を維持するために，さらなる支出を強いられるようになった（Maait & Demarco 2012：162）。さらに，国庫と社会保険基金は相互依存の関係にあった。このような依存関係が社会保険財政の健全性に深刻な影響を与えた。法律上の制約（1980年第119号法）により，年金資金の貸付先は，国庫や政府系基金に限定されており，株式など民間部門に対して投資することが認められていなかった。2004/05財政年度の時点で，このような国庫に対して貸し付けられた社会保険関連の債権残高は，350億エジプト・ポンドに達した。また社会保険基金の資金は，国民投資銀行を経由する形でも国庫に貸し付けられていた。この国民投資銀行の運用資金の7割が社会保険基金からのもので

あった。そして，同行の運用資金の86％が年利12％で国庫に貸し付けられていた。その結果，同行の国庫に対する貸付総額は1,437億ポンド（2004/05年）に達した。この額は，エジプト政府の国内債務総額（3,492億エジプト・ポンド）の約41％に達していた（Helmy 2008：208-210）。社会保険基金から国庫へ貸し付けられている資金は，将来世代の大きな負担となる可能性が高い。

食料価格補助と公的雇用

　社会保険制度と同様，ムバーラク政権下では，食料価格補助や公的雇用の問題点も浮かび上がった。しかしながら，これらの制度と社会保険制度との間には，決定的な違いが存在する。社会保険制度の場合，たとえそれがどのような問題点を抱えていようが，世界のあらゆる国で採用されている社会保険制度の完全廃止が話題に上ることはない。対照的に，食料価格補助と公的雇用は，社会保障制度としては非効率的であり，国際機関（世界銀行や国際通貨基金）からも他の効率的な制度への置き換えを提案されている。食料価格補助の場合，エタティズム型経済の残滓である価格統制メカニズムと強い結びつきがあり，市場メカニズムを歪める元凶とも見なされている。そして公的雇用制度は，大規模な公共部門の維持が前提となる。そのため，国家の役割をできる限り縮小させようとする新自由主義者から見れば，公的雇用制度は完全廃止の対象でしかない。このような理由から，ムバーラク政権は，国際機関やアメリカ政府から改革圧力を受けてきた。このような圧力にもかかわらず，これら二つの制度は，ムバーラク政権期を生き抜いた。これは，ムバーラク政権が抜本的な制度改革よりも社会の安定性を優先したためであった。小手先の改革に終始し，資源分配の非効率性が是正されることはなかった。その結果，ムバーラク政権は，これら二つの制度に対して多くの支出をしていたにもかかわらず，国民の不満は高まるばかりであった。これら二つの制度については，次章以降で詳しく論じるので，本章では簡潔な説明にとどめておく。

食料価格補助　ムバーラク政権は，1980年代から90年代にかけて制度改革を実施したものの，その改革自体は，国民の反発を恐れて国民の目に触れないように行なわれた。そのため，1990年代までは支出削減に成功したものの，改革の内容は不充分であった。ムバーラク政権は，抜本的なパン価格補助制度の改革に踏み切れず，国民すべてが補助対象パンを購入できる状態が続いた。このような制度的特徴は，2000年代には制度拡大の要因となった。国民すべてが補助対象パンにアクセスできるため，食料価格高騰に伴い，普段補助対象パンを購入していない階層の人たちまで補助対象パンを購入するようになった。その結果，価格補助に対する支出は急激に増加する一方で，市場では補助対象パンの急激な需要拡大に伴い，品切れが続出し，国民の不満が高まった。そのため，ムバーラク政権は，国民の不満が暴動に発展することを回避するために，急遽，価格補助対象の食品の供給量や，対象商品数を増やした。その結果，急激に価格補助に対する支出がさらに拡大し，1990年代までの支出削減効果は霧消してしまった。その上，このような場当たり的な対応は，資源分配の歪みを拡大させてしまった。制度拡張の結果，貧困削減プログラムとして，きわめて非効率的な制度になってしまい，支出の多くは貧困層以外の国民へと流れていた。

公的雇用　サーダート政権下で急激に公的雇用制度を拡大した結果，公共部門労働者の数は，すでに政府や公共企業が雇用できる限界を超えていた。それにもかかわらず，ムバーラク政権は，公共部門に労働者を雇い入れ続けた。財政的な制約からインフレ率を上回るような賃上げは困難となり，公共部門労働者の実質的賃金は低下した。その結果，公共部門労働者の生活水準は低下し，彼らによるストライキやデモなどの抗議行動が広まっていった。しかし，その一方で，多くの大学卒業生が公共部門での雇用を希望していたため，公共部門への就職のための待機時間が長期化し，失業状態で公共部門の職を待ち続けることが常態化した。

3　福祉レジームの経路依存性とその帰結

　ムバーラク時代，エジプトにおいて政治経済構造は大きな変化を遂げた。第一に，経済構造は，構造調整プログラムやナジーフ内閣の下での新自由主義型の経済改革の実行により，経済自由化が進んだ。しかし，世界銀行や国際通貨基金が期待したものとは異なり，クローニー資本主義を生み，ムバーラク政権とビジネスエリートのインフォーマルなつながりを強化した。第二に，政権とビジネスエリートの結びつきが強まるにつれて，政治構造でも変容が見られた。ムバーラク政権は，経済的に大きな影響力を持ち始めたビジネスエリートを政権内部に取り込み，自らの支持基盤とした。その一方で，これまで公式には同盟関係にあった組織労働者の政治的影響力が縮小した。

　このような政治経済構造が強化されたにもかかわらず，福祉レジームは，サーダート時代からのポピュリズム型の特徴を受け継ぎ，維持した。ムバーラク政権は，新自由主義型の経済改革を実施したものの，新自由主義者が主張するような社会保障制度の合理化には踏み込むことができなかった。これは，新自由主義型の経済改革が進行した結果，貧富の格差が拡大していたためであった。2000年代に入ると，国民は公然と現政権に対する不満を述べるようになり，ストライキやデモなどの抗議活動も活発化した。このような状況下で，ムバーラク政権とその同盟関係にあるビジネスエリートは，政治的不安定化をできる限り回避したいという選好を持っていたため，国民の反発を買うような抜本的な社会改革を先延ばしにした。その結果，社会保障による資源分配に歪みが生じた。エジプトの福祉レジームは，基本的に貧困層に厳しく，その恩恵は都市部の中間層や上流階層にもたらされた。社会保険制度を例にとると，法律上すべてのエジプト国民が加入することになっているものの，実際には半分程度の国民が社会保険から漏れており，その多くは所得の少ない非正規労働者であっ

た。また，中間層に手厚く分配されていた価格補助制度は，2000年時点でGDP比2.3％の財政出動がなされている一方で，貧困層に給付される公的扶助に対する支出は，わずかGDP比0.2％程度であった（Loewe 2000：9）。

　このような資源分配の歪みを放置した帰結としては，二つが挙げられる。第一に，貧困問題の放置であった。制度的には，いくつかの貧困削減プログラムが存在し，かつ食料価格補助制度も事実上の貧困削減プログラムであった。しかし，社会保障制度による資源分配の歪みが是正されなかった結果，貧困層に対して効果的な給付がなされず，投下した資源のわりには貧困削減ができておらず，結果的に貧困問題が放置されることになった（Loewe 2004）。第二の帰結は，中間層の生活水準低下であった。とりわけ，学歴の高い人々（公共部門労働者や大学卒業者）は，かつては政権の支持基盤の中心であり，社会保障制度の最大の受益者でもあった。しかしムバーラク政権下では，彼らは社会保障の制度上，貧困層に比べて恵まれていたものの，労働市場においては貧困層の人々と同じような状況に置かれるようになった。たとえば，高学歴の若者は，雇用の流動化の影響で非正規雇用を余儀なくされており，以前と比べて労働環境も悪化した。また，社会保険に加入していない場合も多く，さまざまな社会的リスクに対して脆弱であった。政府部門労働者は，雇用保障があり，貧困層に比べると豊かな暮らしを享受していたものの，賃上げ率はインフレ率を下回っており，ムバーラク時代を通じて実質的な給与は下がり続けた。とりわけ2003年に新たな労働法典が制定された後，（限定的な）ストライキ権の付与と引き換えに，雇用保障が削減され，彼らの生活水準低下は一層深刻なものとなった（Bayat 2006：140）。彼らは，経済的に窮乏し，ストライキやデモなどに参加し，政権に対する不満を訴えるようになった（詳細は，第**5**章参照）。このようにして，ポピュリズム的とされた福祉レジーム自体の特徴は，サーダート時代から変化はないものの，資源分配の歪みは，政権に取り入ったビジネスエリートのような特権階級以外の国民の経済的窮乏を放置する結果となった。

第4章
ポピュリズム型福祉レジームと食料価格補助制度

本章では,エジプトにおける福祉レジームの変容と継続性を説明するために,食料価格補助制度に焦点を当てる。このような制度は,通常は社会保障制度の範疇に含まれないものの,エジプトでは,都市労働者に対する食料供給や貧困層に対する援助に利用されるなど,社会保障制度のなかでもきわめて重要な働きをしてきた。とりわけ小麦やパンに対する価格補助は,エジプト国民の生命線だったと言っても過言ではない。その一方で,寛大な価格補助制度は,かつて小麦の一大生産国であったエジプトが世界有数の小麦輸入国になる一因となった(図4-1,4-2)。本章では,七・二三革命以降,「アラブの春」に至るまでの食料価格補助制度の変遷を見ていく。

1 ナセル政権期の食料価格補助制度の形成

すでに第2章で述べたように,ナセル時代の食料価格補助制度は,福祉レジームのなかでの中核的な制度に位置付けられており,ナセルによる工業化戦略を支えるために設計されていた。この食料価格補助制度を理解するためには,まずは七・二三革命での最大の成果である農地改革について理解する必要がある。というのも,ナセル時代の食料価格補助制度は,国家による農業部門の統制策と連動し,工業部門の発展を図るものだったからである。国家は,農地改

図4-1 ナイル河谷における小麦栽培

出典：Reuters.

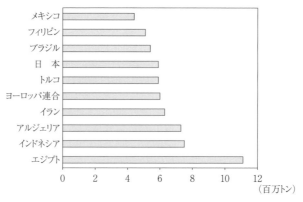

図4-2 十大小麦輸入国（2014/15年）

出典：The Wall Street Journal.

革によって農業部門へ介入する手段を手に入れ，これらの手段によって農業部門の富を工業部門へと投じることが可能になった。このような農地改革には，①地主層の解体，②旧地主による工業部門への投資の促進，③国家による農業部門への介入という三つの目標があった。

　第一の目標は，旧王制の支持基盤であった地主層の解体であった。1952年の農地改革法では，原則的に土地所有の上限を200フェッダーン[1]（約84ヘクター

第4章　ポピュリズム型福祉レジームと食料価格補助制度

ル）に定め，この上限を超える農地を国家が収用し，小作人に分配した。その結果，革命以前には王室の強力な支持基盤であった地主層の経済的基盤が崩壊した（Sadowski 1991：59）。第二の目標は，旧地主による工業部門への投資の促進であった。農地改革法では，国家によって農地が収用された場合，元の所有者に対して補償金が支払われることになっていた。革命当初，新政権は，国家の役割を限定し，民間資本による工業化の推進を目指していた。そして，旧地主層に対して支払われた補償金が工業部門の投資に使われることを期待した（Warriner 1962：41）。しかし，第2章でも説明したように，民間資本による投資は，新政権が期待した通りにはならず，新政権内部でも国家主導型の経済成長戦略が検討されるようになった。第三の目標は，国家による農業部門介入であり，農村部で国家の代理人の役割を期待されたのが，農業協同組合であった。この農業協同組合は，これまで地主が行なってきた業務を肩代わりするものであった。これらの農業協同組合は，農業ローンや生産補助金，農産品のマーケティングを扱うと同時に，①化学肥料や殺虫剤，種子などの独占的な供給や②重要農産品のマーケティングに対する統制など，組合員（旧小作人）を統制する手段をいくつか有していた（Radwan & Lee 1985：9-10）。その結果，国家は，農業協同組合を利用して，農村部に直接的介入が可能となった。

　このような国家による農業部門の介入によってなされたのが，農業部門から都市工業部門への富の移転であった。そして，この富の移転のメカニズムこそが，農産品の強制買上制度であった。この強制買上制度は，エジプトの主要輸出品であった綿花を主たる対象としたものであったが，小麦にも適用され，生産者は一定量の小麦を固定価格で政府に売り渡すことが義務づけられた。そして，この固定買取価格は，国際市場での小麦価格よりも低く抑えられていた（Kherallah et al. 2000：3）。その後，この強制買上制度は，小麦のみならず，米やレンズマメ，胡麻などの農産品にも適用された（von Braun & de Haen 1983：23）。そして，この制度に基づいて買い上げられた農産品は，都市部へと運ば

れ，都市労働者に安価で供給された。この当時，このような食料が農村部に流通することはなかった。これは，1980年代まで農村部には，パン工場や青果店さえなく，一度買い上げられた農産品が農村部で流通するルートが存在しなかったためであった (Alderman, von Braun & Sakr 1982：54-55)。

　1960年代の公共部門拡張の結果，食料価格補助制度は，「低賃金・低価格食料品（low-wage, cheap food）」政策（Rowntree 1993）の一端を担い，ナセルによる工業化戦略を支える存在となった。強制買上制度によって農村から徴発された農産品を安く都市労働者に提供する一方で，都市労働者の賃金上昇を最低限に抑えることが構想された。このようなメカニズムは，スエズ動乱以降の公共部門の拡大のなかで，公共企業部門労働者の賃金上昇を抑制し，公共企業の資本蓄積を促した (Rowntree 1993：423；長沢 1985：122-123)。

　七・二三革命から1960年代半ばまでは，食料価格，とりわけ小麦価格の維持のためにそれほど大きな直接的支出をする必要が無かった。これは，強制買上制度による農村部からの富の収奪に依存していたためであった。たしかに，この当時からエジプトは，国内小麦だけでは需要を賄えず，需要の一部を輸入小麦に頼っていた。1960年代には小麦の輸入量が増加し，1962年には国内生産量を超過するようになった[2] (Scobie 1981：23)。しかし1960年代に国内での小麦消費量は飛躍的な伸びを見せるものの，1960年代初頭は，輸入小麦の大半を海外，とりわけアメリカからの無償援助で賄っていたため，国庫への負担はそれほど大きくなかった（図4-3）。

　しかし1960年代半ばに入ると，徐々に食料価格補助支出額が増加するようになった。需要面では，二つの要因が挙げられる。一つの要因は，国内人口の増加であった。政府統計データによれば，1947年には2,000万人以下であった国内人口は，わずか20年で1.5倍に増加し，1966年には3,000万人以上となっていた。このような国内人口の増加と並行して，都市化の進展により，全人口に占める都市部人口の割合も，33.5％（1947年）から40.0％（1966年）へと増加した。

第4章 ポピュリズム型福祉レジームと食料価格補助制度

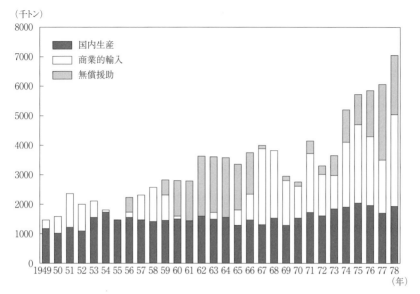

図4-3 小麦の国内生産，商業的輸入，無償援助（1949～1978年）
出典：Scobie（1981：69-70），Table 14を基に著者作成。

実数で考えると，1947年から67年の20年間で，都市部の人口は倍になった（CAPMAS 2006：33-34）。いま一つの要因は，1人当たりの小麦消費量の増加であった。1949年の段階では，1人当たりの小麦の年間消費量は，平均64キロであったが，1963年には115キロへと増加していた（図4-4）。一方で供給面では，エジプトを取り巻く国際関係の変化によって，商業ベースでの小麦輸入を余儀なくされた。1967年，第三次中東戦争でエジプトがイスラエルに宣戦布告したため，アメリカからの小麦援助が途絶した。これに対してナセル政権は，国内での小麦需要を賄うために，小麦輸入を決定した。これ以降，輸入小麦の大半は，無償援助ではなく，購入品により賄われることになった（図4-2）。

このような商業ベースでの小麦輸入が増加するにしたがって，ナセル政権は，農村部からの収奪を強化することで，制度の収支を均衡させようとした。1960

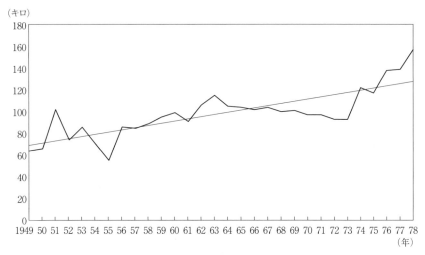

図 4-4　1人当たりの小麦消費量（1949～1978年）
出典：Scobie（1981：69-70），Table 14を基に著者作成。

年代初頭までは，ナセル政権は，農業部門から農産品を強制的に買い上げる一方で，農業の機械化や灌漑設備の整備などに投資を行なっていた。しかし1960年代半ばには，徐々に農業部門への投資額が減少し，農業部門は，単なる収奪の対象となった。ナセル政権は，すべての農業協同組合員に対して，一定量の収益性の高い農作物の栽培を命じるとともに，強制買上制度による農産品の徴発も強化した。1966年に米が，その後にトウモロコシ，レンズマメ，玉ねぎ，ジャガイモなどが強制買上制度の対象となった（Sadowski 1991：66）。図 4-5は，1965年から1980年までの小麦，米，トウモロコシに関する価格統制政策および食料価格補助政策に関する農村部（生産者）と都市部（消費者）の収支関係を表したものである。このデータから明らかなように，1966年以降，農業部門（農業生産者）への収奪の傾向が強まっていった。

　要約すると，ナセル時代，食料価格補助制度は，社会保障制度のなかでも中核的な制度とされ，工業化戦略の補完という役割を担っていた。ナセルによる

第4章 ポピュリズム型福祉レジームと食料価格補助制度

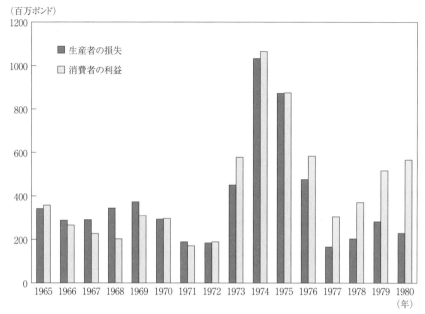

図4-5 小麦・米・トウモロコシに対する価格補助政策の得失
出典：von Braun & de Haen（1983：52-53），Table 13 & Table 14を基に著者作成。

　食料価格補助制度と工業化戦略との接合は，「低賃金・低価格食料品」政策と呼ばれ，農村部から農産品を徴発する一方で，それを都市労働者層に安価で提供することで都市労働者の賃金上昇を抑制しようとするものであった。そして，このような賃金抑制策は，公共企業部門の資本蓄積に貢献した。この当時，食料価格補助制度の財源の多くは，国庫負担ではなく，農村部からの収奪によって成り立っていた。そのため，ナセル時代，食料価格補助制度に関しては，国庫による持ち出しは少なかった。このような制度的特徴は，サーダート政権によるインフィターフが開始された後に，大きく変貌することになった。

2　サーダート政権期の経済開放と急激な制度拡張

　第**2**章でも説明した通り，サーダート大統領は，ナセル時代の経済的苦境から抜け出すために，部分的な経済開放政策（インフィターフ）を実行した。しかし，このインフィターフは，経済的繁栄をもたらすと同時に，多くの「敗者」を生み出した。1970年代から80年代の20年間で生活コストが2.5倍も上昇した一方で，実質賃金は2倍ほど上昇するにとどまった（Hansen & Radwan 1982：108-111）。サーダート政権は，統治の正統性を維持するために，インフィターフが生み出した「敗者」を救済する必要に迫られた。以下の二つの理由から，食料価格補助制度は，そのような「敗者」の救済に都合の良い制度であった。第一の理由は，食料価格補助制度では，政府は個々の世帯所得を補捉する必要が無いことである。第二の理由は，受給のための煩瑣な手続きを必要としないことである。受給に必要な手続きを行なえる程度の充分な識字能力を持っていない国民が一定数いるエジプトでは，煩瑣な手続きが必要でない点が社会保障制度としてのメリットとして考えられるのである。

　ナセル時代後半から顕在化した輸入小麦への依存度の高まりは，食料価格補助制度に大きな影響を与えた（図4-3を参照）。国際小麦価格は，1973年に1トン当たり60米ドルから250米ドルへと急上昇した。1973年から74年にかけて，小麦および小麦粉の輸入量はそれぞれ8％と30％増加したにすぎないものの，これら二つの商品に対する補助コストは，174％も増加した（Alderman, von Braun & Sakr 1982：13）。さらに，1970年代半ばには，国内小麦価格も上昇し，小麦の強制買上価格は，（公定為替レートで計算した場合）ほぼ輸入価格と同じレベルにまで達した。そして，国内でのインフレの結果，1975年には国内小麦価格が輸入小麦価格を上回る事態が生じた。そこで，国内小麦を強制的に買い上げるメリットが失われたため，強制買上制度は廃止された。そして，サーダー

第4章　ポピュリズム型福祉レジームと食料価格補助制度

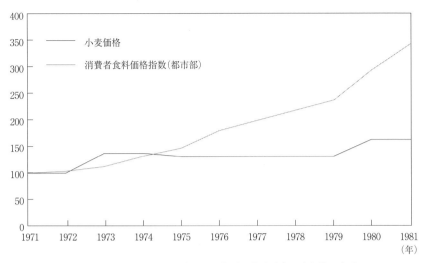

図4-6　都市部の消費者食料価格指数と補助対象小麦価格の変動
出典：Alderman, von Braun & Sakr（1982：20），Table 5 を基に著者作成。
注釈：1971年時点での価格を100として表示している。

ト政権下では，食料価格補助制度は，国内小麦よりも，輸入小麦を選択するようになった（Kherallah *et al.* 2000：23；von Braun & de Haen 1983：4）。

インフレによる物価上昇に対処するために，サーダート政権は，補助対象食品の価格を低く設定し，インフレ率にかかわらず価格を固定した。エジプトにおいて，都市部の消費者食品価格は，1971年からの10年間で3倍以上に上昇している一方で，補助対象である小麦価格の上昇は，きわめて低く抑えられ，5.5ピアストル[3]（1971年）から9.0ピアストル（1981年）の増加にとどめられた（図4-6）。さらに，サーダート政権は，補助対象の食品数を増やし，従来の小麦，米，トウモロコシに加えて，さまざまな食品（マメ，レンズマメ，冷凍魚，冷凍牛肉，冷凍鶏肉など）への価格補助を開始した。ピーク時には，18種類の食品に対して価格補助を実施した。1977年から79年にかけてエジプト・ポンドの切り下げが行なわれ，食品の輸入コストも上昇したものの，サーダート政権は，コスト上昇分を国民に転嫁せず，国庫負担を増加させた。エジプト政府は，輸

入や国内流通など食品流通全般を独占していたため，この通貨切り下げまでは食料価格補助制度から剰余金を得ることもあった。しかし通貨切り下げ以降，エジプト政府は，大半の輸入食料品を大きなコストを払って国民に安く売り渡していた（Alderman, von Braun & Sakr 1982：15-16）。

　このような政府による食料価格補助に対する強力な介入によって，食料価格，とりわけ小麦・パンの価格が低く抑えられたことで，大半の国民が補助対象食品に依存するようになった。サーダート政権下では，エジプト国民の90％以上が配給カードを保有しており，ほぼすべての国民が補助対象食品にアクセスすることができた。これにより，配給カードの意味が変化した（Ali & Adams 1996：1778）。補助対象食品への支出は，エジプト人の家計支出のなかで大きな割合を占めるようになった。たとえば，とある農村部（シャルキーヤ県）の平均的な農家では，家計支出合計の13.2％を補助対象食品に支出していた（Alderman, von Braun & Sakr 1982：75）。このように，あらゆる家庭で補助対象食品が大量に消費されるようになった結果，1人当たりの小麦消費量が上昇した（図4-4を参照）。そして，食料価格補助制度は，社会保障制度のなかでも，きわめて重要な位置を占めるようになった。また制度拡張の結果，政府が不安定な国際市場価格から国内の消費者を保護してくれるという国民の期待が大きくなった（Sadowski 1991：160）。

　しかし，このような急激な支出拡大は，国庫にも深刻な影響を与え始めた。サーダート時代，食料価格補助に対する支出は，300万エジプト・ポンド（1970/71財政年度）から4億9,100万エジプト・ポンド（1975財政年度）へと急激に上昇した（Alderman, von Braun & Sakr 1982：13-15）。そして，歳出総額に占める食料価格補助支出の割合も増加し，1974財政年度には，20％を突破した（図4-7）。このような歳出総額に占める割合が急激に上昇したことにより，国家財政の柔軟性が失われてしまった。国庫への急激な負担増大は，サーダート政権に制度改革の必要性を実感させた。

第4章 ポピュリズム型福祉レジームと食料価格補助制度

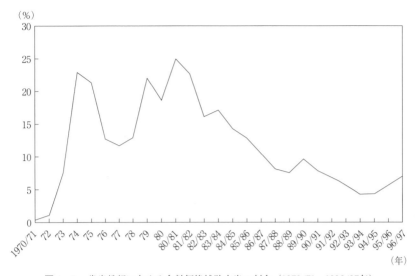

図4-7 歳出総額に占める食料価格補助支出の割合（1970/71～1996/97年）
出典：Alderman, von Braun & Sakr（1982：14），Table 1 および Ahmed et al.（2001：8），Table 2.1，エジプト中央銀行データ（CBE 1983-2002/03）を基に著者作成．

　サーダート政権は，食料価格補助に対する支出を削減する手段を取ろうとした。サーダート政権下で，エジプトは親ソ路線を軌道修正し，アメリカとの関係を強化した。その結果，アメリカ政府や国際通貨基金，世界銀行から，価格補助制度に対する支出を削減するように圧力がかかるようになったことも背景にあった。1976年には国際通貨基金との交渉を始めた（Hirst & Beeson 1981：236-237）。国際通貨基金は，価格補助制度の改革を通じた財政赤字削減の重要性を説いた。サーダート政権もまた，支出削減の必要性を感じていた。サーダート政権は，国際通貨基金との合意に基づき，食料品，とりわけ小麦やパンに対する価格補助への支出を削減することを決定し，議会に通知した。決定した改革内容では，価格補助支出の総額を5億5,370万エジプト・ポンドから2億7,640万エジプト・ポンドへと50％削減しようとした。これにより予想される価格上昇は，歩留まり率72％小麦：67％，フィーノ・パン：50％，調理用ブタンガ

ス：46％，配給用米：20％，砂糖：4％であった（Ahmed et al. 2001：7）。この当時，サーダート政権は，削減対象から一般家庭向け食品（たとえば，バラディー・パンやバラディー用小麦）を除外しているため，この支出削減の影響は小さいだろうと予測していた。実際のところ，制度改革の対象となった歩留まり率72％小麦やフィーノ・パンは，バラディー・パンに比べると，高価な食品だと考えられていた（Gutner 1999：18-19）。

図4-8 食料暴動（1977年）
出典：Ahram Online.

しかしながら，サーダート政権の予測とは異なり，国民はこの支出削減提案に対して拒絶反応を示し，それは暴動となって爆発した（食料暴動）。デモは，1977年1月18日朝，アレクサンドリアで始まった。当初は，平和的なデモ行進であったが，県庁舎やアラブ社会主義連合支部に向かうデモ隊と警察官とが衝突したことで，暴動に発展した。このアレクサンドリアでのデモでは，サーダート政権の権力の象徴であるアラブ社会主義連合の建物が放火されるとともに，ムバーラク副大統領の別荘や富裕層が利用するレストランやバーに怒りの矛先が向けられた。そしてこの暴動は，首都カイロにも飛び火した。カイロでは，労働者や大学生による平和的デモが暴動に転化し，カイロ市内全体に広がった（図4-8）。最終的に国軍が出動し，暴動は鎮圧されたものの，この暴動によってサーダート政権の正統性は傷つき，支出削減の撤回に追い込まれた（Gutner 1999：18-19；Hirst & Beeson 1981：242-244；Sadowski 1991：156）。

　この食料暴動によって，サーダート政権は支出削減や急激な制度改革が非常に困難であることを認識した。そのため，サーダート政権は，食料価格補助制

度の維持に努めた。この暴動の直後，サーダート大統領は声明を発表し，①財政赤字に対処するために必要な財源を確保する手段を見つけること，②国民の衣食に影響するいかなる手段も取らないことを国民に約束した (*The Egyptian Gazette*, 24 January 1977)。さらに，アラブ諸国の援助機関である「エジプト発展のための湾岸諸国機構 (Gulf Organization for the Development of Egypt)」の国内財産を接収し，制度拡張の財源に充てた。また国際通貨基金も，当面の間エジプト政府が社会秩序の立て直しを優先し，一時的に経済改革を停止することを容認した。その上，国際通貨基金は，エジプト政府が年間5億～6億エジプト・ポンド程度の食料価格補助に対する支出（これまでとほぼ同額）を認めた (*Financial Times*, 26 January 1977)。

　この暴動の後，サーダート政権は，食料価格補助制度や公定食料価格の維持に対して，より配慮した政策を行なうようになった。1981年5月2日の演説では，基本的食料品の価格の上昇を抑制するため，食料価格補助に対する支出の増額を国民に約束した (*The Egyptian Gazette*, 3 May 1981)。この演説は，「メーデー演説」と呼ばれるもので，例年5月初頭に国民に対して社会福祉の拡充や最低賃金の引き上げなどを約束していた。この時期には，食品小売価格が急激に上昇したため，食品価格の安定が政権にとって最も重要な課題と見なされていた。サーダート政権は，1977年の食料暴動以来，食品価格政策の失敗が政権に致命傷を与える可能性が高いことを認識していたため，この年，繰り返し価格補助制度の拡充を言明していた。5月30日には，アブドゥッラザーク・アブドゥルマギード経済財政担当副首相が「低所得者が購入可能な適切な価格を維持するために，いかなる商品に対しても，価格補助支出を減額することはない」と強調した (*The Egyptian Gazette*, 30 May 1981)。また，サーダート政権は，その翌年に発行された『五カ年計画』でも，食品価格安定に高い優先度を与えていた。同計画において，政府は，公正な価格を維持するため，市場価格を監視し，適切な価格統制を行なうことを強調した (MoP 1982：

147)。

　サーダート政権下において，食料価格補助制度の目的が大幅に変化した。ナセル時代には，食料価格補助は，都市労働者に安価な食品を提供することで工業化を下支えすることを期待されていた。そして，その財源の多くは農業部門からの収奪に依存しており，政府の持ち出しは比較的少なかった。しかしサーダート政権期になると，食料価格補助は，インフィターフの「敗者」に対する経済的保障の手段となった。サーダート政権は，インフィターフに起因する経済的苦境に対する国民からの批判を和らげるため，食料価格補助制度を用い，食品価格を低く抑えようとした。しかし，ひとたび制度拡充を選択してしまうと，国民の多くは食料価格補助制度に依存するようになり，同制度を用いた食料品，とりわけ小麦やパンの価格の維持は，権威主義政権の維持にとって決定的な意味を持つようになった。1977年の食料暴動は，制度改革が政権存続を危機にさらす可能性があることを明らかにした。この食料暴動の結果，財政赤字削減は先送りにされ，再び食料価格補助制度の拡充が選択された。

3　ムバーラク政権期の制度改革と制度の継続性

　ムバーラクが1981年10月に大統領に就任したとき，食料価格補助制度はジレンマに直面していた。食料価格補助は，国家財政だけではなく，国際収支にも深刻な影響を及ぼしていた。食料価格補助に対する支出は，1974年以来，1986/87年まで，常に歳出総額の10％以上を占めており，深刻な財政赤字の原因となっていた（図4-7を参照）。さらに，補助対象の輸入小麦や小麦粉は，外貨不足や増大する対外債務の原因となっており，エジプトの対外債務は，1989年の時点では460億米ドルに達していた（Gutner 1999：20）。財政赤字と貿易赤字という二つの赤字によって，ムバーラク政権は，急進的な制度改革の即

時実行を迫られていた。しかし，サーダート時代に急激に制度を拡張した結果，多くの国民が補助対象食品に依存するようになり，支出削減は国民の反発を招く可能性が高かった。とりわけムバーラク政権初期には，政権内部には1977年の食料暴動の記憶が鮮明に残っており，ムバーラク大統領も急進的な改革が暴動に発展することを強く認識していた。それゆえに，ムバーラク政権は，急激な価格上昇を抑えつつ，支出を削減する手法を採った。ムバーラク政権は，1990年代までには支出削減に成功したものの，抜本的な制度改革には踏み込まなかった（もしくは，踏み込めなかった）ため，改革は限定的なものとなった。この時期の改革の限界としてとくに重要な点が，食料価格補助制度の普遍主義的特徴に踏み込まなかったという点である。この「普遍主義」とは，すべての国民が――配給カードの保持者かどうかにかかわらず――バラディー・パンを購入することができることを指している。この普遍主義的特徴は，2000年代の食料価格補助制度の再拡大の原因となった。すべてのエジプト国民は――在留外国人でさえも――補助対象のバラディー・パンを購入できることから，2000年代の急激な食料価格の上昇の際，普段バラディー・パンを使わない世帯すら，配給所の前に列をなした。そして，ムバーラク政権は，このようなバラディー・パンの供給不足によって，社会的秩序が不安定化することを防ぐため，制度的な効率性を犠牲にした食料価格補助制度の急激な拡大を選択したのであった。

経済改革の進展と支出削減

　ムバーラク政権成立時，すでに食料価格補助制度は，従来の支出規模を維持できず，制度改革についての検討が重ねられてきていた。とはいえ，たとえ部分的な支出削減であっても，急激な価格補助制度の改変は政治的不安定化を招き，政権の正統性に傷がつく恐れがあった（Salevurakis & Sahar Mohamed 2008）。そこでムバーラク政権は，このようなジレンマを回避する改革に着手した。そ

の改革内容は，①配給カード改革，②金銭的補償，③「隠密改革（reform by stealth）」の三つである（Sadowski 1991）。

第一の内容が配給カード改革であった。配給カードはナセル政権下の1966年に導入され，家庭ごとの配給割当のデータは政府によって管理されていた（Abdel-Latif & El-Laithy 1996：298）。先述のように，サーダート政権下では，ほぼすべての国民が配給カードを所持しており，配給カードシステム自体が形骸化していた。そこでムバーラク政権は，1981年に，配給カードをカード保持者の所得に応じて二つのカテゴリー（緑色カードと赤色カード）に分類し，食料価格補助制度の効率化を図った。これまでのカード保有者に緑色カードを交付し，従来通り補助対象食品を購入できるものとした。それに対し，所得の高い国民には新たに赤色カードを交付した。そして赤色カード保持者に対しては，補助率を引き下げ，国庫負担を軽減した。ここで重要なのは，赤色カード保持者に対する補助率の引き下げが行なわれたとはいえ，引き続き特定の補助対象食品（砂糖や食用油，茶，米など）を購入することができた点である。一方でムバーラク政権は，配給カードの新規交付に歯止めを掛けようとした。1989年，内国通商・供給省は，その年以降に出生した新生児には配給カードを交付しないことを通知した。また，海外への移住や死亡によって無効になっているにもかかわらず，他人の手に渡り，利用されていた配給カードを無効として回収した。このような措置により，人口全体に占める配給カード保持者の割合は，99％（1981/82年）から約70％（1998年）へと減少した（Ahmed *et al.* 2001：7-9）。

第二が金銭的補償であった。この改革案は，アリー・ルフティー首相（在任期間：1985年9月～1986年11月）によって提案されたもので，当初は，食料価格補助制度を廃止し，貧困層に対して直接現金を給付するとしていた。ルフティー首相は，このような現金での補償によって，人口のおよそ23％を占めていた富裕層に対する財政援助を終わらせることができると考えていた。しかし

ルフティー首相の提案は，後継のアーティフ・シドキー首相（在任期間：1986年11月～1996年1月）により，部分的に実行されるにとどまった。1987年6月，タバコや砂糖に対する公定価格が引き上げられると同時に，公共部門労働者に対する金銭補償が行なわれ，給与が20％引き上げられた。しかし，この措置は公共部門労働者にのみ行なわれたため，都市部の貧困層は，公定価格一部引き上げと突如として行なわれた公共部門労働者の給与引き上げに起因するインフレにより，経済的に困窮することになった（Sadowski 1991：163-164）。

　第三が「隠密改革」であった。この改革は，パンを対象としたもので，何らの予告なしに実行された。その改革内容は，以下の通りである。まず政府は，補助対象パンをより高価なパンと入れ替えた。1984年，従来の1ピアストル・パンと並んで，高品質の2ピアストル・パン（ともに補助対象パン）を導入した。導入当初は，両方のパンを購入することができた。次に，市場での1ピアストル・パンの流通量を減らすと同時に，1ピアストル・パンの品質を下げ，消費者を2ピアストル・パンに誘導した。最後に，1ピアストル・パンの流通を停止させ，自動的に消費者は2ピアストル・パンを選択せざるを得なくなるように誘導した。その上で，2ピアストル・パンの質量を引き下げるという仕組みであった。そして，このように手の込んだ手法をパンの価格が5ピアストルになるまで1ピアストル刻みで引き上げた。そして，パン1個当たりの質量は，168グラムから160グラム（1984年）へ，そして130グラム（1991年）へと徐々に引き下げられた。これによってムバーラク政権は，食料暴動を経験することなく，補助対象パンの価格引き上げに成功したのであった（Ahmed et al. 2001：9-10）。以上のような三つの「小手先のテクニック」により，ムバーラク政権は，1980年代には，ある程度，食料価格補助に対する支出の削減に成功した。

　しかしながら，食料価格補助制度の問題は，エジプトの経済構造の問題と密接に関連しており，国際援助機関，とりわけ国際通貨基金は，エジプト政府に対して構造的な改革を実施するよう再三再四求めてきた。国際通貨基金が求め

る経済構造改革のうち，食料価格補助制度の根幹にかかわるのは，①食料品に対する価格統制の撤廃と②為替レートの一本化という2点であった。これらの措置は，いずれも食料品価格の急騰を引き起こす可能性があるため，ムバーラク政権は容易には譲歩できなかった。第一の価格統制の撤廃とは，食料価格補助制度の全廃と同義であり，これまで価格補助によって低価格で維持されてきた食料価格が急激に上昇すると予測された。そして第二の為替レートの一本化もまた，食料品，とりわけ小麦の輸入に依存しているエジプトには受け入れがたい提案であった。従来，エジプトでは，これまで取引の内容に応じて使用される為替レートが複数存在し，経済実勢に合った市場レート以外に，経済実勢とはかけ離れたレート設定がなされていた公式レートというものが存在した。この公式レートは，エジプト政府が小麦などの戦略的物資を輸入する際に使用していたもので，エジプト・ポンド建てで考えた場合，この公式レートを利用することで，市場レートでの取引よりも格安で小麦を輸入できることになっていた。そのため，為替レートの一本化とは，通貨切り下げを意味しており，急激な国内食料品価格の高騰に直結することが予測された。仮にこれまでの公定価格を維持する場合には，通貨切り下げは，国庫負担による国内価格の維持を意味し，さらなる財政赤字の拡大が予測された。いずれにせよ，ムバーラク政権には受け入れることのできない内容であったことに変わりはなかった。

しかしムバーラク政権は，債務危機の深刻化から，1985年に国際通貨基金との非公式交渉を開始した。このとき，国際通貨基金の交渉官は，エジプト政府がスタンドバイ・ローンを受け入れ，経済改革を実行しない限り，エジプト経済が数年以内に深刻な債務危機に陥ると警告した（Momani 2005：11）。国際通貨基金は，非公式交渉のなかで複雑な為替レートの一本化および為替取引の自由化を提案した。しかし，ムバーラク政権は，国際通貨基金が推奨する経済改革の一部を実行に移したにとどまり，主要産品に対する価格統制や複雑な為替レートを維持した（Carr 1990：244-245）。

第4章　ポピュリズム型福祉レジームと食料価格補助制度

　しかし小手先の改革では，経済危機を乗り切れないことは明らかであり，ムバーラク政権は，徐々に国際通貨基金が推進する為替レート改革を受け入れざるを得ない状況に追い込まれた。エジプト経済は，1986年に石油輸出収入や観光収入が減少したことで苦境に陥り，ムバーラク政権内部でも国際通貨基金との正式な交渉を求める声が上がるようになった。ここでの交渉でもっとも重要な問題は，エジプト・ポンドの切り下げであった。国際通貨基金は，エジプト政府に対してエジプト・ポンド切り下げと為替レートの一本化を要求していたが，エジプト政府はかたくなに為替レートの一本化に反対した。結局，翌1987年に，交渉では，国際通貨基金がエジプト政府に対して譲歩し，エジプト政府は，（為替レートの一本化ではなく）部分的な為替レート改革を行なうこととなった。市中銀行は，自由為替市場レート（1米ドル当たり1.38エジプト・ポンドから2.16エジプト・ポンドへ切り下げ）で取引するのに対して，政府取引額の約半分を占める戦略物資（小麦や砂糖など）の輸入には，引き続き公式レート（1米ドルあたり0.7エジプト・ポンド）が用いられた（Momani 2005：17-18：Negm 1988：9）。このようにして，ムバーラク政権は，補助対象小麦の輸入について，通貨切り下げの影響から守り，急激な食品価格の上昇を回避したのであった。

　一方で海外市場に目を向けると，国際通貨基金との合意があった1987年あたりから国際的な食料品価格が徐々に上昇しており，国内食料品価格への影響が懸念された。1987年1月期を基準に国際市場での小麦価格を比較すると，1988年1月には1.2倍に，1989年1月には1.6倍に上昇していた。このような国際市場での食料価格の高騰は，食料価格補助制度の問題点を浮き彫りにした。その問題点とは，補助対象小麦の不正流用であった。製パン所では，ともに補助対象商品であるバラディー・パン用小麦粉（歩留まり率82％）とフィーノ・パン用小麦粉（歩留まり率72％）との価格差を利用して利益を上げる不正が横行していた。フィーノ・パン用小麦の価格は，バラディー用小麦の1.5倍であった。そのため，製パン所では，安いバラディー・パン用小麦粉を篩にかけ，ふすまを

141

取り除き,「高品質フィーノ・パン用」小麦粉として売り,利益を上げていた。また,補助対象の小麦粉を補助対象外のパンや菓子として加工して販売する例も確認されていた。補助対象外の商品の価格は,国際市場価格とほぼ連動しているため,国際市場での小麦価格が上昇すると,このような不正流用の誘因が大きくなった。それゆえ,国際市場価格の上昇とともに,不正流用が増加し,補助対象パンの流通量が減少した。カイロの製パン所では,午前中には補助対象パンが売り切れる事態となった。元々の流通量が少ない農村部では,さらに事態は深刻で,小麦粉不足のため,製パン所を1日にわずか2時間ほど開くだけで売り切れになる事例も報告された (Sadowski 1991：35-37)[4]。

　その上,すでにエジプト政府は,外貨不足により追加で小麦を輸入することができなかったため,事態が深刻化した。『フィナンシャル・タイムズ』の記事によれば,1989年10月にアメリカからの食料援助を受け取るまでの6ヵ月間 (1989年4〜9月) に,およそ150万トンの小麦を必要としているのだが,エジプト政府には必要な小麦を輸入するだけの外貨準備がすでになかった。さらに,エジプト政府は,すでに輸入した分の支払いも延滞していたため,フランスやカナダからの新規の小麦輸入もストップしてしまったという (*Financial Times*, 31 March 1989)。

　このような深刻な状況にもかかわらず,ムバーラク政権は,食料価格補助制度の維持を国民に約束し,国民を欺こうとした。たとえば,1989年4月5日の閣議において供給大臣は,この食料危機が「架空の話」であるとしたうえで,政府がすでに充分な量の小麦を確保していることを強調した。すでにオーストラリアからの200万トンの小麦購入の合意が完了しており,さらにフランス,イタリアからの小麦供給の合意もなされていることを明らかにした (*The Egyptian Gazette*, 6 April 1989)。また同年6月には,ムバーラク政権は,新年度予算での大幅な財政赤字の削減を公約した一方で,貧困層向けに価格補助支出を増額することも約束した (*New York Times*, 26 June 1989)。そして,ムバーラク大

第**4**章　ポピュリズム型福祉レジームと食料価格補助制度

統領は，制度改革の必要性は認めながらも，現状では国際通貨基金による経済改革を受け入れることができないとした。ムバーラク大統領は，エジプト経済を100キロしか持ち上げられない重量挙げ選手に，国際通貨基金による経済改革を1トンのウエートにたとえ，経済改革の理不尽さを国民に向けて説明した（*The Egyptian Gazette*, 20 January 1990）。

　しかし，前章でも論じたように，1991年に勃発した湾岸戦争がエジプトにおける経済構造改革を推し進める契機となった。湾岸戦争において多国籍軍に協力した見返りとして，西側諸国や湾岸諸国から経済改革実施という条件付きでの資金援助や債務免除を引き出した。このような状況でエジプトは構造調整プログラムを受け入れ，経済改革の一環として，食料価格補助制度にもメスが入れられることになっていた。ムバーラク政権は，すでに構造調整プログラムが本格化する前から，補助対象食品の絞り込みを開始しており，「贅沢品」とされる高所得者層向け食品への価格補助を打ち切った。これにより，冷凍牛肉への価格補助が1990/91年に，冷凍魚と茶に対する価格補助が1991/92年に，そして米に対する価格補助が1992年2月に，それぞれ廃止された。それに加えて，小麦粉に対する価格補助を低品質のもの——バラディー・パン用小麦粉——に限定し，高品質とされたフィーノ・パン用小麦粉とシャーミー・パン用小麦粉（歩留まり率76%小麦粉）に対する補助を，1992年，1996年にそれぞれ打ち切った。さらに，補助コストを下げるとともに，不正流用を防ぐため，補助対象のバラディー用小麦粉にトウモロコシ粉を混ぜ込んだ。このような政府の支出削減努力により，1995/96年の時点で，補助対象食品は，バラディー・パン，バラディー・パン用小麦粉，食用油，砂糖に限定された（Ahmed *et al.* 2001：7-10）。

　さらに，国際通貨基金の圧力もあり，為替レートの一本化が徐々に進められた。まず1989年8月に，公式レートの63.6%の切り下げが行なわれ，1米ドル0.7エジプト・ポンドから1.1エジプト・ポンドへと変更された。つづいて，

1990年7月に，公式レートの55％の切り下げが行なわれた。最終的には1991年10月に，構造調整プログラムの実施を背景として，為替レートの一本化が実現した。この為替レートの一本化に合わせて，およそ15％の通貨切り下げが行なわれた（Abdel-Khalek 1993：10）。

　1980年代から90年代にかけての食料価格補助関連の改革は，福祉レジームと国家財政の双方に良い影響をもたらした。ムバーラク政権による支出削減努力の結果，食料価格補助制度の国庫に対する負担は軽減された。歳出総額に占める食料価格補助に対する支出の割合は，1980/81財政年度の25.0％から1996/97財政年度の7.0％へと低下した（図4-7を参照）。この改革の効果は，統計上の数値に表れている以上に大きいと考えられる。1991年に為替レートが一本化される以前には，政府は，過大な公式レートを利用して食料品の輸入を行なっていたため，統計上の顕在化した制度支出のほかに，過大な為替レートを利用していることによる潜在的補助金を負担していたことになる。世界銀行の推計によれば，1989/90財政年度の時点での潜在的補助金の額は，食料価格補助総額の4割にも達していた（Ahmed et al. 2001：10）。

　具体的には，ムバーラク政権は，二つの方法により，食料価格補助制度の貧困削減事業としての能率性を高め，ポピュリズム型福祉レジームの部分的な修正を図った。まず，制度改革により，「贅沢品」とされた食料品に対する価格補助を廃止することにより，食料価格補助の対象を貧困層に限定しようとした。1995/96年の時点での補助対象商品（バラディー・パン，バラディー・パン用小麦粉，食用油，砂糖）は，貧困層の生活にとって必要不可欠な物資であった（Korayem 2001：74-75）。次に，配給カード改革により，高額所得者の補助対象商品の購入を制限した（Ahmed et al. 2001：7-9）。

　しかしながら，1990年代の制度改革には，以下の2点の問題があった。第一の問題点は，ムバーラク政権がこれ以上のエジプト・ポンドの切り下げを拒絶したことであった。為替レートが一本化されたものの，いまだに統一為替レー

第4章　ポピュリズム型福祉レジームと食料価格補助制度

ト設定では，エジプト・ポンドが過大評価されている状態にあり，輸出主導型の経済成長の足枷となっていた。しかしながら，ムバーラク政権は，食料品，とりわけ小麦の価格急騰を回避するために，現行の為替レートを維持しようとした。ゴーダ・アブドゥルハーリクによれば，1991年から93年にかけて，エジプト・ポンドは，アメリカ・ドルに対して20％ないし25％過大に評価されていた（Abdel-Khalek 1993：21）。1994年6月には，エジプト政府が国際通貨基金の提案に従ってエジプト・ポンドの切り下げを行なうとの報道がなされた。このような報道によって，金融市場でのエジプト・ポンドの売りが進んだ。そのため，ムバーラク政権の閣僚たちがその報道内容を否定する騒ぎとなった。たとえば，アーティフ・オベイド公共部門大臣は，エジプトにおける輸出産業がすでに成長している根拠を挙げ，非石油産業の輸出を拡大させるためにエジプト政府がさらなる切り下げを行なうべきであるとする国際通貨基金の要求には応じないと言明した（*Financial Times*, 17 June 1994）。また，ムバーラク政権は，国際通貨基金のエジプト出身理事に対してエジプト政府の主張を国際通貨基金に認めさせるように依頼した。彼の働きにより，ムバーラク政権はさらなる通貨切り下げの阻止に成功した。そして，さらなる通貨切り下げの話題は，国際通貨基金とエジプト政府との間の合意内容からも外された。このことは，ムバーラク政権が輸出産業を犠牲にして安定的な食料供給を選択したことを意味する（Momani 2005：61-62）。

　第二の問題点は，ムバーラク政権が制度の普遍主義的特徴を変更することができなかった点であった。サーダート政権期からムバーラク政権期の食料価格補助制度では，すべての国民が補助対象であるバラディー・パンやバラディー用小麦粉を購入することができた。およそ7割のエジプト国民が収入の多寡にかかわらず，バラディー・パンを購入していた。このデータは，富裕層でさえバラディー・パンを購入していたことを示している（表4-1）。このような制度的特徴のため，価格補助の恩恵は，貧困層よりも都市中間層や上流階層に手

表4-1 地域や所得階層ごとのバラディー・パンを購入する世帯の割合（1997年）

	1人あたりの支出					平均
	下位				上位	
	（1）	（2）	（3）	（4）	（5）	
	（サーベイ母集団に占める割合）					
エジプト全土	75.5	66.8	68.2	71.6	75.7	71.1
大都市圏	98.6	94.8	86.0	93.7	89.6	92.5
その他都市部	91.4	84.4	83.8	80.1	82.4	83.7
農村部	58.2	51.5	57.1	55.4	59.5	56.1

出典：Ahmed *et al.*（2001：33），Table 5.5.

表4-2 食料プログラムの効率性（貧困層に1米ドル分の補助金を届けるためのコスト）

① エジプト食料価格補助制度の比較（1990年代・2000年代）

	1997年	2005年
バラディー・パン	2.98	5.20
10ピアストル・パン	N/A	46.42
砂糖（配給）	3.34	4.99
食用油（配給）	4.64	5.23
2004年に補助対象となった商品	N/A	5.08

② 国際比較

国名・地域名	プログラム名	年	コスト
フィリピン	パイロット食料価格補助金	1984	1.19
〃	一般米価補助金	1992	5.98
ブラジル	食料補助金（PINS）	1980	1.21
コロンビア	食料補助金	1981	1.58
インドネシア	授乳補助プログラム	1982	2.48
タミル・ナードゥ州（印）	計測・授乳プログラム	1982	1.74
〃	「労働のための食料」プログラム	1982	2.44
バングラデシュ	「教育のための食料」プログラム	1994	1.59
〃	農村部配給プログラム	1992	6.55

出典：World Bank（2005：29），Table 3.2.

厚く分配された。そして，このような普遍主義的な特徴によって，食料価格補助の貧困層への到達コストがきわめて高くなってしまった。エジプトの食料価格補助制度では，バラディー・パン1米ドル分を貧困層に届けるために2.98米ドルのコストがかかっていた。エジプトの食料価格補助制度のなかでは，貧困削減事業としての効率性が比較的高いバラディー・パンへの価格補助でさえ，

第4章　ポピュリズム型福祉レジームと食料価格補助制度

国際的に比較すると，それほど効率的とは言えない。フィリピンやブラジル，コロンビアの食料価格補助制度の到達コストは，いずれも2米ドルを下回っていた（表4-2）。

さらに，砂糖や食用油などの配給対象商品でさえ，対象者の絞り込みが不充分で，必ずしも国庫補助を必要としない人々に利用されていた。このような配給対象商品は，（本当に配給商品を必要としているはずの）配給カード保持者しか購入することができない。しかし実際には，配給カード交付手続きに関する情報を得られてないがゆえに，配給商品を必要とする貧困層にカード交付ができていなかった。そのため，必要な物資を配給できていないことも，しばしばあった。また1989年には，その年以降に出生した新生児に対するカード交付を停止し，所得とは異なる条件でカード保持者の数を制限したことで，貧困層の子供への配給が不可能となってしまった（Gutner 1999：24-25；World Bank 1991：57）。

1990年代，食料価格補助制度は，国際通貨基金からの要求と国民からの期待の板挟みのなかで徐々に変化した。国際通貨基金は，ムバーラク政権に対して，財政赤字を解消し，制度の合理化を進めるように圧力をかけてきた。そして，国際通貨基金は，エジプト政府に対する融資の見返りとして，エジプト・ポンドの切り下げや価格補助支出の削減，価格統制の廃止などを要求してきた。他方で，エジプト国民は，政府が食料品を適正価格で供給してくれることを前提として生活していた。それゆえに，国際通貨基金からの改革提案は，エジプト国民の家計を圧迫し，ひいては社会秩序の混乱を招く恐れがあった。そのため，ムバーラク政権は，抜本的改革を回避し，目立たないように制度支出を削減した。また国際通貨基金からの通貨切り下げ圧力もあったが，ムバーラク政権は，要求をかわしながらも，徐々に部分的に，そして漸進的に要求を受け入れていった。

食料価格の高騰と価格補助制度の再拡大

　2000年代に入ると，ムバーラク政権は，2回の食料危機（2003年と2007年）に見舞われた。これら2回の食料危機では，食品価格が高騰し，エジプト人の家計を直撃した。制度上，多くの国民が補助対象食品にアクセスできるため，価格高騰によって家計が圧迫されていた多くの国民が補助対象食品を購入し始め，品薄状態になった。これに対して，ムバーラク政権は，食料危機によって社会秩序が不安定化するのを防ぐため，ふたたび食料価格補助制度を拡張させた。その結果，貧困削減事業としての効率性が犠牲となり，ふたたび国庫への負担が急増した。

　第一の危機（2003年）　この危機は，エジプト・ポンドの切り下げという国内的要因により引き起こされた。為替レート一本化（1991年10月）以来，エジプト中央銀行は，1米ドル＝3.39エジプト・ポンドという為替レートを維持してきた。しかし，経済専門家や銀行家たちは，この為替レートでは，エジプト・ポンドは過大評価されており，通貨切り下げを要求してきた。市場は，輸出増加による貿易赤字の拡大に対応して，エジプト中央銀行が保有する準備外貨の一部を放出するように圧力をかけてきた。その結果，1999年3月には，2％の通貨切り下げが行なわれ，1米ドル＝3.46エジプト・ポンドへと変更された（*Financial Times*, 18 March 1999）。銀行家たちは，輸出主導型の経済成長のために，さらなる切り下げの必要性を説いた結果，2000年に4回の切り下げが行なわれ，エジプト・ポンドは25％も価値が下落した。しかし，この当時のエジプトでは，非公式レートが存在し，その相場は1米ドル＝5.50ポンドであった。これは，いまだ統一レートは，経済実勢とはかけ離れた形で固定されていたのを意味した。そのため，為替相場を安定化させ，輸出主導型経済成長を軌道に乗せるために，変動相場制への移行が検討されていた。最終的にエジプトは，2003年1月に変動相場制へ移行することになった（*Financial Times*, 30 January 2003）。その結果，30％近くの通貨切り下げが行なわれ，国内価格が25％上昇

し，食品小売価格に至っては38％も上昇した（Kraay 2007：4）。

　このような食料価格の上昇に対して，ムバーラク政権は，食料価格補助制度を利用したいくつかの措置を取った。まず，ムバーラク政権は，既存の補助対象パン（バラディー・パン）に加えて，新たに（バラディー・パンより高品質の）10ピアストル・パンを補助対象とし，価格急騰に苦しむ国民に対して新たなオプションを提供した。つづいて，翌2004年には，ムバーラク政権は，さらに補助対象食品の品数を増やすことを決定し，対象食料品の価格高騰の鎮静化を図った。この決定により，バラディー・パン，バラディー・パン用小麦粉，砂糖，食用油，10ピアストル・パン（2003年追加）に加えて，新たに米，ギー，パスタ，レンズマメ，ソラマメ，茶が補助対象となった。それと同時に，食用油の1人当たりの割当量の増加も決定された（Trego 2011：670-673）[5]。このような措置の結果，食料価格補助に対する支出は69億エジプト・ポンド（2002/03財政年度）から103億エジプト・ポンド（2003/04財政年度）へと急増した（El-Shennawy & Galal 2004：3）。

　『フィナンシャル・タイムズ』によれば，このとき，消費者物価指数はわずか4％の上昇であったが，卸売価格は19％も上昇していた。これは，消費者物価指数には，補助対象食品やガソリン，電気料金，家賃など，政府が価格を統制しているものが含まれており，意図的に消費者物価指数を低く抑えていたことが指摘されている。この記事では，食料価格補助制度が食品小売価格の低下に大きな役割を果たしたことが示唆されている（*Financial Times*, 22 October 2003）。

　このようなムバーラク政権の選択が貧困層を物価急騰から保護したことは否定できない。しかし，このような制度拡張は，国庫に対して大きな負担となっており，社会保障改革がふたたび争点として浮上した。第3章でも言及したように，2004年には新自由主義者と目されていたアフマド・ナジーフが首相に任命され，食料価格補助のような市場機能を阻害する社会保障制度がやり玉に挙

げられるようになった。食料価格補助制度は，貧困削減事業としてより効率的な直接現金給付への置き換えが検討された。ナジーフ内閣は，2007年12月を目処に，食料価格補助制度を直接現金給付に置き換えることを計画していた。しかし，第二の食料危機の到来により，ムバーラク大統領からの計画延期が命じられ，この合理化計画は闇に葬られることとなった（Trego 2011：671-673）。

第二の危機 (2007年) 第一の危機とは異なり，このときの食料価格の高騰は世界規模のものであった。2007年の国際市場価格の高騰により，食品輸入コストが急激に上昇した。2007年の小麦輸入量は，前年とほぼ同じにもかかわらず，輸入コストは15億米ドルから25億米ドルへと急激に上昇した。2006年から2008年にかけて，食用油が50％，穀物（小麦，米）が139％，レンズマメや牛乳が400％の価格高騰に見舞われた（WFP 2008：15）。

食品価格の高騰にともない，食料価格補助の支出額も自動的に増加した。この危機以前には，中間階層に属する人々は品質の問題から補助対象食品を購入することは少なかったものの，価格高騰によって補助対象食品に殺到するようになった（*Financial Times*, 10 December 2007）。これにより，補助対象食品に対する需要も拡大し，人々は補助対象食品を購入するために指定店舗に列をなした（図4-9）。この当時，およそ78％の消費者が30分以上列で待たされ，そのうちの23％に至っては，2時間以上も待たされることとなった（Trego 2011：671-673）。

価格急騰が社会秩序の不安定化をもたらすのではないかというムバーラク政権の懸念は，いくつかの新聞記事で指摘されていた。この当時，社会秩序を脅かすデモは禁じられていたものの，価格高騰によって，エジプト国民の不満が増大していた。そして，このような不満から，各地でデモが組織された。そのため，流血の事態へと発展することが懸念された（*The Economist*, 11 August 2007）。また，このような価格急騰によって，都市労働者や公務員だけではなく，特権階層と見なされていた人々（大学教授や医師）までもが価格急騰に見合

第4章　ポピュリズム型福祉レジームと食料価格補助制度

図4-9　補助対象パンの購入に列をなすカイロ市民（2008年2月6日）
出典：Reuters.

うだけの賃上げを要求し，デモに参加するようになった（*Financial Times*, 27 March 2008）。

　ムバーラク政権は，2008年夏には再度の制度拡張によって，この食料危機を乗り越えようとした。これまで補助率が制限されていた赤色カード保持者（高所得層，中間所得層）に対して，緑色カードを発行し始めた。つづいて，1989年以来停止していた配給カードの新規発行を再開した。社会連帯省は，1988年から2005年までに出生した国民に対して，新規に配給カードを交付する旨の布告を出した。この決定により，配給カード保持者の数は，一気に2,000万人増加した。その結果，貧困削減事業としての効率性がさらに低下した（Trego 2011: 674）。このようなムバーラク政権の手法は，食料価格補助制度の普遍主義的特徴の拡大を意味していた。そして，これにより，食料価格補助に対する支出が急激に増大し，2007/08財政年度には164億エジプト・ポンドに達し，2010/11財政年度にはその倍になった。同時に，食料価格補助支出総額に対する小麦以外への補助額の割合も大きくなり，2010/11財政年度には50％を超えていた（図4-10）。

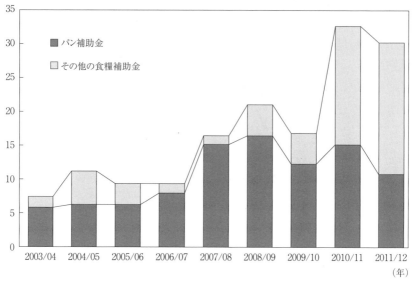

図4-10 食料価格補助に対する支出の変遷（2003/04～2011/12年）
出典：CAPMAS（2014：19），Figure 6 を基に著者作成。

図4-11 政府の意向を汲んで食料危機鎮静化に努める新聞報道
出典：著者撮影。

それと同時に，ムバーラク政権は，食料の安定供給のために，さまざまな対策を指示した（図4-11）。第一に，国軍所有の製パン所に対して，一般国民向けの補助対象パンの製造を命じた。第二に，新たな補助対象食品の配給拠点として，街頭の売店を指定した。これにより，一般国民の補助対象食品へのアクセスが改善した。第三に，国民が配給拠点で長時間列を作ることで暴徒化するのを防ぐために，補助対象商品の配達サービスを行なうようになった。このような措置によって，配給所での購入者同士の衝突，流血沙汰を回避できるようになった（*The Egyptian Gazette*, 16 March 2008）。第四に，米の輸出を一時停止し，小麦の代用として国内に流通させた。そして第五に，国内での農業生産量を増やすため，農業生産者に対して補助金を支出した（Aboulenein *et al.* 2010：13-17；Trego 2011：672）。

このような制度拡張によって，ふたたびエジプト国民の食料価格補助制度に対する依存度が高まった。アフリカ開発銀行の調査によれば，多くのアフリカ諸国において，中間所得層の多くが1日の1人当たり消費額が2～4米ドルの「流動層（floating class）」に分類される。エジプトの場合，中間所得層全体の6割が「流動層」に分類されているという。この消費額は，発展途上国での第二貧困ライン（1日2米ドル）をわずかに上回っているに過ぎない。そのため，ひとたび何らかの経済的衝撃があれば，すぐに貧困ラインを下回る可能性がある（Mubila & Ben Aissa 2011：18）。このデータは，エジプトの中間所得層の多くは，外部からの衝撃に脆弱であり，常に食料価格補助制度の受益者になり得ることを示している。実際に，この2度の危機によって，補助対象であるバラディー・パンの1人当たりの年間消費量は，774枚（2003年）から1,031枚（2011年）へと増加した（図4-12）。これは，食料危機によって，これまでバラディー・パンを消費していなかった世帯でも，バラディー・パンを消費するようになったことを示している。

2000年代の制度拡張は，食料価格補助制度の持続可能性にマイナスの影響を

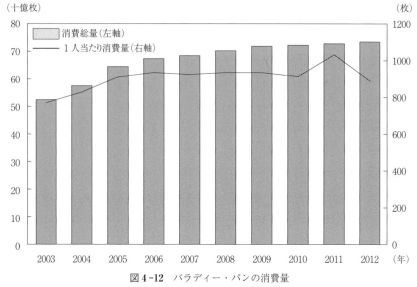

図4-12 バラディー・パンの消費量
出典：CAPMAS（2014：41），Figure 14を基に著者作成。

与えた。第一に，制度拡張により，食料価格補助制度の貧困削減事業としての費用対効果が低下した（表4-2を参照）。第二に，価格補助制度に対する支出の急激な拡大によって，国家財政における資源分配に歪みが生じた。食料危機によって食料価格補助に対する支出が増加し，それに伴い，GDPに占める食料価格補助支出の割合も，1.3％（2006/07年）から2.0％（2008/09年）へと増加した（Kandil 2010：7）。その結果，制度の拡張が1980年代から90年代にかけて行なわれた支出削減の努力を相殺し，ムバーラク政権は財政の立て直しを迫られた。2008年，ムバーラク政権は，食料価格補助支出の増大によって硬直化した国家財政を立て直すため，エネルギー価格補助の削減（75億エジプト・ポンド），タバコ販売税の増税（13億エジプト・ポンド），セメント使用許可料の引き上げ（10億エジプト・ポンド），各種税控除の廃止（35億エジプト・ポンド）による財政調整を計画した（MoF 2008：5）。また，2度の危機の間も，小麦の輸入量も急激に増加しており（図4-13），小麦購入のために多額の外貨が海外へと流

第**4**章　ポピュリズム型福祉レジームと食料価格補助制度

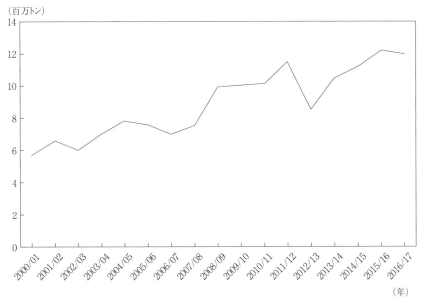

図 4-13　エジプトの小麦輸入量の変遷

出典：AMIS Market Database を基に著者作成。

出した。このように，食料価格補助を利用して食料価格を維持することによって，さまざまな政策分野にしわ寄せが及んだ。

　本章では，エジプトにおけるポピュリズム型福祉レジームの経路依存性を理解するために，食料価格補助制度を取り上げた。ナセル時代，食料価格補助制度は，ナセルの工業化戦略を財政的に支援することを主たる目的としていた。農作物強制買上制度により農村部から小麦を安い価格で徴発し，それを都市労働者に低価格で分配した。食品価格を低価格に抑えることと引き換えに，都市労働者の賃金も安く設定された（低賃金，低価格食料品政策）。このようなメカニズムによって，工業部門，とりわけ公共企業工業部門における資本蓄積を促した。当初は，このような強制買上制度を利用して小麦価格を維持していたため，

国庫からの持ち出しは少なかった。しかし，次第に小麦に対する国内需要が拡大し，輸入小麦に依存するようになったため，国庫からの財政支出も増加するようになった。

　このような財政的負担は，次のサーダート時代に急激に増加した。サーダート政権は，ナセルが工業化戦略を支援するメカニズムとして設計した食料価格補助制度に新たな意義を見出した。ナセル時代には，副次的な目的にすぎなかった公正な再分配を，社会保障制度の最重要な目的として前面に押し出した。これは，サーダート時代に入ると経済自由化の（インフィターフ）開始により，貧富の差が拡大し，国民の不満が高まり，正統性の危機に陥ったためであった。このような正統性の危機のなかで急激に拡大したのが，食料価格補助であった。急激なインフレによって生活水準が低下した国民に対して，小麦などの主食品を廉価で供給し続けると同時に，これまで贅沢品とされ，価格補助の対象ではなかった冷凍肉などにも公的資金を投入し，価格安定に努めた。このような価格補助の急激な拡大は，税外収入の増加によって可能となった。しかし，このような価格補助は，市場機能を著しく歪めている上に，国家財政の上でも，国際収支の上でも大きな負担をかけており，持続可能性の高いものではなかった。サーダート政権期には，制度改革が試みられたものの，その試みは国民からの反発（1977年食料暴動）によって撤回を余儀なくされた。この食料暴動以降，抜本的な制度改革は封印された。

　そのため，ムバーラク時代には，国民の目に触れないように，財政負担を軽減する措置が取られた。ムバーラク政権は，急激な価格上昇を回避しつつ，段階的に，かつ隠密的に価格補助支出を削減する手法を採用した。これにより，1990年代までには食料価格補助制度に対する支出削減に成功したものの，抜本的な制度改革には踏み込むことができず，貧困削減の効率性という点からすると，制度の質の向上は限定的であった。とりわけ重要だったのが，食料価格補助制度の普遍主義的特徴に踏み込まなかったという点である。2000年代に入る

第4章　ポピュリズム型福祉レジームと食料価格補助制度

と，このような制度的特徴が食料価格補助制度に対する急激な支出拡大を引き起こした。誰でもバラディー・パンを購入できるため，食料価格が高騰した際には，普段はバラディー・パンを使わない世帯ですら，バラディー・パンを買い求めた。そして，ムバーラク政権は，このようなバラディー・パンの供給不足によって，社会秩序が不安定化することを防ぐため，制度の効率性や財政的な持続可能性を無視して，食料価格補助制度の急激な拡大を選択したのであった。

注
（1）ナセルによるアラブ社会主義政策により，徐々に大土地所有に対する制限が厳しくなった。土地の所有上限は，1961年に100フェッダーンに，1969年には50フェッダーンにまで引き下げられた（鈴木 2011：150）。
（2）このような状況下で，小麦の安定供給は，ナセル政権の優先課題となった。アラブ社会主義政策の進展のなかで，ナセル政権は，1961年にはすべての通商会社を国有化し，小麦および小麦粉輸入の独占を図った。
（3）ピアストルは，エジプト・ポンドの補助通貨で，1ピアストル＝0.01エジプト・ポンドである。
（4）また，補助金小麦の飼料への不正流用も深刻な問題であった。この当時，外貨準備高の不足によって，飼料用のトウモロコシが手に入りにくくなった。そのため，通常通り公式市場で補助対象小麦として販売するよりも，闇市場に流したほうが高い利益を見込めたため，大量の補助対象小麦が闇市場を介して，畜産業者の手に渡ったのであった。
（5）このような措置は一時的なものであった。制度拡張の非効率性を批判されたため，2006年に，ギー，パスタ，ソラマメ，レンズマメは，補助対象から外され，新たに砂糖の1人当たりの配給量が増量された。

第5章
ポピュリズム型福祉レジームと公的雇用制度

　本章では，このような公共部門労働者に対する経済的，社会的保障の総体を「公的雇用制度」と呼び，1952年の七・二三革命から2011年の「アラブの春」（一・二五革命）までのその制度的変化を分析する。

1　社会保障制度としての公的雇用

　公的雇用制度を論じる前に，まずは「公共部門」について定義する必要があるだろう。エジプトにおいて，公共部門は，①中央政府，②地方政府，③公共機構，④公共企業から構成されている（Ahmed 1984：2；Dessouki 1991：259-260）。第一のカテゴリーである中央政府には，中央省庁に加えて，農業研究や高等教育，公的医療に関わる公的組織を含んでいる。第二のカテゴリーの地方政府は，26県から構成されており，行政的にはおのおの独立した機関である。しかし，中央政府からの財政的自立性はほとんどなく，中央政府からの予算に依存している。第三のカテゴリーの公共機構には，石油公社や鉄道公社，スエズ運河公社，そのほか港湾整備や電気・水の供給などインフラ関係の独立機関が含まれる。そして，これら三つのカテゴリーは，政府部門として扱われる。最後のカテゴリーが，公共企業である。このカテゴリーは，一般的には国営企業（state-owned enterprises：SOEs）や半官半民企業と呼ばれるものを包摂

している。いまだにエジプトでは，公共部門の影響力が大きく，多くの労働者を抱え，農業，商業，工業とさまざまな分野で，さまざまな経済活動を行なっている。この第四のカテゴリーは，政府統計の上では，公共ビジネス部門とも呼ばれている。

　一般的には，公共部門での雇用は，社会保障制度として見なされることはないものの，エジプトでは長らく福祉の機能を代替してきた。エジプト政府は，多くの労働者を雇用し，彼らに対して事実上の社会保障である福利厚生や安定的な雇用を与えてきた。たとえば，エジプトにおいては，書面での労働契約に基づく雇用も，公共部門労働者に与えられた一種の特権だと言える。というのも，エジプトのような発展途上国の場合，民間部門では，書面での労働契約に基づいた雇用がほとんどなく，使用者の遵法意識が低い。そのため，民間部門では，しばしば使用者によって労働法上の解雇や社会保険に関する規則が破られることがあった。また，書面での労働契約がある場合でも，実質的には正規労働者として働いているにもかかわらず，期限付き雇用契約の更新を繰り返すことで，社会保険の加入義務から逃れたり，いわゆる「偽装請負」のような形で使用者としての責務を放棄したりする例が後を絶たなかった。一方で，公共部門では民間企業に比べると，労働法が遵守されている上，社会保険にも加入しているため，さまざまな社会的リスクに対しての保障が充実している。安定的雇用に加えて，公共部門労働者には，さまざまな福利厚生が提供されている。エジプトの文脈において，とりわけ重要だったのが官舎や社宅の提供であった。急速に都市化が進んだエジプトでは，都市部での住宅需要に対して供給が追い付いていなかった。そこで，公務員向けの官舎や国営企業労働者向けの社宅の提供がきわめて重要な意味を持っていた（Posusney 1997：174-176）。このような公共部門労働者に対する経済的，社会的保障が労働者を引き付けたのであった。

　しかしながら，この公的雇用制度は，ムバーラク政権期に入ると，社会保障

第5章　ポピュリズム型福祉レジームと公的雇用制度

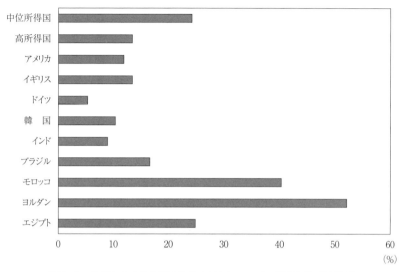

図5-1　歳出に占める公務員給与の割合についての国際比較（2010年）
出典：El-Wassal (2013 : 8), Figure (4).

としてのいくつかの問題点が顕在化した。第一に，財政赤字の元凶と見なされていた点であった（El-Wassal 2013）。第二に，公的雇用制度は，世界銀行や国際通貨基金から時代遅れで，市場の機能を歪めるものと見なされていた点であった。これらの国際機関は，公的雇用制度の非効率性を批判し，エジプト政府に対して公共部門の合理化（政府部門の余剰人員整理や公共企業部門の民営化など）を求めていた（Harrigan & El-Said 2009a）。そのため，公的雇用制度は，国際機関からの合理化圧力を常に受けていた。

このような問題点にもかかわらず，公的雇用制度に対する支出は，歳出総額のなかで大きな割合を占めており，2013/14財政年度には，政府部門労働者の給与に対して1,710億エジプト・ポンド（歳出全体の25%）を支出していた（MoF 2014）。この割合は，中東・北アフリカ諸国のなかで比較すると，ヨルダン（52.1%）やモロッコ（40.3%）よりも格段に低いものであった（図5-1）。しかし，2度の政変を経験した現段階でも，エジプトにおいてもっとも重要な

部門の一つであり,国内労働人口の3割ないし4割を抱える最大の雇用先である。それゆえ,公的雇用制度の動向は,エジプト政治の動きに大きな影響を与えている（El-Wassal 2013：1-2）。

2 ナセル・サーダート政権期の公的雇用の発展

　公的雇用制度は,ナセル政権下で整備され,サーダート政権下で急激な拡大を遂げた。ナセル時代とサーダート時代では,公的雇用制度の目的が大きく変容した。ナセル時代には,公的雇用は工業化を補完する中核的な社会保障制度と位置づけられ,雇用保証スキームを利用して有能な高学歴の人材を公共部門へと供給する役目を担った。一方で,サーダート時代には,公的雇用は,もっぱら公共部門労働者に対する分配や（雇用保証スキームを通じた）大学卒業者に対する雇用の提供により,統治の正当性を確保することを目的とするようになった。しかし,サーダート政権は,公共部門への就職希望者の急増に応じて公的雇用を拡大させた結果,さまざまな歪みが生じることとなった。

公的雇用制度の成立
　エジプトにおける公的雇用制度は,七・二三革命以降,ナセルの工業化戦略を支えるために徐々に整備されていった。その発展の契機となったのは,1956年のスエズ動乱であった。第2章で説明した通り,それ以前は,民間部門が経済活動の主役を担っており,公共部門の規模はそれほど大きくなかった。しかしスエズ動乱の混乱のなかで,ナセル政権は,英仏資本の企業を国有化したのを皮切りに,国内の主要民間企業を国有化した結果,公共部門の規模が飛躍的に拡大した。それと同時に,国家主導による輸入代替工業化により,中央政府機構の機能が拡大し,公共企業部門だけではなく,政府部門の労働者の数も急激に増加した（表5-1）。1962年から1972年にかけての政府部門労働者の年間

第5章　ポピュリズム型福祉レジームと公的雇用制度

表5-1　政府部門労働者数の変遷　　　　（単位：千人）

年	1951/52	1956/57	1962/63	1964/65	1965/66	1966/67	1969/70
労働者数	350	454	770	891	1,035	1,036	1,200

出典：Ayubi（1980：287），Table 1 および Waterbury（1983：242），Table 11.2を基に著者作成。

　増加率は7.5％であり，国内労働力の増加率（2.2％）を大きく上回った。政府機能の拡大につれて，政府部門労働者のなかでも行政機関に勤務する文官の数が増加し，政府部門のなかでも大きな割合を占めるようになった。1963年から1971年の間，公務員全体の増加率が年平均8％だったのに対して，文官の増加率は13.6％であった。それと同時に，公務員給与に占める文官への給与の割合は，28％から38％へと増加した（Waterbury 1983：242-244）。

　ナセル時代，公共部門では，労働者の待遇改善も見られた。1962/63年から1966/70年にかけて，エジプト経済全体では，給与が67％増加した一方で，政府部門労働者の給与は，102％の上昇を示した（Ayubi 1980：250-251）。この時期，政府部門労働者の待遇改善と並行して，国有化されたばかりの公共企業労働者の待遇改善も図られた。革命以前は，統一的な労働組合もなかったため，賃金決定は労働者個人と事業主との交渉によっており，労働者に著しく不利な状況で賃金が決定されていた。そこで，ナセル政権は，1959年に，賃金に関する使用者（とりわけ，公共企業）と労働組合との間の紛争を解決することを目的として，労使関係諮問評議会が設置された。この諮問評議会では，労使間の紛争を調停，仲裁，強制和議によって解決することとされた。この諮問評議会が設置されたことにより，公共企業部門労働者の待遇が改善された。さらに，1963年には，公共企業部門労働者の賃金レベルを決定するために，統一職務評価スキームが設けられた。1960年代初頭に国有化された企業では，それまで独自に職務評価を行なっており，企業ごとに給与レベルが異なっていた。このスキームの下では，臨時手当の扱いであった生活費手当が基本給に統合され，公共企業労働者の給与水準も高まった（Abdel-Fadil 1980：29-30）。

表5-2 政府部門における給与の変遷

(単位:千エジプト・ポンド)

	1951/52	1956/57	1962/63	1965/66	1969/70
①給与に対する支出	96,159	127,434	199,564	311,406	404,235
②歳出総額	149,422	238,029	516,857	524,197	1,658,378
③割合 (①/②)	64.4%	53.5%	38.6%	59.4%	24.4%

出典:Ayubi (1980:250-251), Table 7 and Table 8.

1960年代に入ると,ナセル政権は,政治的には「アラブ社会主義」を標榜した。「アラブ社会主義」自体は,それほど体系化されたイデオロギーではない。しかし,「アラブ社会主義」の導入によって,エジプトの公共企業部門においても,ソヴィエト連邦やユーゴスラビアの社会主義経済体制の模倣が行なわれるようになった。その例が,公共企業労働者に対する利益分配メカニズムであった。1960年代の大規模国有化後,公共企業での収益の一部が被用者に還元される枠組みが創られ,彼らの労働意欲を高めようとした。この枠組みでは,収益の25%が被用者に還元されることになっており,そのうちの4割が被用者へ分配されることになっていた(残りの6割は,被用者の社会保険拡充のために国庫に納付された)。この被用者への利益分配は,1962/63年には1,010万エジプト・ポンドに達した(Lotz 1966:140-143)。ちなみに,この分配額は,1962/63年の政府部門労働者賃金支出総額が約2億ポンドなので,その約5%に相当する(表5-2を参照)。このような利益分配メカニズムは,公共企業部門での労働者の待遇改善をもたらすとともに,「アラブ社会主義」イデオロギーの下での都市労働者による公共企業の経営参加を象徴するものとなった。

エジプトにおける公的雇用制度最大の特徴は,高等教育システムと制度的連接(雇用保証スキーム)であった。このスキームは,1960年代初頭の大規模国有化後に導入され(1963年第14号法),大学卒業者に対して,自動的に公共部門での職を保証した。1964年には,職業専門学校や技能学校の卒業者にも対象を拡大した(Assaad 1997:86-87)。この制度的連接は,ナセル政権の戦略の一環であった。この戦略は,二つの側面があった。第一の側面が,経済的側面であっ

た。エジプトのような低開発国では,ブルジョワジーの経済的基盤は脆弱で,自発的な工業化はきわめて困難であり,国家がその役割を担うことになった。国家主導による経済成長戦略では,国家による労働者階級や新中間層の取り込みにより,彼らの人的資源を活用することが望ましかった(Ehteshami & Murphy 1996)。雇用保証スキームは,このような労働者階級や新中間層出身の高学歴者を公共部門に取り込み,工業化のための人材として活用する策として計画された。第二の側面が,政治的側面であった。工業化促進のための人材として活用するとともに,公共部門に入る若者をナセル政権の強力な支持基盤として組織し,政治的に利用した。

　公的雇用制度は,1960年代半ばに最初の危機に直面した。このとき,エジプト政府は,軍事費の増大に伴い,予算編成の柔軟性が狭められた。その際に緊縮財政のなかで,公共部門の合理化も迫られた。それに加えて,公共部門での雇用能力も,財政的制約や人員余剰の問題から,徐々に限界に近づいていた。1965年の「メーデー演説」では,ナセル大統領が困難に直面していることを認め,公共部門改革の必要性を強調した(*The Egyptian Gazette*, 2 May 1965)。しかしながら,このような危機は回避され,公的雇用制度による若年労働力の吸収は引き続き行なわれ,公共部門はさらなる拡大を遂げた。

インフィターフとさらなる制度的拡大

　ナセルから政権を引き継いだサーダートは,海外資本をエジプトに呼び込むため,エタティズム型経済体制を一部見直し,部分的な経済開放(インフィターフ)を行なった。インフィターフでは,公共企業の合理化が目指された。当初,究極的な合理化として,公共企業の民営化も検討された。しかし公共企業の民営化という提案は,労働組合が受け入れるところではなかったため,1974年にサーダート政権との間に紛争が生じた。とある国営織物会社が保有していた2工場を民間の協同組合に売却しようとした際,労働者たちが2工場の

民営化に反対し，新たな使用者の下で働くことを拒否した。この紛争では，労働組合側の弁護士は，以下のように述べていた。この民間企業への売却は，公共部門での雇用に付随するさまざまな便益（たとえば，定期的昇給や昇進，年次休暇，病気療養休暇など）を労働者から奪うもので，到底承服できないものである，と。このとき，労働組合の強力な働きかけにより，組織労働者は民営化の阻止に成功した。翌1975年には，公共企業経営の合理化に関する法律（1975年第111号法）が制定されたが，労働組合の意向を反映して，公共企業を政府の資本下に維持することに成功した。同法では，破産状況にある場合を除き，公共企業の株式の譲渡先を国営企業や（公共企業の一種である）官民共同会社（*sharikat mushtarika*）に限定した。さらに同法では，官民共同会社の経営における民間株主の役割を拡大させたものの，株式の新規発行によって政府の株式保有比率を低下させることはできなかった（Posusney 1997：178-179）。

　表面上，インフィターフは公共企業の合理化に成功したように見えた。インフィターフ期に，一部の公共企業，とりわけ輸入代替工業部門の公共企業では，顕著な生産性向上が見られた。しかし，これらの生産性向上が見られた企業の生産設備は，インフィターフ期以前に建設されたものが多く，その当時は原材料など輸入品の不足により生産能力を持て余していたものであった。インフィターフによって国家統制が緩和され，貿易や為替取引が自由化されたことで，生産性が向上したように見えただけであった。インフィターフ期の生産性の改善には公共企業内部での技術発展が伴っておらず，持続可能性が無いことが指摘されている（Handoussa, Nishimizu & Page 1986）。

　さらに，エジプトの事例では，公共企業の合理化を阻み，公共部門を拡張させ続ける二つの要因が存在した。第一の要因が，雇用保証スキームであった。この制度的枠組みがあることで，エジプト国民，とりわけ新中間層に属する人々は，子女の教育に投資し，大学に進学させようとした。七・二三革命後の教育改革により，小学校に入学する児童の数が急増した。このナセルの教育改

第5章　ポピュリズム型福祉レジームと公的雇用制度

革の最初の恩恵を受けた世代は，1960年代から70年代にかけて大学入学適齢期に入り，雇用保証の対象となった。さらに1963年の教育無償化によって，大学進学のために子女に投資することがより合理的となった。その結果，ますます多くの国民が将来，公共部門で職を得るために，大学へと殺到した（Richards 1992：8）。事実，大学への入学者は，1971年から84年までの間に3.5倍に増加した（Richards 1992：ii）。そして第二の要因である税外収入の増加が，サーダート政権がこのような需要拡大に応えることを可能にした。第2章でも説明したように，サーダート政権は，石油収入やスエズ運河通航料，国際援助資金の流入によって，増税によらずして，福祉レジームの拡張に成功した。そして，公的雇用制度も，その恩恵を受けて，サーダート政権期に急激な制度拡張を遂げた。

　この時期，サーダート政権は，インフィターフによって民間部門の拡大を図っていたものの，雇用の面では民間部門には大学卒業者を惹き付けるだけの魅力がなく，雇用創出に失敗した。サーダート時代，公共企業部門での平均賃金は，民間部門の1.5倍あり，製造業部門だと官民の賃金格差は，より顕著なものになった。1972年第24号法では，民間部門（大手民間企業）でも，公共企業部門と同等の最低賃金を支払うように規定されていたものの，むしろ官民の賃金格差は拡大した（Posusney 1997：175-176）。その結果，1970年代後半には，つねに70％以上の大学卒業者が公共部門での就職を希望するようになった（表5-3）。さらに，それに拍車をかけるように，この時期には，旺盛な高等教育に対する需要に応えるために，数多くの大学が新設された。大学の新設は，雇用保証スキームの存在と相俟って，公共部門での就職需要を拡大させ続けた（Richards 1992：9）。

　しかし，このような公的雇用と高等教育システムの制度的連接は，さまざまな領域に歪みをもたらした。第一に，急激に高等教育への需要が高まった結果，やがて教育全般の質が低下した。1970年代前半に大学定員を大幅に増加させた

表5-3 高等教育修了者の公的雇用制度申し込みの状況

卒業年	卒業者数 ①	申込者数 ②	採用者数 ③	②/① (%)	③/② (%)	③/① (%)
		(千人)				
1976年	38.2	29.8	19.0	78.0%	63.8%	49.7%
1977年	43.6	39.5	20.8	90.6%	52.7%	47.7%
1978年	N/A	N/A	N/A	N/A	N/A	N/A
1979年	56.5	43.8	25.1	77.5%	57.3%	44.4%
1980年	56.5	63.2	28.9	111.9%	45.7%	51.2%
1981年	60.2	55.0	25.5	91.4%	46.4%	42.4%
1982年	64.1	43.4	30.2	67.7%	69.6%	47.1%
1983年	N/A	45.8	25.3	N/A	55.2%	N/A

出典：Fergany（1991：39），Table 3.

ことで，高等教育の現場では，施設の整備が追い付かず，学生は貧弱な施設での授業の受講を余儀なくされた。たとえば，カイロ大学（図5-2）では，施設の収容人員から考えると，3万5,000人が限界であったが，9万人の学生が在籍していた。工学部での定員オーバーは特に顕著で，1977年の時点で700人のところ，9,000人の学生を収容していた。また医学部では，死体解剖の実習すら受けることなく，医学部課程を修了することができたと言われている（Waterbury 1983：238-240）。また大幅な定員増加に対処するために教育現場では暗記中心の教育が重要な位置を占めるようになった。各教育機関では，暗記が得意な生徒が高得点を取り，希望の学校に進学できるようになっていた（Richards 1992：15）。

また政府は，新中間層の政治的支持を得るために，高等教育施設の拡充を優先し，初等教育への投資が等閑視された。このような格差は，初等教育と高等教育に対する支出の差に表れている。1999年のデータでは，全学生のわずか6％しか大学に進学していないにもかかわらず，教育に対する支出の3分の1が大学機関に流れていた。このような支出パターンは，教育予算のわずか15％が大学機関に分配される東アジア諸国の例と対照的であった（Richards & Waterbury 2008：120-121）。その結果，エジプトの公教育システムは，低所得層に対して冷淡であった。富裕層では子女を高品質な私立学校へ入学させる傾向に

第5章　ポピュリズム型福祉レジームと公的雇用制度

図5-2　カイロ大学
出典：著者撮影。

あった一方で，貧困層は公立学校へ入学させざるを得なかった。公立学校へ入学した場合，教育システム自体が貧弱なため，大学入学（とりわけ，医学部入学）のためには，自腹で家庭教師を雇う必要があった。しかし低所得層は，このような家庭教師を雇うだけの経済的余裕がなく，途中でリタイアする学生も多かった。その結果，エジプトの公教育システムは，既存の階級構造を再生産する働きを持った（Richards 1992：20）。

　第二に，多くの若者が公共部門への就職を希望するあまり，人材の持て余しや失業まで発生した。サーダート政権は，政府機関に対してより多くの大学卒業者を雇用するように要求したものの，各機関から上がってきた必要採用数は，公共部門での就職希望者数に達していなかった。希望者数と採用者数の比率は，1981年には，5対1となっていた（Handoussa & El-Oraby 2004：4）。その結果，公共部門での就職を得るための待機期間は，1992年には10カ月から7年以上に伸びた。公共部門での就職を希望する場合には，卒業者は，12カ月ごとに労働省に赴き，民間部門で雇用されていないことを示す必要があった。そのため，家族からの支援が無い限り，将来的に公共部門で就職するために，長期にわたって失業し続けることは不可能であった。失業中の大学卒業者の数は，1960

169

表5-4 高等教育機関における専門分野ごとの学生の分布

専門分野	1968/69年		1976/77年	
	学生数	割合	学生数	割合
自然科学	67,359	38.6%	148,695	32.8%
人文科学	55,705	31.9%	270,441	59.6%
その他	51,349	29.4%	34,500	7.6%
合計	174,413	100.0%	453,636	100.0%

出典：Waterbury（1983：238），Table 11.1.

年には5,500人以下であったが，1976年には5万7,000人に，1986年には23万6,000人にまで増加した（Richards 1992：17）。

　第三に，公共部門への就職希望者が殺到したために，公共部門のなかでの非生産的部署の肥大化が進行した。これは，高等教育の需要が急増した際に，サーダート政権は，文系分野（とりわけ，法学分野や商学分野）の定員拡大で対応したためであった（表5-4）。これらの分野は，医学部など人気分野に入るにはスコアが低かった学生の進学先であった（Waterbury 1983：237）。このような学生は，専門職種での就職ができないため，公共部門の事務職への応募が殺到した。このように，非生産部門の肥大化によって生産性が低下しているにもかかわらず，公共部門では，定期的に賃上げが行なわれていた。たとえば，1979年だけでも，公共部門では20％も給与が増加した。その結果，1984/85年には，公共部門での給与は，1977年の3.5倍になった（Zaytoun 1991：225）。

　サーダート時代，政権は公共企業の合理化に着手しながらも，合理化は遅々として進まなかった。公共企業部門での著しい生産性の低下から，サーダート政権は，1978年に公共企業部門を雇用保証スキームから除外した。それに加えて，1978年第48号法では，公共企業経営陣に対して，新規採用や雇用に関するさらなる裁量を与え，経営の合理化を図れるような法制度が整備された。しかし経営陣は，デモやストライキを懸念して，肥大化した非生産部門の整理には消極的であった。その結果，公共企業部門での非生産部門が温存された。1978年の時点で，エジプトの民間製造業部門では，労働者の約8割が熟練労働者で

第5章　ポピュリズム型福祉レジームと公的雇用制度

表5-5　公共企業部門における非正規雇用の状況

	非正規 労働者数	労働者 総数	非正規 雇用割合	非正規雇用 平均賃金	正規雇用 平均賃金	賃金格差＊
綿工業 (1985/86年)	4,225人	19,125人	22.1%	£315	£3,064	10.3%
建　設 (1982/83年)	68,241人	77,037人	88.6%	£1,647	£2,857	57.6%
開墾事業 (1985/86年)	2,334人	11,737人	19.9%	£2,200	£2,158	101.9%
電　気 (1984/85年)	2,323人	7,503人	31.0%	£1,306	£2,125	61.5%
灌漑事業 (1985/86年)	2,449人	11,691人	20.9%	£1,617	£2,852	56.7%
食品産業 (1980/81年)	15,469人	92,646人	16.7%	£394	£847	46.5%

＊賃金格差＝非正規雇用平均賃金／正規雇用平均賃金
出典：Zaytoun（1991：230），Table 73．

あった。その一方で，公共企業部門では，ほぼ半数が管理部門に属する非生産的な労働者であった。より顕著な例が紡織分野であった。民間企業では，労働者全体の93％が熟練労働者で占められていたが，公共企業では，わずか64％にすぎなかった（Handoussa 1983：9）。

　この時期，公共部門労働者の急増によって，サーダート政権は，労働コストの上昇に耐えられなくなった。そのため，サーダート政権は，二つの手法を採った。第一の手法が，有期契約労働者の雇用であった。サーダート政権末期には，公共企業部門だけではなく，政府部門ですら，正規雇用よりも安価な有期雇用を利用するようになった。とくに公共企業では，正規労働者に代わって有期契約労働者が大きな役割を果たすようになり，被用者の2割程度が有期契約労働者で占められた。建設業界に至っては，8割以上が有期契約労働者によって担われていた。このデータから明らかなように，有期契約労働者の労働コストは，一部分野を除き，正規労働者に比べてきわめて低かった（表5-5）。このような傾向は，政府部門でも当てはまった。政府部門は，いまだ雇用保証スキームの呪縛から逃れられていないがゆえに，公共企業部門以上に有期契約労働者を雇おうとする誘因が働いた（Zaytoun 1991：229-230）。

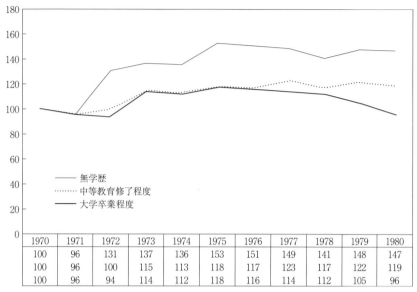

	1970	1971	1972	1973	1974	1975	1976	1977	1978	1979	1980
	100	96	131	137	136	153	151	149	141	148	147
	100	96	100	115	113	118	117	123	117	122	119
	100	96	94	114	112	118	116	114	112	105	96

図5-3　政府部門労働者（1970年入省）の実質月給の変遷
出典：Starr（1983：9），Table 5 を基に著者作成。
注釈：1970年時点でのそれぞれの月給を100としている。

　第二の手法が，賃上げの抑制であった。1978年以降，公共企業部門が雇用保証スキームの枠組みから外れたため，従来以上に雇用圧力を受けることになる政府部門での賃上げ抑制は，喫緊の課題であった。サーダート政権は，賃金上昇率を物価上昇率よりも低く抑えた。この傾向は，大学卒業レベルの政府労働者の場合に顕著に表れていた。国際労働機関による調査（図5-3）では，1970年代の政府部門労働者の給与の変動が明らかにされている。この調査では，1970年に入省した3種類の労働者（大学卒業程度，中等教育修了程度，無学歴）が，実質的にどの程度の給与をもらうようになったかを計算している。確かに額面だけを見れば，3種類すべての労働者が入省時よりも多くの給与所得を受け取っていた。たとえば，大学卒業者（独身）の場合，入省1年目（1970年）には，月間平均20ポンドの所得を得ており，それが11年目（1980年）には，月間43ポ

ンドまで増えていた。しかし実際の物価水準を考えると，1980年時点での大学卒業者の政府労働者の賃金は，1970年の96％にまで低下した。一方で，学歴のない非熟練労働者の場合，1970年に入省して以来，11年間で実質給与はほぼ1.5倍に上昇した（Starr 1983：6-10）。

　サーダート政権は，以上のように公的雇用制度の問題が顕在化したにもかかわらず，問題に正面から取り組むことはしなかった。とりわけ，1977年の食料暴動以降，公共部門改革が社会秩序の不安定化につながることを恐れ，問題を先送りした。しかし，先ほども説明したように，公共部門での賃上げ率は，物価上昇率に追い付いていなかったため，公共部門労働者の生活水準は徐々に低下した。そのため，政権が公共部門労働者の生活にも配慮していることを誇示するために，たびたびサーダート大統領みずからが公共部門労働者の賃上げを約束した。その舞台としてしばしば利用されていたのが，毎年5月初頭に開かれる「メーデー演説」であった（*The Egyptian Gazette*, 3 May 1981）。しかし，そのような賃上げも大統領のパフォーマンスにすぎなかった。

3　経済自由化と公的雇用制度の頑健性

　1991年の湾岸戦争は，公的雇用制度にとっても大きな転換点となった。第一に，公的雇用制度は，食料価格補助制度（第4章）と同様に，世界銀行や国際通貨基金から財政赤字の元凶と指摘されるようになり，これまでのように増大する雇用圧力に応じて，公共部門を拡大させることが困難となった。これらの国際機関の見方からすれば，公的雇用制度は社会支出の浪費であり，非効率で市場機能を歪める社会保障制度の一つであった。巨額の赤字に苦しむ公共企業部門は，国庫に対する重荷になっていた。また政府部門は，サーダート時代の急激な拡張の結果，多くの余剰労働力を抱え込んでおり，彼らへの賃金の支払いは，財政的な負担となっていた。そのため，これらの国際機関は，資金の借

り入れと引き換えに，エジプト政府に対して，公共部門の合理化，とりわけ公共企業の民営化を求めてきていた。これに対して，エジプト政府は，構造調整プログラムを受け入れ，経済構造改革に乗り出した。このような外圧の結果，エジプトの肥大化した公共部門の合理化が進むことが期待された。

　それにもかかわらず，ムバーラク政権は，公共部門の合理化に失敗し，むしろ公的雇用制度を拡大させた。その一方で，財政的な制約により，現役公共部門労働者に対して充分な賃金を支払うことができなかった。公共部門での賃金上昇率は，エジプトのインフレ率を下回っており，労働者の生活水準は徐々に悪化していった。その結果，かつて政権の強力な支持基盤であった公共部門労働者の不満が高まり，労働争議が頻発した。労働者の不満の顕在化に対して，ムバーラク政権は有効な手立てを打つことができず，場当たり的な対応に終始した。

エジプトにおける経済自由化と労働市場

　ムバーラク時代の労働市場では，「若年層の社会的排除（youth exclusion）」が進んだ。このような排除は，以下の二点から特徴づけられる。第一に，経済自由化が進展した結果，労働市場への新規参入者である若年層が非正規雇用を強いられるようになった。労働市場への参入時の職が非正規雇用である割合は年々増加している。2006年版エジプト労働市場パネル調査（Egyptian Labor Market Panel Survey）によれば，エジプトでは，労働市場に参入して最初の職が正規雇用である割合が年々低下した。1970年代には80％以上の新規参入者が正規雇用であったが，この割合は，2006年には60％近くにまで低下し，残りの40％以上が非正規雇用（フォーマル部門での有期雇用，季節労働，日雇い労働）であった（図5-4）。非正規雇用が増加した結果，2000年代後半に，エジプト国内の労働条件が著しく悪化したと言われている。2010年版の『エジプト人間開発報告書（*Egypt Human Development Report*）』では，2006年から09年にかけて，

図5-4　最初の職が正規雇用であった若年労働者の割合
出典：Egypt Labor Market Panel Survey 2006を基に著者作成。

失業率が著しく低下したことが報告されている。しかしこれは，労働市場において職が増えたことを意味するのではなく，労働条件の悪化によって職探し自体をあきらめる人々が増えたためであった。第二に，失業者が若年層に集中した。エジプトでは，失業者の8割以上が若年層（29歳以下）であり，そのような若年層の82％が就職経験を持っていなかった。また，エジプトにおける15歳から24歳の失業率は，2007時点で24.5％であった。これは，エジプト人の若者の4人に1人が無職となる計算であり，世界平均の2倍以上の数値であった（UNDP & INP 2010：148-149）。

　ムバーラク政権は，「若年層の社会的排除」に対処するために，いくつかの対策をとったものの，若者を救済し，社会に再統合するための対策としては不充分であった。第一の問題点は，政府が提供する職業訓練にあった。エジプトでは，輸出主導型経済成長に必要不可欠な職業訓練システムが充分に機能して

いなかった。若者のための職業訓練センターはあったものの，各所管官庁によって別々に管理・運営されていた。そのような職業訓練センターと並立して，教育省によって1,500の技能職業訓練校が，高等教育省によって47の中等技能学校や技能大学が設置されており，各機関を跨いだ横の連携はなかった。このような問題に加えて，各職業訓練施設が提供する授業内容が時代遅れで，最近の技術革新に追い付いていなかった。またカリキュラムも体系化されていなかった上，技能指導員のレベルもきわめて低かったという（UNDP & INP 2010：166）。

　第二の問題点は，「積極的労働市場事業」にあった。先進国の文脈で言及される「積極的労働市場政策」とは異なり，若年層に対して職業訓練だけではなく，起業支援や一時的な政府による雇用創出を行なう事業を指していた。ムバーラク政権は，この積極的労働市場事業により，労働市場の新規参入者に対して充分な職を確保しようとした。エジプト政府は，国際機関の援助の下で「開発のための社会基金（Social Fund for Development；SFD）」を設置し，既存の公的雇用に代わる雇用創出を目指した。一つの例が中小企業支援事業であった。起業意思のある若者に対してSFDが資金を融資し，事業立ち上げを支援した。いま一つの例が公共整備事業であった。この事業では，SFDの資金を利用して，小規模な地域インフラ整備（道路，上下水道など）を支援するものであった。この事業は，インフラ整備の機会を利用して，失業者を労働市場に吸収することを目指していた。これら二つの事業はいずれも，国際援助を活用して労働市場の活性化を目論むものであったが，事業存続が外部からの支援に依存していたため，安定的な雇用を創出するまでには至らなかった（De Gobbi & Nesporova 2005：33-44；El-Megharbel 2008：189-190）。

　これらの政府事業の失敗によって，ムバーラク政権は，若者たちの「待機状態（waithood）」[1]を解消できなかった。その結果，若年層の経済的不満を少しでも緩和するため，ムバーラク政権は，公的雇用制度を通じて大規模な公共部

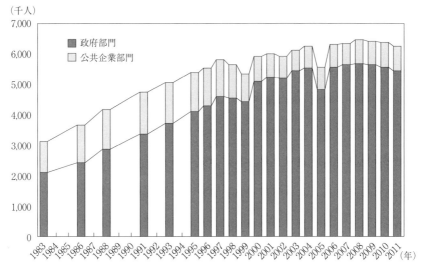

図5-5 公共部門労働者数の変遷
出典：中央統計局データ（CAPMAS 1986-2012）を基に著者作成。

門を維持せざるを得なくなったのであった。1990年代から2000年代にかけて，公共部門の合理化の必要性が叫ばれながらも，公共部門での労働者数は順調に増加していった（図5-5）。1983年から2011年の間に，公共部門全体の労働者数は，3,100万人から6,300万人へと倍増した。公共企業部門は，民営化の影響によって労働者数を減らしていたものの，その減少分をカバーし，新規参入者の増加に対処するかのように，政府部門の労働者数が大きく伸びた。その結果，2011年の政府部門労働者数は，1983年の2.5倍になった。

公共企業部門と民営化

ムバーラク政権が受け入れた構造調整プログラムのなかでも，公共企業部門の民営化は，重要な課題であった。このような民営化にとって最大の問題点が，各公共企業内に抱え込まれている余剰労働力の扱いであった。1994年時点での公共企業部門における余剰人員の職位と余剰率は，以下の通りであった――上

級支配人（25%），本部管理部門（47%），生産監督者（62%），一般事務職員（68%），財務管理担当者（69%）。全体として公共企業部門労働者の半数が余剰労働力だと考えられた。その上，経営者の能力欠如がさらなる公共企業部門の非効率性をもたらした。経営者の多くは，官僚や軍の上級将校出身であり，政権に対する忠誠心や年功により任用された。そしてパトロネージネットワークは，経営能力のない人物を次々と公共企業の経営評議会へと送り込むことになった（Weiss & Wurzel 1998：106）。

　国際機関からは民営化による公共企業部門のスリム化を求められていたものの，労働組合は断固として民営化に反対していた。『アル＝アラビー』紙が1996年にエジプト国内の6,000人の公共企業労働者に対して実施したアンケートによると，91.2%が民営化に反対と回答した。残りの民営化に賛成している労働者のなかでも，その8割が外国資本への公共企業の売り渡しに否定的であった（Paczynska 2009：187）。

　第3章で説明したように，エジプトの組織労働者は，マクロな政治構造のなかでは周縁化されたものの，民営化に対して，ある程度，自らの組織利益を反映することに成功した。これは，ムバーラク政権が各労働組合の急進的運動家を統制することができなかったためであった。エジプトの労働運動は，権力に近い中央組織（ETUF）よりも，傘下の労働組合のほうが多くの急進的運動家を抱えていた。彼らは，しばしば経営側の決定に対して挑戦した。経営側も労働組合との対立を避け，組合側の要求を受け入れることも多かった（Weiss & Wurzel 1998：106）。ムバーラク政権もまた，急進的な労働組合に対して政策内容（この場合，公共企業部門の民営化）に関して妥協を余儀なくされた（Paczynska 2009）。

　この問題に関して，ムバーラク政権が最初に組織労働と対峙したのは，政府が公共企業民営化の法的枠組み（1991年第203号法）を提案したときであった。労働組合活動家たちは，法律制定自体に反対した。というのも，この法律が大

幅な公共部門の再編成をもたらすことが予想されたためであった。この問題を協議するため，政権と，労働組合代表者との会合を幾度か重ねた結果，ムバーラク政権は，労働組合側に妥協した。労働組合側は，公共企業部門労働者の大量解雇は行なわないという確約を得たのみならず，追加的な社会保険給付や利益分配メカニズムの維持などを約束された。さらに，将来的に公共企業部門に関して政策変更がある場合には，事前に労働組合に相談すること，およびこの改革によって損害を受けた労働者に対して金銭的補償を行なうことを約束された（Paczynska 2009：170-171）。

しかしムバーラク政権の妥協は，国際通貨基金や世界銀行から批判された。とりわけ問題だったのが，政府が公共企業部門の大量解雇を行なわないと言明した点であった。この約束によって，余剰労働者を整理することが困難になるためであった（Paczynska 2009：172）。そのため，翌1992年には，国際通貨基金や世界銀行は，ムバーラク政権に対する圧力を強めた。世界銀行は，本来1992年6月に行なわれる予定だった構造調整ローンの第2回払い込みを翌年まで延期し，エジプト政府の対応に不満を示した。また，国際通貨基金は，パリクラブによる債務免除の条件であり，1992年12月に予定されていたスタンドバイ・ローンの最終レビューを延期した。このような国際機関からの圧力にもかかわらず，ムバーラク政権は民営化プロセスを回避した。エジプト政府は，1991年第203号法に基づき，314社の公共企業のうち22社の売却を国際通貨基金との間に同意していたものの，実際に売却されたのはボトル製造会社2社のみであった。また1993年には，ムバーラク政権は，民営化プロセスの延期を3度も繰り返した（Weiss & Wurzel 1998：121-122）。

組織労働者による第二の大きな抵抗が，公共企業部門の民営化に不可欠な新労働法典の制定であった。というのも，赤字を抱えている公共企業の民営化を成功させるためには，大幅な人員整理を行う必要があった。しかしこれまでの労働法典では，ひとたび労働者を雇用すると，刑事犯として刑が確定した場合

など，特定の場合を除き，労働者の解雇が規制された。そのため，民間経営者の視点では，既存の労働法は被用者を保護しすぎており，会社経営の柔軟性を制約していた。民間投資家は，新労働法典が解雇規制の緩和をもたらすことを期待していた。これに対して，労働組合活動家たちは，新労働法典により解雇規制の緩和が実施されるのであれば，1950年代以来禁じられていたストライキを労働者に対して，認めるように要求した。しかしながらムバーラク政権は，ストライキが社会秩序の不安定化に結び付くという懸念から，労働組合活動家たちの要求を拒絶した。そのため，この労働法典が1993年に最初に議会に提案されて以来，組織労働者は10年にわたって，同法の議会通過を阻止し続けた (Paczynska 2009：173-179)。

　ムバーラク政権は，解雇規制の緩和に失敗した結果，赤字公共企業の問題に対処するため，別の手法を模索することになった。そこで，あらたに早期退職スキームを設け，余剰労働者の削減を試みた。1997年1月に，労使代表と労働省による検討会議が開催され，早期退職スキーム実施内容が議論された。この交渉の際に争点となったのは，①退職補償の水準と②この枠組みの性格（任意のものか，強制的なものか）という2点であった。最終的に1997年5月には，政労使間で妥協に至り，この早期退職スキームは任意のものとなった。しかし，この早期退職スキームにはいくつかの決定的な問題点が存在した。とりわけ，早期退職を選択した労働者に対する経済的補償が不充分なことが批判された。労働組合活動家たちは，定年まで働き続けるよりも早期退職するほうが，年金額が少なくなることを批判し，労働者たちに早期退職スキームを受け入れないように主張した。そのため，民営化プロセスは，ふたたび不完全なものとなった（Paczynska 2009：179-185）。このように1990年代から2000年代初頭にかけて，エジプトの組織労働者は，公共企業民営化プロセスに大きな影響を与え，自らの利益を政策に反映させることに成功した。

　しかしながら，2003年にようやく新労働法典（2003年第12号法）が制定された

第5章　ポピュリズム型福祉レジームと公的雇用制度

ことで，中央組織（ETUF）の政治権内での政治的影響力の低下は，ますます顕著となった。ETUF は新労働法典の制定に10年近く抵抗を示したものの，最終的にはムバーラク政権に押し切られた。この法典では，新たに「有期労働契約」に関する規制が盛り込まれた。この規定では，有期契約労働者の労働組合加入権が否定された。すでに公共企業部門では，1985年以降，常用雇用を行なっていないため，一部の公共企業では，有期契約労働者が常用労働者を上回っており，労働組合も被用者の多数派を代表することができなくなっていた。このように，ETUF は，傘下労働組合での非正規労働者の加入権が否定され，常用労働者のみを代表する組織となったため，政治的基盤が弱められることになった（Solidarity Center 2010：28-29）。

　さらに，この時期，ナジーフ内閣の成立により，ふたたび公共企業民営化プロセスに弾みがついた。このような「民営化の第二の波」に直面した ETUF は，すでに組織として抵抗することができず，徐々にナジーフ内閣の提案に妥協するようになっていた。ジョエル・ベイニンは，2000年代半ばの公共企業を舞台にした労働運動に着目している。第一の事例は，カイロ首都圏北部にあるカルユーブ紡績で2004年10月に発生したストライキであった。そのストライキは，会社が紡績工場を民間投資家に売却することを決定したことに反対して起こされた。エジプトでは，民間部門への売却により，勤務時間の長期化やその他の労働条件悪化が報告されていた。そのため，カルユーブ紡績の労働者も，民間投資家への売却によって労働条件が悪化することを懸念した。第二の事例は，マハッラ・アル＝クブラー（ナイルデルタに位置する都市）にあるミスル紡織での抗議運動であった。ミスル紡織では，幾度と労働争議が発生していたが，そのなかでも大規模だったのが2006年12月と2007年9月のものであった。これら2度の抗議運動は，ムバーラク政権が約束した賞与の引き上げが履行されないために発生した。この事例で顕著な特徴は，中央組織（ETUF）がミスル紡織の労働者による請願を黙殺し，労働者の信頼を失った点にあった。いずれの

図5-6　過激化する労働争議（2008年4月，マハッラ・アル＝クブラー市）
出典：Reuters.

図5-7　警官隊に連行される労働者（2008年4月，マハッラ・アル＝クブラー市）
出典：Reuters.

事例でも，抗議活動の大規模化によって，労使間の交渉では問題を解決できなくなったため，与党国民民主党や政府関係者が労働組合代表者との交渉に当たった。ムバーラク政権は，ストライキの長期化によって社会秩序が不安定化し，不満の矛先が独裁的な長期政権に向かうことを懸念し，労働者側に対して大幅な譲歩を行なった（Beinin 2009b：78-86）。その後もマハッラ・アル＝クブ

第5章 ポピュリズム型福祉レジームと公的雇用制度

図 5-8 民営化に反対する労働者
出典：New York Times.

ラーでは，労働争議が発生しており，警官隊が介入することもあった（図 5-6，図 5-7）

これらの労働運動は，中央組織（ETUF）の承認を得ていない山猫ストであった。2000年代初頭までは，ETUF がムバーラク政権との交渉のチャンネルを持ち，政権から譲歩を勝ち取っていたが，2000年代後半に入ると，ムバーラク政権によって ETUF 執行部の抱き込みが図られ，ETUF は政治的影響力を失った。それと同時に，ムバーラク政権によって，非正規労働者の労働組合への加入が禁じられるなど，政府統制下にある労働組合の弱体化が図られた。その一方で，公共企業部門労働者は，ETUF から独立して抗議活動を行なった。そのため，ムバーラク政権の思惑とは異なり，ETUF の政権への抱き込みによって，むしろ急進的な労働活動を統制できなくなってしまった。急進的な労働運動が社会秩序の不安定化をもたらすという懸念から，ムバーラク政権は，労働者による抗議運動への妥協を余儀なくされた。

このような急進的労働運動が政治的影響力を持った背景として，エジプトにおいて公共企業の民営化自体が腐敗の象徴として扱われていたことが挙げられる。第3章でも説明したように，ムバーラク政権と近い関係にあるビジネスエリートは，公共企業との取引や民営化プロセスから利益を得ていた。ムバーラ

183

ク政権もまた,ビジネスエリートに経済的な便宜を図ることで,彼らから政権に対する支持を得ようとした。しかしそのような癒着関係によって,国民の多くは,「公共企業の民営化」と「腐敗」を同義のように捉えていた。そのため,民営化のイメージを改善するために,国民に民営化会社の株式を分配し,公共企業の民営化が国民の利益に適うことを示そうとした (*Financial Times*, 11 November 2008)。しかしこのような施策も焼け石に水で,公共企業の民営化は,2001年の「アラブの春」の際にも,腐敗的政策の一つとして槍玉に挙がり,新政権が民営化の停止を声明するほどであった(図5-8)。

政府部門の肥大化と労働者の窮乏化

ムバーラク政権期に入っても,政府部門は,民間部門よりも安定的雇用や福利厚生を享受できる,若者にとって魅力的な職場であった。たとえば,書面での労働契約に関して官民間の差を比較すると,政府部門労働者の97.6%が,書面での労働契約を締結しているのに対し,民間部門では,書面での契約を取り交わしている労働者は,わずか24.9%であった。書面で労働契約を取り交わしていない場合には,本来労働者に保障されているはずの各種手当や社会保険を得られていないことが多かった (El-Ghamrawy & Amer 2011:4-6)。このような官民格差から,エジプトの若者たちの多くは,公共部門での職に殺到した。1992年,ムバーラク政権は,民間部門に就職している大学卒業者に対して,雇用保証スキームに基づいた雇用保証の対象から除外すると発表した。その際,多くの労働者が雇用保証の権利を維持するために一斉に就職先を辞めた (World Bank 2004:35)。さらに,2001年夏に,ムバーラク政権が,失業者向けの公的雇用訓練プログラムを始めた際,多くの人がすでに民間部門での職を得ているにもかかわらず,申込みに殺到し,都合440万人(当時の労働力の4分の1)が応募した (Radwan 2002:14)。このような事例は,いまだに若者にとって政府部門が魅力的な職場であることを示している。

表5-6 1999年時点での政府部門労働者の実質賃金

等 級	1964年給与	1999年給与 (1964年物価換算)	1999年給与 (1978年物価換算)
首席事務次官	1800-2200	73.51	179.44
事務次官	1400-1800	59.3	144.77
局長	1200-1500	42.36-65.06	103.41-158.83
一級		32.19-58.96	78.59-143.94
二級	876-1440	23.72-53.88	57.91-131.53
三級	684-1200	16.27-45.41	39.71-110.85
四級	540-960	11.47-3423	22.99-83.55
五級	420-780	12.20-26.09	29.78-63.70
六級	330-600	11.86-21.01	28.95-51.29
七級	240-480	—	—
八級	180-360	—	—
九級	144-300	—	—
十級	108-288	—	—
十一級	84-180	—	—
十二級	60-84	—	—

出典：Handoussa & El-Oraby (2004：8), Table 4.

　ムバーラク政権は，政府機構としての適正規模以上に政府機関での雇用を拡大させ続けた。政府部門労働者の数は，構造調整プログラムによる経済改革の間にも，増加し続けた。公共企業部門での労働者数は，民営化とともに減少していったが，その代替として，政府部門の労働者数が増加した（図5-5を参照）。その結果，ムバーラク政権は，財政的制約から，思うように政府部門の労働者の賃上げを行なうことができなかった。このような賃上げの抑制が幾年にもわたって継続された結果，ムバーラク政権期の政府部門の給与水準は，ナセル時代やサーダート時代と比較すると，全体的に著しく低下していた。表5-6は，1999年時点での職階ごとの給与水準を1964年および1978年時点での物価に合わせて再計算したものである。このデータは，30年以上にわたるインフレおよび政府による賃上げ抑制の結果，1964年と比較して，1999年時点の給与水準は著しく低下した。

　このような政府部門労働者の実質給与の低下は，民間部門との賃金格差の縮小，そして場合によっては逆転が生じた。見かけの上では，官民間の賃金格差は，公共部門の魅力の一つと見られてきたものの，実際には，官民間での労働

者の学歴や経験の差が賃金に反映されているだけで，民間部門との格差は無いか，もくしはあるとしてもわずかであった（El-Ghamrawy & Amer 2011：4-6）。とりわけ男性労働者で比較した場合に，統計上，官民間の賃金格差は逆転し，実質的には民間部門労働者のほうが公共部門労働者よりも多くの給与をもらっていたことが明らかとなった（Said 2007）。

　ムバーラク政権は，このような公共部門労働者の生活水準低下に対処するために定期的に賃上げを約束した。とりわけ，重要な国政選挙の直前に，公共部門労働者に対して賃上げを約束し，与党国民民主党への支持を獲得しようとした。たとえば，1984年の議会選挙の前には，公共部門労働者の1カ月当たりの賃金を5ポンド引き上げることを約束した（*The Egyptian Gazette*, 6 April 1984）。また，2005年の議会選挙の際には，公共部門労働者に対して，給与の15％に相当するボーナス給付を約束した（Blaydes 2011：82）。国政選挙直前と並んで公共部門労働者の賃上げの機会として利用されたのが，「メーデー演説」であった。これは，サーダート時代から続く，重要な賃上げの機会であった。たとえば，2008年のメーデーには，国際的な食料価格の高騰に伴う生活費の上昇に対応するため，急遽，公共部門労働者の賃上げ率を15％から30％へと引き上げることが約束された（*New York Times*, 1 May 2008）。しかし，このような賃上げも，政府部門労働者にとっては「焼け石に水」であり，2000年代を通して公務員の実質的賃金は低下し続けた。

　このような政府部門労働者の実質賃金の低下により，労働者の生活は困窮し，不満が高まった。民間シンクタンク，エジプト経済研究センターによる政府部門労働者に対するアンケート調査から，経済的に困窮する公務員の実態が浮かび上がる。回答者の82％が現在の給与に満足できないと，また97％が自分の給与総額が自らの市場での価値を下回っていると答えた。さらに，政府部門労働者に対するボーナスや報奨金に対する不満を問うたところ，98％がボーナスや報奨金の増額がインフレ率に追い付いていない点を挙げた。また，この調査は，

第5章　ポピュリズム型福祉レジームと公的雇用制度

実質的給与水準の低下が政府部門労働者の経済的困窮を引き起こしていることを明らかにした。アンケート回答者の76％が，現在の給与水準では日々の生活に精一杯で，貯蓄できないと答えた。また，「現在の政府からの月給で生活の基本的費用を賄えているか」という問いに対しては，83％が「いいえ」と回答した。そのうち8割が自分自身や家族のための食料品を購入するための費用さえ賄えていないと回答した。そのため，多くの政府部門労働者が政府からの給与とは別に収入源を持っていた。41.3％が家族からの財政支援を，19％が不動産収入を，14.3％が他の職との掛け持ちによる給与収入を，それぞれ政府給与を補完する収入源としていた。そして，全体の収入に占める公務員給与の割合は，平均80％であった（Abdelhamid & El Baradei 2009：18-20）。

　このような公務員の経済的窮乏により，政府部門労働者もストライキなどの集団行動に訴えるようになった。たとえば，地方固定資産税徴収官による抗議活動と独立労働組合の設立であった。彼らは，県庁レベルで雇用された職員であり，彼らの給与は上部組織である財務省職員よりも低かった。2007年12月には，およそ3,000人の地方固定資産税徴収官が財務省前での11日間の座り込みに入った。このような運動の結果，ユースフ・ブートロス・ガーリー財務大臣が彼らに妥協し，彼らに対して，財務省傘下の税務総局職員と同じ給与水準を約束した。この労働運動は，ムバーラク政権が統制下に置くETUFの承認を得ていない非合法のストライキであった。このようなストライキを実行するために独自のストライキ委員会を設置し，それが七・二三革命以来，国内で初めての独立労働組合となった。その後，公立学校職員によるデモ（2009年2〜3月）や郵便職員による6日間スト（同年5月）が発生したが，いずれも政府部門労働者の経済的困窮を示すものであった（Solidarity Center 2010：31-34）。

　本章では，ポピュリズム型福祉レジームの経路依存性の事例として，公的雇用制度を取り上げた。ナセル時代，公的雇用制度は，食料価格補助制度と同様，

ナセルの工業化戦略を支える制度として設計された。すなわち，雇用保証スキームを通じて，高等教育を受けた若者に対して公共部門での職を提供することにより，公共部門での人材確保を図った。その一方で，公的雇用制度には，公共部門労働者に対して安定した雇用や賃金を与えることにより，彼らを政権の強力な支持基盤へと育て上げるという，もう一つの目的があった。民間部門に比して充実した労働環境のため，人々は高等教育機関を卒業し，公共部門での職を求めた。サーダート時代に入ると，このような傾向は，より顕著になった。政権側も，急激に増大する需要に応え，公共部門労働者の数を増やしていった。その結果として，公共部門における余剰労働力や賃金支払いの財政負担という問題が顕在化した。それにもかかわらず，サーダート政権は，公的雇用制度を抜本的に改革することを回避し続けた。

ムバーラク時代に入ると，公的雇用制度は，食料価格補助制度と同様に財政赤字の元凶として，改革の対象として認識されるようになった。政府部門は，サーダート時代の急激な制度拡張の結果として，多くの余剰労働者を抱え込んでおり，彼らに対する賃金支払いは，財政的に大きな負担となっていた。また，公共企業部門の多くは，多額の赤字を垂れ流していると批判されており，このような赤字は国庫によって補填されていた。このような状況から，エジプト政府は，国際機関からの借り入れと引き換えに，公共部門の合理化，とりわけ公共企業の民営化を実施し，財政赤字を圧縮するように求められた。このような構造調整プログラムにより，エジプト政府が経済構造改革を実行し，公共部門での問題点を改善することが期待されていた。

しかし実際には，ムバーラク政権は，公共部門改革を可能な限り先延ばしし，肥大化した公共部門を温存した。その上，公共部門に対する増え続ける需要を賄うため，多くの若者を公共部門，とりわけ政府部門に受け入れ続けた。このようなムバーラク政権の選択は，結果的に政権の基盤を切り崩すことになった。ムバーラク政権は，多くの労働者を雇用し続けていたものの，財政的に厳しく，

現役公共部門労働者に対して充分な賃金を支払うことができていなかった。公共部門での賃金上昇率は，エジプトのインフレ率を下回っており，公共部門労働者は徐々に生活に困窮するようになった。公共部門労働者は，ナセル時代には政権の強力な支持層であったが，ムバーラク時代になると，生活水準の低下により，政権に対する不満が蓄積した。2000年代に入ると，公共部門労働者でさえ，労働争議に参加し，現状での不満を表明するに至った。このような状況から，ムバーラク政権は，「アラブの春」による政権崩壊まで，抜本的な公共部門改革を実行できなかったのであった。

注
（1）「待機状態」とは，失業状態にあり，両親と一緒に生活せざるを得ず，財政的に結婚や住宅の購入ができない期間として定義される（UNDP & INP 2010：3）。

終　章
エジプト福祉レジームと「アラブの春」

　これまでエジプトにおける福祉レジームの経路依存性について説明してきた。既存研究では経済自由化の進展によって福祉レジームの大きな影響を受けると予測されてきた。とりわけ権威主義国家では，民主主義国家とは異なり，政治指導者が福祉縮減に対する圧力を直接的に受けにくいので，民主主義国家よりも福祉縮減や合理化が進行すると考えられた。さらに，国際通貨基金や世界銀行のような国際機関は，社会保障の合理化を支援してきた。そのため，権威主義国家の政治指導者は，このような「ワシントン・コンセンサス」に従うことにより，国際社会での援助国の評判を高めることができる。それゆえ，福祉縮減や社会保障の合理化を行なうことが，政治指導者にとって望ましい選択だと考えられた。それと同時に，合理化により，貧困削減プログラムに対して集中的に資源投入が可能となり，権威主義政権に対する不満も緩和され，権威主義政権の延命を可能にすると考えられた。

　しかしながら，このような理論的な予測とは異なり，ムバーラク政権は，「アラブの春」によって政権が崩壊するまで，非効率的な社会保障制度を維持し続けた。サーダート時代には福祉拡充の財源となった税外収入も，ムバーラク時代には急激に減少し，分配の効率化を迫られていた。また，世界銀行や国際通貨基金などの国際援助機関からの社会保障の合理化圧力を受けていた。それにもかかわらず，ムバーラク政権は，社会保障制度の抜本的な改革を先送り

にし，権威主義政権の持続にとって不都合な資源分配構造を温存させた。

このような経路依存性は，ムバーラク政権が抱えていたジレンマから説明することができる。経済自由化の進展によって，ムバーラク政権は，統治連合の組み替えを行ない，政権内部での組織労働の重要性が低下する一方で，ビジネスエリートの政治的影響力が高まった。仮に社会保障制度の合理化によって効率的に貧困を削減することができれば，エジプトの政治的安定に貢献するため，ビジネスエリートにとっても望ましいことであった。しかしムバーラク時代には，経済自由化の進展により，多くの国民が経済的に窮乏していた。そのため，社会保障改革による所得分配構造の急激な変化は，国民の反発を招く恐れがあった。とりわけ，1977年の食料暴動のような民衆の抗議活動が政権の基盤を突き崩すことをきわめて警戒していた。そのため，ムバーラク政権は，明示的な改革をできる限り回避し，分配資源が徐々に減少しつつも，国民に対して従前の分配を継続した。その結果，資源分配の歪みが是正されず，貧困や失業などの社会問題の放置を招くことになった。

1　エジプト福祉レジームと理論の発展

本書において分析対象としたエジプトの福祉レジームという事例が既存理論に与える含意について，①歴史的制度論に対する含意と②福祉国家論に対する含意の二つに分けて論じていく。

歴史的制度論への理論的含意

このようなエジプトの事例では，福祉レジームの経路依存性に影響を与える政治的，経済的事象のタイミングや配列が急激な制度変化の困難性をより決定的なものにしたことを示している。少数事例研究の分野では，その出来事が起こる時期や，複数の出来事が起こる配列に関心を寄せている。歴史的制度論で

終章　エジプト福祉レジームと「アラブの春」

は，チャールズ・ティリーが述べたように，「ある順序のなかでいつ物事が起こるかは，どのように起こるかに影響を与える」（原著者強調）(Tilly 1984：14) と考えられている。同様のことは，ポール・ピアソンも『ポリティクス・イン・タイム（*Politics in Time*）』のなかで述べている。

特定の方向に向けたはじめの数歩が，それと同じ経路に沿った動きを促すかもしれないし，「選ばれなかった道」は時間の経過とともに徐々に遠ざかり，手の届かないものになるかもしれない。初期段階の比較的小さな摂動が，このような過程に大きな影響を与えうる。配列の初期の事象や過程の影響は増幅しやすく，後期の事象は縮小することが多い。すなわち，特定の事象や過程が，配列のなかでいつ生じるのかによって大きな違いが生じるのである（原著者強調）(Pierson 2004：64；翻訳書：82-83)。

エジプトの事例では，ナセルによる最初の制度選択（決定的分岐点）以降，次に述べるような政治的，経済的事象のタイミングや配列が，福祉レジームの経路依存性に決定的な影響を持った。そのような政治的，経済的事象とは，①1970年代における税外収入の増加，②1980年代以降の税外収入の減少，③ムバーラク政権成立時の急激な政治変動の欠如の三つであった。

第一のカギとなる事象が，1970年代の税外収入の増加であった。この時期，エジプトは「準レンティア国家（semi-rentier state）」に分類されていた。

〔エジプトでは〕GDP のおよそ45％が，石油収入や労働者送金，海外からの援助，スエズ運河収入，観光客による支出という形での外生的な（中略）要素によって代表されていると推定される。これらの収入の多くが国家や政府に直接的に帰することも指摘しておくべきことである。それゆえに，準レンティアという表現（epithet）もこじつけでは無いのである (Beblawi 1987：

393)。

　1970年代初頭にサーダートが政権の座に着いたとき，エジプトのエタティズムは行き詰まりを見せていた。そのため，サーダート政権は，ナセルの経済政策を修正し，国内市場の部分的開放を行なうことで，海外からの投資を呼び込もうとした（インフィターフ）。しかしこの経済政策は，「持つ者」と「持たざる者」の所得格差を引き起こした。このとき「準レンティア国家」としての特徴により，サーダート政権は，福祉給付を拡大させることで「持たざる者」への経済的補償を行なうことが可能になった。その結果として，エジプトの福祉レジームは，サーダート政権期に急激な発展を遂げることになった。

　このような「準レンティア国家」の特徴は，サーダート政権が国家主導型の輸入代替工業化戦略を転換し，東アジア諸国のような開発国家型の輸出主導による経済発展モデルを採用する可能性を低下させた。一般に，東アジア諸国の開発国家型発展モデルでは，国家による市場統制ではなく，補助金などのインセンティブを用いた国家による市場の誘導を目指していた（Peet & Hartwick 2015：76）。社会保障制度も，市場機能を歪めないように最小限に抑えられていた一方で，人的資源開発のために，教育に対して大きな投資がなされていた（Haggard & Kaufman 2008）。しかしこのような開発国家型の経済開発モデルの選択は，税外収入を持つエジプトにとっては，政治的リスクの高いが回避可能な選択だった。というのも，開発国家型モデルを採用するには，輸出主導型経済に合わせて，社会保障制度を大幅に修正する必要がある。しかし，このような社会保障制度の大幅な修正は，デモや暴動など，社会秩序の不安定化をもたらすリスクを抱えていた。しかし，サーダート政権期のエジプトの場合，税外収入の増加により，このようなリスクのある選択をしなくても，ある程度は経済成長を見込むことができた。そして，「持たざる者」への経済的補償の拡大も比較的容易にできた。その結果として，エジプトの福祉レジームは，ナセル

終章　エジプト福祉レジームと「アラブの春」

時代以上にバラマキ型の所得分配を行なうようになった。

　第二のカギとなる事象が税外収入の減少であった。サーダート政権は，自国の歳入規模以上に社会保障を拡張させ，その財源を海外からの借り入れによって賄うようになっていた。このような状況で追い打ちをかけるように，1980年代以降，エジプトは税外収入の減少に見舞われた。第3章でも説明したように，エジプト政府の歳入は，1981年にはGDPの約6割あったものの，その後，経済規模に占める歳入の割合は減少し，2000年代後半には，1980年代の半分程度にまで落ち込んだ（Soliman 2011：3）。そのような歳入の減少の原因の一つとして，税外収入の減少が挙げられる。これにより，ポピュリズム型社会保障制度は，国家財政への大きな負担となるとともに，市場機能の歪み（たとえば，食料価格補助制度の維持のための非現実的な為替レートの維持や公的雇用制度維持による公共部門での損失拡大）を拡大させた。そのため，サーダート大統領の後継者であったムバーラク大統領は，社会保障制度の合理化を迫られていた。

　しかしムバーラク政権は，ジレンマを抱えていた。抜本的な経済改革による経済構造の変化（エタティズム型から自由市場型経済への変革）や福祉レジームの合理化（貧困削減事業への資源集中）が進み，輸出主導型経済の発展による成長が可能になるかもしれなかった。そして，このような経済成長は，新たな統治の正統性の源になる可能性が高かった[1]。しかし，抜本的な経済改革は，国民に痛みを強いるものであり，国民の猛反発を受ける可能性が高かった。実際に，1977年にサーダート政権は，国際通貨基金からの借り入れのために，国際通貨基金との交渉に基づいて食料価格補助削減を発表した。これに対して国民は猛反発し，暴動に発展した（食料暴動）。その結果，サーダート政権は，削減案の撤回に追い込まれた。

　そこでエジプト福祉レジームの経路依存性を説明する際に重要となるのが，第三のカギである急激な政変の欠如であった。このような特徴の重要性は，ラテンアメリカ諸国における「官僚主義型権威主義」の事例との比較によって，

いっそう浮き彫りとなるだろう。アルゼンチンやブラジル，チリは，最終消費財の輸入代替工業を基盤とした産業成長の時代の終焉を経験した。同時に，工業化の進展のなかで政治的影響力を強めたテクノクラートは経済政策の決定に大きな影響を与えるようになった。テクノクラートたちは，このような工業化戦略自体をさらなる経済成長の障害と見なすようになった。そしてこのような障害を取り除くため，テクノクラートたちは，左派に反感を持つ軍部と同盟を結び，ポピュリズム体制を打倒した。このようなクーデタの後，テクノクラートたちは，新自由主義的経済思想を基にした経済改革を行ない，海外からの投資を呼び込もうとした（O'Donnell 1973）。

　このような経済改革と同時に，ラテンアメリカ諸国の一部では，社会保障制度の合理化が進められるようになった。たとえば，チリでは，ピノチェト政権が新自由主義経済学者の助言を基に社会保障改革を行ない，福祉縮減の主導権を握った。ピノチェト政権は，ビジネスエリートの要望に沿い，輸入代替工業化戦略を放棄し，新自由主義型の経済政策を採り入れた。政権内部でもピノチェトの政策に反対する勢力（たとえば，社会官僚など）が存在したものの，社会保障支出を見直し，資源を貧困対策プログラムへと集中させた。さらに，これまで公共部門や民間フォーマル部門労働者が主たる受益者であった年金制度の再編にも乗り出した。その手始めとして，老齢年金の受給開始年齢を引き上げるとともに，公務員に対する特別給付を廃止した。つづいて1980年には，労働者強制加入の確定拠出型年金制度を整備した。1990年代には，これらの改革は「チリモデル」と呼ばれ，ラテンアメリカ諸国での福祉改革に関する議論の参照点となった。これらの事例では，新政権の成立によって，新しい政治指導者が旧政権の遺産（左派勢力，とりわけ組織労働との同盟関係やポピュリズム型社会保障）を否定し，社会保障の合理化（支出削減や貧困削減事業への資源集中）が行なわれるようになった（Haggard & Kaufman 2008：107-110）。以上のように，ラテンアメリカ諸国の一部では，テクノクラートが主導権を握り，大規模な経済

終章　エジプト福祉レジームと「アラブの春」

改革とともに社会保障改革が実施され，福祉レジームの特徴も大きく変容した。

　ラテンアメリカ諸国とは対照的に，エジプトの場合，前任者サーダートの暗殺によって，多少の政治的混乱が生じたものの，ムバーラク政権は，サーダートの残した制度的遺産（寛大な社会保障，組織労働との政治的同盟関係）の上に成り立っていた。レイモンド・ヒンネブッシュは，このような「ポピュリスト型権威主義」の制度遺産を持ちながらも，経済エリートとの同盟関係を模索し，経済自由化を進める中東・北アフリカ地域の権威主義国家を「ポスト・ポピュリズム型権威主義（post-populist authoritarianism）」と名づけた（Hinnebusch 2006）。エジプトのようなポスト・ポピュリズム型の権威主義国家では，前政権（サーダート政権）の制度的遺産を引き継いでおり，政権の連続性もあるため，従来の社会保障制度にメスを入れることが難しかった。そのため，ムバーラク政権は，財政的な制約を受けつつもポピュリズム型の分配戦略を継続させた。

　税外収入の減少や財政赤字の削減要求のなかで，社会保障支出を切り詰めなくてはならなかったにもかかわらず，バラマキ型の分配戦略を継続した結果，エジプトの福祉レジームは，非効率な資源分配を是正することができず，資源を浪費してしまった。エジプトのポピュリズム型福祉レジームでは，真に社会保障を必要とする人々（たとえば，貧困層）に必要な分配が行なわれていないことが放置されてきた。マークス・ロエヴェは，エジプトの福祉レジームが貧困層に友好的ではないと断じている（Loewe 2000）。また，非効率な社会保障は，経済的に困窮する中間層の崩壊を押しとどめることができなかった（Bayat 2006）。公的雇用制度の主たる受益者でもあった中間層出身の公共部門労働者もまた，経済的に困窮した。公的雇用制度による雇用が増え続けた結果，彼らの賃金上昇率は，物価上昇率を下回った。そして，本来は権威主義政権の強力な支持基盤であった公共部門で労働運動が急進化し，権威主義政権が恐れた社会秩序の不安定化が現実のものとなった（第5章を参照）。以上のような三つの事象の配列により，エジプト福祉レジームの経路依存性が強化されたと言える。

福祉国家論への理論的含意

　エジプトの福祉レジームという事例は，福祉国家論に対してもいくつかの含意を持っている。第一に，本書は，福祉レジーム変化の第三のパターンを「発見」したことである。これまでの研究では，福祉レジームの展開は，二つの時期に分けられており，それぞれ変化のメカニズムが異なることが明らかにされてきた。ハガードとカウフマンの研究では，この二つの時期を①福祉発展 (welfare evolution) の時代（第二次世界大戦終結後から1970年代まで），②福祉改革 (welfare reform) の時代（1970年代から現在まで）と名付けている。このような分類は，名称の違いはあれ，西側先進福祉国家を扱った研究でも，新興民主主義国家に焦点を当てた研究でも使用されている。表終‐1は，これまで福祉国家研究が扱ってきた事例および本書の事例（エジプト）について，二つの時代区分とその当時の政体（民主国家か，権威主義国家か），そして福祉改革の帰結についておおまかにまとめたものである。

　第一のパターンは，西側先進福祉国家の事例である。ウォルター・コルピやイエスタ・エスピン‐アンデルセンをはじめとする権力資源動員論者が西側諸国の福祉制度の発展を取り上げ，福祉国家論という学問分野の基礎を作り上げた。これらの事例において，「福祉発展の時代」は，資本主義の「黄金時代 (golden age)」と重なっていた (Esping-Andersen 1994 ; Huber & Stephens 2001)。経済グローバル化も冷戦終結後に比べると進んでおらず，国内経済の発展と社会保障制度の拡大の好循環が生み出された。それと同時に，経済発展により，都市労働者の数が増加し，労働者の政治的影響力が大きくなった。第1章でも説明した通り，これらの事例では民主的環境により，労働組合や左派政党（とりわけ，社会民主主義政党）が福祉レジームの発展に決定的な役割を果たしたとされる。

　このような「黄金時代」の後，西側福祉国家は，危機を迎え，「福祉改革の時代」へと突入した。経済成長の鈍化は，各国政府に対して社会保障の合理化，

終章　エジプト福祉レジームと「アラブの春」

表終 - 1　三つの事例における政治体制と福祉改革の帰結

	政治体制		福祉改革の帰結
	福祉発展の時代	福祉改革の時代	
先進工業国 (第一のパターン)	民主的	民主的	経路逸脱的かつ漸進的な制度変化
新興民主国 (第二のパターン)	独裁的	民主的	福祉縮減と拡充の同時進行
エジプト (第三のパターン)	独裁的	独裁的	経路依存的な福祉縮減

出典：著者作成。

縮減を迫った。このような福祉国家の危機が叫ばれるようになったが，社会保障制度の変化は限定的で，かつ経路依存的であったとの主張がなされた。1980年代から90年代にかけて，西側福祉国家でも，急激な社会保障支出の減少は見られなかった。たとえば，イギリスでは，8年間にわたって保守党政権が続き，労働運動の抑え込みや社会保障改革が実施された。しかしながら，多くの人が予想していたほどには，福祉縮減は進まず，制度の頑健性を見せつけた（Pierson 1996：159-163）。

ポール・ピアソンは，社会保障政策の改革過程では，思っていたほどの縮減は生じず，福祉国家の「新しい政治」は，これまでの古い政治とは異なるロジックで動くことを主張した。彼は，福祉国家の「新しい政治」における「政策フィードバック」の重要性を強調した。第二次世界大戦終結後の社会保障政策の発展は，制度受益者を生み出し，彼らはさまざまな利益集団を作り出した。このような利益集団は，福祉改革の時代になっても政治的影響力を持ち，組織の利益に反する社会保障の改革に反対した。民主的環境が，このような利益集団に対して，社会保障改革への抵抗力を与えた。このような議論では，民主国家における福祉縮減に対する拒否点としての制度の重要性を強調している。

しかし近年では，西側福祉国家における漸進的な制度変化に着目する研究が注目を集めている。一見すると制度変化が起きていないにもかかわらず，実質的には大きな制度変化が生じている事例が報告されるようになり，そのような

制度変化を理論的に説明しようとする試みである（Mahoney & Thelen 2010b；Streeck & Thelen 2005）。これらの研究によれば，制度的な拒否点が多く存在しているはずの西側民主主義国家においても，ポール・ピアソンの指摘とは異なり，社会保障制度に大きな変化が生じていることが明らかにされている。

　近年の福祉国家論は，かつての「東側諸国」や「第三世界」へと研究関心を広げていった。これらの研究対象は，1970年代から2000年ごろまでに民主的移行を遂げたラテンアメリカや東アジア，東ヨーロッパの国々であった。これらの国々は，西側福祉国家とは異なり，非民主的な政体の下で第二次世界大戦後の「福祉発展の時代」を過ごしており，それらの事例での社会保障発展のロジックは，民主的な政体をもつ西側先進福祉国家とは異なった。そして，このような非民主的政体の下では，政治指導者が選択する戦略の違いが，各福祉レジームの特徴を決定づけた（Haggard & Kaufman 2008）。

　これらの国々では，「福祉改革の時代」には，経済自由化と民主的移行を同時に経験し，このような特徴が福祉レジームの発展経路を決定づけた。西側先進福祉国家とは異なり，これらの国々では，「福祉改革の時代」に社会保障支出の大幅な増加が観察された。各国政府は，社会保障制度が経済自由化の敗者の不満を和らげ，選挙における政権支持を拡大させるのに都合の良い道具であると見なし，活用した。その一方で，民主的な環境の出現によって，経済自由化の敗者も積極的に組織化し，福祉拡充を政府に働きかけた。その結果，これらの国々の多くでは，経済自由化の進展とともに福祉拡充がなされた。そして，このような福祉拡充の特徴は，かつての「福祉発展の時代」の遺産の影響を受けており，各国，各地域によって異なっていた（Haggard & Kaufman 2008）。

　本書では，エジプトの事例をこれら二つのパターンとは異なる新たな福祉レジーム発展の経路であることを示した。エジプトの事例では，「福祉発展の時代」，「福祉改革の時代」をともに権威主義支配の下で経験している。エジプトの場合，「福祉発展の時代」については，ラテンアメリカや東ヨーロッパの事

例と同じように,「組織増殖戦略」を採り,労働者の支持を得るために福祉レジームを整備した。しかしながら,ラテンアメリカや東ヨーロッパのような第二パターンの事例とは異なり,エジプトは,「福祉改革の時代」に入っても,民主的移行を経験せず,ラテンアメリカや東ヨーロッパとは異なるロジックで福祉レジームが変容した。さらに興味深いことに,第一パターン(西側諸国)と第三パターン(エジプト)を比較した場合,権威主義的支配を維持し,制度上の拒否点が民主主義国家に比べて少ないはずのエジプトの事例のほうが福祉レジームの変化が限定的で,かつ経路依存的だったことが明らかにされた。

2　エジプト福祉レジーム研究の課題

　次に,本書の課題について述べておかなくてはならないだろう。第一に,1990年代以降に世界銀行などの国際支援により創設された新しい社会保障制度に対する分析が本書ではなされていない点である。1990年代初頭,エジプト政府は,構造調整プログラムの受け入れに伴い,貧困層への影響を最小限に抑えるために新たな貧困削減事業(社会基金事業)を開始した。この社会基金は,1987年にボリビアで設立されて以来,世界銀行主導で,貧困削減プログラムの一環として世界各国で導入されている。中東・北アフリカ諸国でも,エジプトを含む6カ国で導入されている。社会基金事業は,貧困層をターゲットとした小事業に対して資金供給することで,彼らが現金収入を得られるような仕組みを構築することを主任務としている。資金の供給手段は多種多様である。その一例としては,公共事業による雇用創出や,マイクロクレジット事業があげられる。エジプトにおいては,1990年代に構造調整プログラムが貧困層に与える悪影響を緩和するために世界銀行や各種援助機関の支援を得て,社会基金(開発のための社会基金;SFD)が創設された。エジプトの社会基金は,世界有数の規模を誇る。しかし,本書では,以下の二つの理由から,社会基金制度を分析

の対象外とした。まず，社会基金制度がエジプト福祉レジーム全体から見れば周縁的な存在である。次に，本書では，ナセル時代以来の福祉レジームの経路依存性に焦点を当てており，1990年代に入ってから創設された新しい制度の変化について分析することは本書の目的から逸脱すると考えられた。社会基金制度は，本書では分析対象外としたものの，この制度を分析することにより，エジプトの福祉レジームに対するさらなる理解が進むと考えられる。

　第二に，民間団体による慈善福祉活動について詳しく述べることができなかった点である。エジプトを含む中東・北アフリカ地域では，宗教組織による慈善活動が貧困削減の点で大きな役割を果たしていることが指摘されている（Baylouny 2010；Clark 2004；Jawad 2009）。ムルシー前大統領の出身母体であるムスリム同胞団にも，ムバーラク時代に貧困層に対する慈善活動によって国民の支持を獲得してきたという経歴がある（横田 2006）。確かにエジプトにおいても，宗教組織による慈善活動は，社会的にも，政治的にも大きな影響力がある。しかし，権威主義国家における国家による社会保障に焦点を当てる本書の目的からは外れてしまうため，本書では最小限の言及にとどめた。今後，民間団体による慈善活動にも分析対象を拡げることで，さらなる理論発展が期待できよう。

3　「アラブの春」以後の再分配の政治

　本書では，ムバーラク政権下の福祉レジームの変容に焦点を当て，分析を行なってきた。ムバーラク政権は，2011年の一・二五革命によって崩壊したものの，その後エジプトは，さらなる政治変動に見舞われた。2013年には，クーデタにより，エジプト史上初めて民主的に選出されたムルシー大統領が失脚し，支持母体であったムスリム同胞団と関連があると見なされた者に対する粛清の嵐が吹き荒れた。このような政治的混乱の状況にあって，社会保障制度を通じ

終章　エジプト福祉レジームと「アラブの春」

図終-1　新たに導入されたスマート・カードとカード読取機（カイロ市内の製パン所にて）
出典：Reuters.

た社会的公正の実現は，ムバーラク時代以上に重要な争点となっている。今後，エジプトの福祉レジームは，どのような変化を遂げるのだろうか。本書では，福祉レジームの経路依存性を乗り越える二つの要素について言及し，本書の締めくくりとする。

　第一の要素が，抜本的な政治変動である。ムルシー政権やシーシー政権もまた，「アラブの春」以降の政治的混乱に起因する外貨準備高不足から，ムバーラク時代以上に国際社会からの資金援助を必要とするようになり，援助機関からの圧力により，福祉レジームにも合理化の波が押し寄せている。その一つの例が食料価格補助制度である。第4章でも述べたように，ムバーラク政権は，国民からの反発を恐れて，補助対象のバラディー・パンに対して国民すべてがアクセスできるという制度的特徴に手を付けることができなかった。しかし，一・二五革命以降，このような普遍主義という特徴にもメスが入り始めている。2013年，ムルシー政権は，補助対象のバラディー・パンの割当量を管理するスマートカードの導入実験をポート・サイードで開始した。この実験では，ICチップの埋め込まれたスマートカードの保有者を貧困層に限定し，カード保有

203

者に限ってバラディー・パンを購入できるようにした（図終-1）。これにより，貧困層以外がバラディー・パンを購入することやバラディー・パンの横流し，転売が困難となり，貧困削減プログラムとしての効率性が高まると考えられる。2014年，シーシー政権は，このスマートカードシステムをエジプト全土に広げ，食料価格補助制度の貧困削減プログラムとしての効率が高まることが期待された（*Ahram Online*, 11 May 2014；井堂 2015）。それと同時に，このような改革の実施は，エジプトの権威主義政権がポピュリズム型の所得分配の「呪縛」から徐々に解き放たれつつあることを示しているのではないだろうか。その一方で，いまだ民主主義国家とは言えない状況では，福祉の合理化が進行したとしても，それが福祉拡充につながる可能性は低いだろう。

　第二の要素が，経済成長による新たな福祉拡充のための財源の確保である。現在のエジプトは，税外収入の減少により，福祉拡充が困難な状況にある。そのため，福祉拡充のためには，経済成長を達成する必要がある。しかし，現在の政治的混乱状況では，エジプトに対する投資も冷え込み，経済成長は現実的ではない。今後，シーシー政権がどの程度，経済成長を成功させるのかが，福祉レジームの変容のカギを握っていると考えられる。

注
（1）メキシコ研究では，制度的革命党による経済成長とそれに基づく党勢維持を「実績正統性（performance legitimacy）」と表現している（Hansen 1971）。

参 考 文 献

井堂有子（2015）『「社会的公正」と再分配政策——エジプトの補助金制度改革の課題と展望』アジア経済研究所。

今井真士（2013）「比較政治学における歴史的制度論・比較歴史分析の着想の発展——科学哲学的基礎の模索から論理学的基礎の探求へ」『文教大学国際学部紀要』第26巻第1号，17-32頁。

新川敏光（2014）『福祉国家変革の理路——労働・福祉・自由』ミネルヴァ書房。

新川敏光・井戸正伸・宮本太郎・眞柄秀子（2004）『比較政治経済学』有斐閣。

鈴木恵美（2011）「削除された歴史——エジプト農地改革における地主議員」『東洋文化研究所紀要』第159冊，114-154頁。

長沢栄治（1985）「エジプト——食糧補助金と都市貧困層」宮治一雄編『中東の開発と統合』アジア経済研究所，111-136頁。

横田貴之（2006）『現代エジプトにおけるイスラームと大衆運動』ナカニシヤ出版。

Abdel-Fadil, Mahmoud (1980) *The Political Economy of Nasserism: A Study in Employment and Income Distribution Policies in Urban Egypt, 1952-1972*, Cambridge: Cambridge University Press.

Abdel-Khalek, Gouda (1993) "Structural Reform or Dutch Disease?", *L'Egypte Contemporaine*, 433-434: pp. 5-53.

Abdel-Latif, Abla, & Heba El-Laithy (1996) "Protecting Food Security for the Poor in a Liberalizing Economy", in L. B. Fletcher (ed.) *Egypt's Agriculture in a Reform Era*, Ames, Iowa: Iowa State University Press, pp. 294-327.

Abdelhamid, Doha, & Laila El Baradei (2009) *Reforming the Pay System for Government Employees in Egypt*, ECES Working Paper No. 151, Cairo: Egyptian Center for Economic Studies.

Aboulenein, Soheir, Heba El-Laithy, Omneia Helmy, Hanaa Kheir-El-Din, & Dina Mandour (2010) *Impact of the Global Food Price Shock on the Poor in Egypt*, ECES Working Paper No. 157, Cairo: Egyptian Center for Economic Studies.

Acemoglu, Daron, & James A. Robinson (2006) *Economic Origins of Dictatorship and Democracy*, Cambridge: Cambridge University Press.

Adly, Amr Ismail (2009) "Politically-Embedded Cronyism: The Case of Post-Liberalization Egypt", *Business & Politics*, 11 (4): pp. 1-26.

—— (2013) *State Reform and Development in the Middle East: Turkey and Egypt in the Post-Liberalization Era*, Abingdon, Oxon: Routledge.

Adsera, Alicia, & Carles Boix (2002) "Trade, Democracy, and the Size of the Public Sector: The Political Underpinnings of Openness", *International Organization*, 56 (2): pp. 229-262.

Ahmed, Akhter U., Howarth E. Bouis, Tamar Gutner, & Hans Löfgren (2001) *The Egyptian Food Subsidy System: Structure, Performance, and Options for Reform*, IFPRI Research Report No. 119, Washington, D.C.: International Food Policy Research Institute.

Ahmed, Sadiq (1984) *Public Finance in Egypt: Its Structure and Trends*, World Bank Staff Working Paper No. 639, Washington, D.C.: World Bank.

Alderman, Harold, Joachim von Braun, & Sakr Ahmad Sakr (1982) *Egypt's Food Subsidy and Rationing System: A Description*, IFPRI Research Report No. 32, Washington, D.C.: International Food Policy Research Institute.

Ali, Sonia M., & Richard H. Adams (1996) "The Egyptian Food Subsidy System: Operation and Effects on Income Distribution", *World Development*, 24 (11):

pp. 1777-1791.

Amin, Galal A. (2011) *Egypt in the Era of Hosni Mubarak, 1981-2010*, Cairo: American University in Cairo Press.

Andoni, Lamis, & Jillian Schwedler (1996) "Bread Riots in Jordan", *Middle East Report*, 201: pp. 40-42.

Arthur, W. B. (1989) "Competing Technologies, Increasing Returns, and Lock-in by Historical Events", *Economic Journal*, 99 (394): pp. 116-131.

Assaad, Ragui (1997) "The Effects of Public Sector Hiring and Compensation Policies on the Egyptian Labor Market", *World Bank Economic Review*, 11 (1): pp. 85-118.

Avelino, George, David S. Brown, & Wendy Hunter (2005) "The Effects of Capital Mobility, Trade Openness, and Democracy on Social Spending in Latin America, 1980-1999", *American Journal of Political Science*, 49 (3): pp. 625-641.

Ayubi, Nazih N. (1980) *Bureaucracy & Politics in Contemporary Egypt*, London: Ithaca Press published for the Middle East Centre, St. Antony's College.

────── (1991) *The State and Public Policies in Egypt since Sadat*, Reading: Ithaca Press.

────── (1995) *Over-Stating the Arab State: Politics and Society in the Middle East*, London: Tauris.

Bayat, Asef (2006) "The Political Economy of Social Policy in Egypt", in Massoud Karshenas & Valentine M. Moghadam (eds.) *Social Policy in the Middle East: Economic, Political, and Gender Dynamics*, Basingstoke: Palgrave Macmillan, pp. 135-155.

Baylouny, Anne Marie (2010) *Privatizing Welfare in the Middle East: Kin Mutual Aid Associations in Jordan and Lebanon*, Bloomington, Ind.: Indiana

University Press.

Beblawi, Hazem (1987) "The Rentier State in the Arab World", *Arab Studies Quarterly*, 9 (4): pp. 383-398.

Beinin, Joel (2009a) "Neo-Liberal Structural Adjustment, Political Demobilization, and Neo-Authoritarianism in Egypt", in Laura Guazzone & Daniela Pioppi (eds.) *The Arab State and Neo-liberal Globalization: The Restructuring of State Power in the Middle East*, Reading: Ithaca Press, pp. 19-46.

―――― (2009b) "Workers' Struggles under 'Socialism' and Neoliberalism", in Rabab El-Mahdi & Philip Marfleet (eds.) *Egypt: The Moment of Change*, London: Zed Books, pp. 68-86.

Bellin, Eva (2002) *Stalled Democracy: Capital, Labor and the Paradox of State-Sponsored Development*, Ithaca, N.Y.: Cornell University Press.

Bendix, Reinhard (1964) *Nation-Building and Citizenship: Studies of Our Changing Social Order*, New York: Wiley.（河合秀和訳『国民国家と市民的権利』岩波書店，1981年）。

Bevan, Philippa (2004a) "Conceptualising In/security Regimes", in Ian Gough & Geof Wood (eds.) *Insecurity and Welfare Regimes in Asia, Africa and Latin America: Social Policy in Development Contexts*, Cambridge: Cambridge University Press, pp. 88-118.

―――― (2004b) "The Dynamics of Africa's In/security Regimes", in Ian Gough & Geof Wood (eds.) *Insecurity and Welfare Regimes in Asia, Africa and Latin America: Social Policy in Development Contexts*, Cambridge: Cambridge University Press, pp. 202-252.

Bialer, Seweryn (1980) *Stalin's Successors: Leadership, Stability, and Change in the Soviet Union*, Cambridge: Cambridge University Press.

Bianchi, Robert (1989) *Unruly Corporatism: Associational Life in Twentieth-Cen-

tury Egypt, Oxford: Oxford University Press.

Bibars, Iman (2001) *Victims and Heroines: Women, Welfare and the Egyptian State*, London: Zed.

Binder, Leonard (1966) "Political Recruitment and Participation in Egypt", in Joseph LaPalombara & Myron Weiner (eds.) *Political Parties and Political Development*, Princeton, N.J: Princeton University Press, pp. 217-240.

Blaydes, Lisa (2011) *Elections and Distributive Politics in Mubarak's Egypt*, Cambridge: Cambridge University Press.

Brownlee, Jason (2007) *Authoritarianism in an Age of Democratization*, Cambridge: Cambridge University Press.

CAPMAS (1986-2012) *Annual Bulletin of Civil Servants in the Government, Public and Public Business Sector* [*Arabic*], Cairo: Central Agency for Public Mobilization and Statistics.

―――― (2006) *Statistical Yearbook 2005*, Cairo: Central Agency for Public Mobilization and Statistics.

―――― (2014) *A Study of Subsidised Baladi Bread* [*Arabic*], Cairo: Central Agency for Public Mobilization and Statistics.

Carr, David W. (1990) "The Possibility of Rapid Adjustment to Severe Budget-Deficit and Other Economic Problems in Egypt", *Journal of Developing Areas*, 24 (2): pp. 225-246.

CBE (1983-2002/03) *Economic Review*, Cairo: Central Bank of Egypt.

Clark, Janine A. (2004) *Islam, Charity, and Activism: Middle-Class Networks and Social Welfare in Egypt, Jordan, and Yemen*, Bloomington, Ind.: Indiana University Press.

Collier, Ruth Berins, & David Collier (2002) *Shaping the Political Arena: Critical Junctures, the Labor Movement, and Regime Dynamics in Latin America*, 2nd edition, Notre Dame, Ind.: University of Notre Dame Press.

Cooper, Mark N. (1982) *The Transformation of Egypt*, London: Croom Helm.

David, Paul A. (1985) "Clio and the Economics of QWERTY", *American Economic Review*, 75 (2): pp. 332-337.

De Gobbi, Maria Sabrina, & Alena Nesporova (2005) *Towards a New Balance between Labour Market Flexibility and Employment Security for Egypt*, Employment Strategy Paper No. 2005/10, Geneva: International Labour Office.

Deeb, Marius (1979a) "Labour and Politics in Egypt, 1919-1939", *International Journal of Middle East Studies*, 10 (2): pp. 187-203.

—— (1979b) *Party Politics in Egypt: The Wafd & Its Rivals, 1919-1939*, St Antony's Middle East Monograph No. 9, London: Ithaca Press.

Dessouki, Ali E. Hillal (1982) "The Politics of Income Distribution in Egypt", in Gouda Abdel-Khalek & Robert Tignor (eds.) *The Political Economy of Income Distribution in Egypt*, New York: Holmes & Meier, pp. 55-87.

—— (1991) "The Public Sector in Egypt: Organisation, Evolution and Strategies of Reform", in Heba Handoussa & Gillian Potter (eds.) *Employment and Structural Adjustment: Egypt in the 1990s*, Cairo: American University in Cairo Press, pp. 259-273.

Ehteshami, Anoushiravan, & Emma C. Murphy (1996) "Transformation of the Corporatist State in the Middle East", *Third World Quarterly*, 17 (4): pp. 753-772.

El-Ghamrawy, Tarek, & Ziad Amer (2011) *Public Wage Premium in Egypt: Mirage or Reality?*, ECES Working Paper No. 164, Cairo: Egyptian Center for Economic Studies.

El-Issawy, Ibrahim Hassan (1982) "Interconnections between Income Distribution and Economic Growth in the Context of Egypt's Economic Development", in Gouda Abdel-Khalek & Robert Tignor (eds.) *The Political Economy of Income Distribution in Egypt*, New York: Holmes & Meier, pp. 88-131.

El-Mahdi, Rabab, & Philip Marfleet (2009) "Introduction", in Rabab El-Mahdi & Philip Marfleet (eds.) *Egypt: The Moment of Change*, London: Zed Books, pp. 1-13.

El-Meehy, Asya (2009) *Rewriting the Social Contract: The Social Fund and Egypt's Politics of Retrenchment*, Doctoral Thesis, Toronto: University of Toronto.

El-Megharbel, Nihal (2008) "The Impact of Recent Macro and Labor Market Policies on Job Creation in Egypt", in Hanaa Kheir-El-Din (ed.) *The Egyptian Economy: Current Challenges and Future Prospects*, Cairo: American University in Cairo Press, pp. 179-200.

El-Shennawy, Abeer, & Ahmed Galal (2004) *Why Did Consumer and Wholesale Prices Diverge in Egypt Recently?*, ECES Policy Viewpoint No. 15, Cairo: Egyptian Center for Economic Studies.

El-Wassal, Kamal A. (2013) "Public Employment Dilemma in Egypt: Who Pays the Bill?", presented at *the 20th International Business Research Conference*, Dubai, 4-5 April.

Esping-Andersen, Gøsta (1990) *The Three Worlds of Welfare Capitalism*, Princeton, N.J.: Princeton University Press.(岡沢憲芙・宮本太郎監訳『福祉資本主義の三つの世界——比較福祉国家の理論と動態』ミネルヴァ書房, 2001年)。

――― (1994) *After the Golden Age: The Future of the Welfare State in the New Global Order*, Geneva: United Nations Research Institute for Social Development.

Ezrow, Natasha, & Erica Franz (2011) *Dictators and Dictatorships: Understanding*

Authoritarian Regimes and Their Leaders, London: Continuum Publishing Corporation.

Fahmy, Ninette S. (2002) *The Politics of Egypt: State-Society Relationship*, London: RoutledgeCurzon.

Fergany, Nader (1991) "A Characterisation of the Employment Problem in Egypt", in Heba Handoussa & Gillian Potter (eds.) *Employment and Structural Adjustment: Egypt in the 1990s*, Cairo: American University in Cairo Press, pp. 25-56.

Forrat, Natalia (2012) *The Authoritarian Welfare State: A Marginalized Concept*, Comparative-Historical Social Science Working Paper No. 12-005, Evanston, Ill: Northwestern University, Roberta Buffett Center for International and Comparative Studies.

Frazier, Mark W. (2006) "One Country, Three Systems: The Politics of Welfare Policy in China's Authoritarian Developmental State", presented at *the Conference on Capitalism with Chinese Characteristics: China's Political Economy in Comparative and Theoretical Perspective*, Indiana University (Bloomington, Ind.), 19-20 May.

Galal, Ahmed (2003) *Social Expenditure and the Poor in Egypt*, ECES Working Paper No. 89, Cairo: Egyptian Center for Economic Studies.

Gandhi, Jennifer, & Ellen Lust-Okar (2009) "Elections under Authoritarianism", *Annual Review of Political Science*, 12: pp. 403-422.

Gandhi, Jennifer, & Adam Przeworski (2006) "Cooperation, Cooptation, and Rebellion under Dictatorships", *Economics and Politics*, 18 (1): pp. 1-26.

Garrison, Jean L. (1976) *The Development of Social Security in Egypt*, Doctoral Thesis, Chicago, Ill.: University of Chicago.

―――― (1978) "Public Assistance in Egypt: An Ideological Analysis", *Middle East*

Journal, 32 (3): pp. 279-290.

Gause, F. Gregory III (2011) "Why Middle East Studies Missed the Arab Spring: The Myth of Authoritarian Stability", *Foreign Affairs*, 90 (4): pp. 81-90.

Gerschenkron, Alexander (1962) *Economic Backwardness in Historical Perspective: A Book of Essays*, Cambridge, Mass.: Belknap Press (Harvard University Press).

Gutner, Tammi (1999) *The Political Economy of Food Subsidy Reform in Egypt*, FCND Discussion Paper No. 77, Washington, D.C.: International Food Policy Research Institute.

Haber, Stephen (2006) "Authoritarian Government", in Barry R. Weingast & Donald A. Wittman (eds.) *The Oxford Handbook of Political Economy*, Oxford: Oxford University Press, pp. 693-707.

Hacker, Jacob S. (2005) "Policy Drift: The Hidden Politics of US Welfare State Retrenchment", in Wolfgang Streeck & Kathleen Thelen (eds.) *Beyond Continuity: Institutional Change in Advanced Political Economies*, Oxford: Oxford University Press, pp. 40-82.

Haggard, Stephan, & Robert R. Kaufman (2008) *Development, Democracy, and Welfare States: Latin America, East Asia, and Eastern Europe*, Princeton, N. J.: Princeton University Press.

Hall, Peter A. (1986) *Governing the Economy: The Politics of State Intervention in Britain and France*, Cambridge: Polity Press.

Handoussa, Heba (1983) *Public Sector Employment and Productivity in the Egyptian Economy*, Employment Opportunities and Equity in Egypt No. 7, Geneva: International Labour Office.

Handoussa, Heba, & Nivine El-Oraby (2004) *Civil Service Wages and Reform: The Case of Egypt*, ECES Working Paper No. 98, Cairo: Egyptian Center for

Economic Studies.

Handoussa, Heba, Mieko Nishimizu, & John M. Page (1986) "Productivity Change in Egyptian Public Sector Industries after 'the Opening,' 1973-1979", *Journal of Development Economics*, 20 (1): pp. 53-73.

Hansen, Bent (1991) *The Political Economy of Poverty, Equity and Growth: Egypt and Turkey*, Oxford: Oxford University Press.

Hansen, Bent, & Girgis A. Marzouk (1965) *Development and Economic Policy in the UAR (Egypt)*, Amsterdam: North-Holland Publishing Company.

Hansen, Bent, & Samir Radwan (1982) *Employment Opportunities and Equity in a Changing Economy-Egypt in the 1980s-A Labour Market Approach*, Geneva: International Labour Office.

Hansen, Roger D. (1971) *The Politics of Mexican Development*, Baltimore, Md.: Johns Hopkins Press.

Harik, Iliya (1997) *Economic Policy Reform in Egypt*, Gainesville, Fla.: University Press of Florida.

Harrigan, Jane, & Hamed El-Said (2009a) *Aid and Power in the Arab World: World Bank and IMF Policy-Based Lending in the Middle East and North Africa*, Basingstoke: Palgrave Macmillan.

―――― (2009b) *Economic Liberalisation, Social Capital and Islamic Welfare Provision*, Basingstoke: Palgrave Macmillan.

Hashem, Amr, & Noha El-Mikawy (2002) "Business Parliamentarians as Locomotives of Information and Production of Knowledge", in Noha El-Mikawy & Heba Ahmad Handoussa (eds.) *Institutional Reform & Economic Development in Egypt*, Cairo: American University in Cairo Press, pp. 49-60.

Helmy, Omneia (2008) "Toward a More Efficient and Equitable Pension System in Egypt", in Hanaa Kheir-El-Din (ed.) *The Egyptian Economy: Current*

　　　　Challenges and Future Prospects, Cairo: American University in Cairo Press, pp. 201-231.

Hicks, Alexander M.（1999）*Social Democracy and Welfare Capitalism: A Century of Income Security Politics*, Ithaca, N.Y.: Cornell University Press.

Hinnebusch, Raymond A.（1985）*Egyptian Politics under Sadat: The Post-Populist Development of an Authoritarian-Modernizing State*, Cambridge: Cambridge University Press.

――――（2006）"Authoritarian Persistence, Democratization Theory and the Middle East: An Overview and Critique", *Democratization*, 13（3）: pp. 373-395.

Hirst, David, & Irene Beeson（1981）*Sadat*, London: Faber.

Huber, Evelyne, & John D. Stephens（2001）*Development and Crisis of the Welfare State: Parties and Policies in Global Markets*, Chicago, Ill.: University of Chicago Press.

Huntington, Samuel P.（1991）*The Third Wave: Democratization in the Late Twentieth Century*, Norman, Okla.: University of Oklahoma Press.（坪郷實・中道寿一・藪野祐三訳『第三の波――20世紀後半の民主化』三嶺書房，1995年）。

Ibrahim, Saad Eddin（1982）"Social Mobility and Income Distribution in Egypt, 1952-1977", in Gouda Abdel-Khalek & Robert Tignor（eds.）*The Political Economy of Income Distribution in Egypt*, New York: Holmes & Meier, pp. 375-434.

Ikram, Khalid（1980）*Egypt, Economic Management in a Period of Transition: The Report of a Mission Sent to the Arab Republic of Egypt by the World Bank*, Baltimore, Md.: Johns Hopkins University Press published for the World Bank.

――――（2006）*The Egyptian Economy, 1952-2000: Performance, Policies, and Issues*, London: Routledge.

ILO (1960) *Report to the Government of the United Arab Republic on the Administration of the Social Insurance Scheme under Act no. 92 of 1959*, ILO/TAP/UAR/R.3, Geneva: International Labour Office.

Information Department (1962) *The Charter*, Cairo: Information Department, United Arab Republic.

────── (1964) *The Revolution in Twelve Years, 1952-1964*, Cairo: Information Department, United Arab Republic.

Jawad, Rana (2009) *Social Welfare and Religion in the Middle East: A Lebanese Perspective*, Bristol: Policy Press.

Jolly, Richard (1991) "Adjustment with a Human Face: A UNICEF Record and Perspective on the 1980s", *World Development*, 19 (12): pp. 1807-1821.

Kandil, Magda (2010) *The Subsidy System in Egypt: Alternatives for Reform*, ECES Policy Viewpoint No. 25, Cairo: Egyptian Center for Economic Studies.

Kassem, Maye (2002) "Information and Production of Knowledge or Lobbying?: Businessmen's Association, Federation of Labor Unions, and the Ministry of Manpower", in Noha El-Mikawy & Heba Ahmad Handoussa (eds.) *Institutional Reform & Economic Development in Egypt*, Cairo: American University in Cairo Press, pp. 61-78.

────── (2004) *Egyptian Politics: The Dynamics of Authoritarian Rule*, Boulder, Colo.: Lynne Rienner Publishers.

Kawamura, Yusuke (2015) "Structural Adjustment and Social Protection in the Middle East and North Africa: Food Subsidies in Jordan", *Contemporary Arab Affairs*, 8 (1): pp. 81-95.

Kherallah, Mylène, Hans Löfgren, Peter Gruhn, & Reeder. Meyra M. (2000) *Wheat Policy Reform in Egypt: Adjustment of Local Markets and Options for Future Reforms*, IFPRI Research Report No. 115, Washington, D.C.: International

Food Policy Research Institute.

King, Stephen J. (2009) *The New Authoritarianism in the Middle East and North Africa*, Bloomington, Ind.: Indiana University Press.

Korayem, Karima (2001) "The Impact of Food Subsidy Policy on Low Income People and the Poor in Egypt", in Gouda Abdel-Khalek & Karima Korayem (eds.) *Fiscal Policy Measures in Egypt: Public Debt and Food Subsidy*, Cairo: American University in Cairo Press, pp. 67-125.

Korpi, Walter (1983) *The Democratic Class Struggle*, London: Routledge & Kegan Paul.

Kraay, Aart (2007) *The Welfare Effects of a Large Depreciation: The Case of Egypt, 2000-05*, Policy Research Working Paper No. 4182, Washington, D.C.: World Bank.

Lake, David A., & Matthew A. Baum (2001) "The Invisible Hand of Democracy: Political Control and the Provision of Public Services", *Comparative Political Studies*, 34 (6): pp. 587-621.

Lal, Deepak (1997) *The Poverty of 'Development Economics'*, 2nd edition, London: Institute of Economic Affairs.

Levi, Margaret (1997) "A Model, a Method, and a Map: Rational Choice in Comparative and Historical Analysis", in Mark Irving Lichbach & Alan S. Zuckerman (eds.) *Comparative Politics: Rationality, Culture, and Structure*, Cambridge: Cambridge University Press, pp. 19-41.

Lipset, Seymour Martin, & Stein Rokkan (1967) "Cleavage Structures, Party Systems, and Voter Alignments: Introduction", in Seymour Martin Lipset & Stein Rokkan (eds.) *Party Systems and Voter Alignments: Cross-national Perspectives*, New York: Free Press, pp. 1-64.

Loewe, Markus (2000) *Social Security in Egypt: An Analysis and Agenda for Policy*

Reform, ERF Working Paper No. 2024, Cairo: Economic Research Forum.

―――― (2004) "New Avenues to Be Opened for Social Protection in the Arab World: The Case of Egypt", *International Journal of Social Welfare*, 13 (1): pp. 3-14.

Lotz, Jorgen R. (1966) "Taxation in the United Arab Republic (Egypt)", *IMF Staff Papers*, 13: pp. 121-153.

Lust-Okar, Ellen (2005) *Structuring Conflict in the Arab World: Incumbents, Opponents, and Institutions*, Cambridge: Cambridge University Press.

Maait, Mohamed, & Gustavo Demarco (2012) "Egypt's New Social Insurance System: An NDC Reform in an Emerging Economy", in Robert Holzmann, Edward E. Palmer & David A. Robalino (eds.) *Nonfinancial Defined Contribution Pension Schemes in a Changing Pension World (vo. 1) -Progress, Lessons, and Implementation*, Washington, D.C.: World Bank, pp. 159-186.

Maait, Mohamed, Gala Ismail, & Zaki Khorasanee (2000) "The Effects of Privatisation and Liberalisation of the Economy on the Actuarial Soundness of the Egyptian Funded and Defined Benefits Social Security Scheme", presented at *the Year 2000 International Research Conference on Social Security*, Helsinki, 25-27 September.

Magaloni, Beatriz (2008) "Credible Power-Sharing and the Longevity of Authoritarian Rule", *Comparative Political Studies*, 41 (4-5): pp. 715-741.

Mahoney, James (2000) "Path Dependence in Historical Sociology", *Theory and Society*, 29 (4): pp. 507-548.

―――― (2001) *The Legacies of Liberalism: Path Dependence and Political Regimes in Central America*, Baltimore, Md.: Johns Hopkins University Press.

Mahoney, James, & Kathleen Thelen (2010a) "A Theory of Gradual Institutional

Change", in James Mahoney & Kathleen Thelen (eds.) *Explaining Institutional Change: Ambiguity, Agency, and Power*, Cambridge: Cambridge University Press, pp. 1-37.

――― (eds.) (2010b) *Explaining Institutional Change: Ambiguity, Agency, and Power*, Cambridge: Cambridge University Press.

Mares, Isabela, & Matthew E. Carnes (2009) "Social Policy in Developing Countries", *Annual Review of Political Science*, 12: pp. 93-113.

Marshall, Thomas H. (1950) *Citizenship and Social Class, and Other Essays*, Cambridge: Cambridge University Press.

Mitchell, Timothy (1999) "Dreamland: The Neoliberalism of Your Desires", *Middle East Report*, 210: pp. 28-33.

MoF (2008) *Egypt: Briefing on the Recent Wage and Subsidies Increase and Offsetting Budgetary Measures*, Cairo: Ministry of Finance.

――― (2014) *Monthly Budget Performance*, Cairo: Ministry of Finance. Available at http://www.mof.gov.eg/MOFGallerySource/English/Monthly-Budget-Performance.pdf (Accessed: 6 March 2014).

Momani, Bessma (2005) *IMF-Egyptian Debt Negotiations*, Cairo: American University in Cairo Press.

Moore, Barrington (1967) *Social Origins of Dictatorship and Democracy: Lord and Peasant in the Making of the Modern World*, London: Penguin.

MoP (1977) *The Five-Year Plan, 1978-1982 (vol. 1) -The General Strategy for Economic and Social Development*, Cairo: Ministry of Planning (MoP), Arab Republic of Egypt.

――― (1982) *The Detailed Frame of the Five Year Plan for Economic and Social Development, 1982/83-1986/87 (vol. 1) -Principal Components*, Cairo: Ministry of Planning.

MSI (1984) "Social Insurance in the Arab Republic of Egypt", *International Social Security Review*, 37 (4): pp. 424-440.

Mubila, Maurice, & Mohamed-Safouane Ben Aissa (2011) *The Middle of the Pyramid: Dynamics of the Middle Class in Africa*, Tunis: African Development Bank.

Naguib, Mohammed (1955) *Egypt's Destiny*, London: Gollancz.

Nassar, Heba (2002) "Social Protection for the Poor in Egypt", in Moustafa Kamel Sayed (ed.) *Facing Social Consequences of Structural Adjustment in Latin America and the Arab World*, Cairo: Center of Developing Countries Studies, Cairo University, pp. 184-231.

Negm, Aly (1988) "The New Foreign Exchange Rate System in Egypt", *Arab Banker*, 8 (3): pp. 8-9, 26.

Nonneman, Gerd (1996) "Patterns of Economic Liberalization: Explanations and Modalities", in Gerd Nonneman (ed.) *Political and Economic Liberalization: Dynamics and Linkages in Comparative Perspective*, Boulder, Colo.: Lynne Rienner Publishers, pp. 31-43.

O'Brien, Patrick (1966) *The Revolution in Egypt's Economic System: From Private Enterprise to Socialism, 1952-1965*, London: Oxford University Press (issued under the auspices of the Royal Institute of International Affairs).

O'Donnell, Guillermo A. (1973) *Modernization and Bureaucratic-Authoritarianism: Studies in South American Politics*, Berkeley, Calif.: University of California, Institute of International Studies.

―――― (1979) "Tensions in the Bureaucratic-Authoritarian State and the Question of Democracy", in David Collier (ed.) *The New Authoritarianism in Latin America*, Princeton, N.J.: Princeton University Press, pp. 285-318.

Orloff, Ann Shola, & Theda Skocpol (1984) "Why Not Equal Protection?:

Explaining the Politics of Public Social Spending in Britain, 1900-1911, and the United States, 1880s-1920", *American Sociological Review*, 49 (6): pp. 726-750.

Osman, Tarek (2010) *Egypt on the Brink: From Nasser to Mubarak*, New Haven, Conn.: Yale University Press.

Oweidat, Nadia, Cheryl Benard, Dale Stahl, Walid Kildani, Edward O'Connell, & Audra K. Grant (2008) *The Kefaya Movement: A Case Study of a Grassroots Reform Initiative*, Santa Monica, Calif.: RAND Corporation.

Paczynska, Agnieszka (2009) *State, Labor, and the Transition to a Market Economy: Egypt, Poland, Mexico, and the Czech Republic*, University Park, Pa.: Pennsylvania State University Press.

Peet, Richard, & Elaine R. Hartwick (2015) *Theories of Development: Contentions, Arguments, Alternatives*, 3rd edition, New York: Guilford Press.

Pierson, Paul (1996) "The New Politics of the Welfare State", *World Politics*, 48 (2): pp. 143-179.

―――― (2004) *Politics in Time: History, Institutions, and Social Analysis*, Princeton, N.J.: Princeton University Press.（粕谷祐子監訳『ポリティクス・イン・タイム――歴史・制度・社会分析』勁草書房，2010年）。

Posusney, Marsha Pripstein (1997) *Labor and the State in Egypt: Workers, Unions, and Economic Restructuring*, New York: Columbia University Press.

Przeworski, Adam, Michael E. Alvarez, Jose Antonio Cheibub, & Fernando Limongi (2000) *Democracy and Development: Political Institutions and Well-being in the World, 1950-1990*, Cambridge: Cambridge University Press.

Radwan, Samir (2002) *Employment and Unemployment in Egypt: Conventional Problems, Unconventional Remedies*, ECES Working Paper no. 70, Cairo: Egyptian Center for Economic Studies.

Radwan, Samir, & Eddy Lee (1985) *Agrarian Change in Egypt: An Anatomy of Rural Poverty*, London: Croom Helm.

Rapley, John (2007) *Understanding Development: Theory and Practice in the Third World*, 3rd edition, Boulder, Colo.: Lynne Rienner Publishers.

Richards, Alan (1991) "The Political Economy of Dilatory Reform: Egypt in the 1980s", *World Development*, 19 (12): pp. 1721-1730.

―――― (1992) *Higher Education in Egypt*, Policy Research Working Paper No. WPS 862, Washington, D.C.: World Bank.

Richards, Alan, & John Waterbury (2008) *A Political Economy of the Middle East*, 3rd edition, Boulder, Colo.: Westview.

Rokkan, Stein (1970) *Citizens, Elections, Parties: Approaches to the Comparative Study of the Processes of Development*, Oslo: Universitetsforlaget.

Roushdy, Rania, & Irène Selwaness (2012) *Who Is Covered and Who Undereports: An Empirical Analysis of Access to Social Insurance on the Egyptian Labor Market*, Gender and Work in the MENA Region Working Paper Series No. 25, Cairo: Population Council Egypt Country Office.

Rowntree, J. (1993) "Marketing Channels and Price Determination for Agricultural Commodities", in Gillian M. Craig (ed.) *The Agriculture of Egypt*, Oxford: Oxford University Press, pp. 420-444.

Rutherford, Bruce K. (2008) *Egypt after Mubarak: Liberalism, Islam, and Democracy in the Arab World*, Princeton, N.J.: Princeton University Press.

Ryan, Curtis R. (1998) "Peace, Bread and Riots: Jordan and the International Monetary Fund", *Middle East Policy*, 6 (2): pp. 54-66.

Sabry, Sarah (2005) "The Social Aid and Assistance Programme of the Government of Egypt: A Critical Review", *Environment and Urbanization*, 17 (2): pp. 27-41.

Sadowski, Yahya M. (1991) *Political Vegetables?: Businessman and Bureaucrat in the Development of Egyptian Agriculture*, Washington, D. C: Brookings Institution.

Said, Mona (2007) *The Fall and Rise of Earnings and Inequality in Egypt: New Evidence from the ELMPS, 2006*, ERF Working Paper No. 708, Cairo: Economic Research Forum.

Salevurakis, John William, & Abdel-Haleim Sahar Mohamed (2008) "Bread Subsidies in Egypt: Choosing Social Stability or Fiscal Responsibility", *Review of Radical Political Economics*, 40 (1): pp. 35-49.

Scobie, Grant M. (1981) *Government Policy and Food Imports: The Case of Wheat in Egypt*, IFPRI Research Report No. 29, Washington, D.C.: International Food Policy Research Institute.

Sdralevich, Carlo, Randa Sab, Younes Zouhar, & Giorgia Albertin (2014) *Subsidy Reform in the Middle East and North Africa: Recent Progress and Challenges Ahead*, Washington, D.C.: International Monetary Fund.

Selwaness, Irène (2012) "Rethinking Social Insurance in Egypt: An Empirical Study", presented at *the 18th Annual Conference of the Economic Research Forum*, Cairo, 25-27 March.

Sieverding, Maia (2012) *A Life Course Perspective on Social Protection among the Working Poor in Egypt*, Gender and Work in the MENA Region Working Paper Series No. 24, Cairo: Population Council Egypt Country Office.

Sieverding, Maia, & Irène Selwaness (2012) *Expanding Social Insurance Access to Egypt's Informal Workers: Challenges and Potential Opportunities*, Gender and Work in the MENA Region Policy Brief Series No. 8, Cairo: Population Council Egypt Country Office.

Silva, Joana, Victoria Levin, & Matteo Morgandi (2012) *The Way Forward for*

Social Safety Nets in the Middle East and North Africa, MENA Development Report No. 7385, Washington, D.C.: World Bank.

Skocpol, Theda (1992) *Protecting Soldiers and Mothers: The Political Origins of Social Policy in the United States*, Cambridge, Mass.: Belknap (Harvard University Press).

Skocpol, Theda, & Edwin Amenta (1986) "States and Social Policies", *Annual Review of Sociology*, 12: pp. 131-157.

Soifer, Hillel David (2012) "The Causal Logic of Critical Junctures", *Comparative Political Studies*, 45 (12): pp. 1572-1597.

Solidarity Center (2010) *Justice for All: The Struggle for Worker Rights in Egypt*, Washington, D.C.: Solidarity Center.

Soliman, Samer (2011) *The Autumn of Dictatorship: Fiscal Crisis and Political Change in Egypt under Mubarak*, Stanford, Calif.: Stanford University Press.

Springborg, Robert (1989) *Mubarak's Egypt: Fragmentation of the Political Order*, Boulder: Westview.

Starr, Gerald Frank (1983) *Wages in the Egyptian Formal Sector*, Employment Opportunities and Equity in Egypt No. 5, Geneva: International Labour Office.

Streeck, Wolfgang, & Kathleen Thelen (eds.) (2005) *Beyond Continuity: Institutional Change in Advanced Political Economies*, Oxford: Oxford University Press.

Thelen, Kathleen (1999) "Historical Institutionalism in Comparative Politics", *Annual Review of Political Science*, 2 (1): pp. 369-404.

Tignor, Robert (1982) "Equity in Egypt's Recent Past: 1945-1952", in Gouda Abdel-Khalek & Robert Tignor (eds.) *The Political Economy of Income Distribution in Egypt*, New York: Holmes & Meier, pp. 20-54.

Tilly, Charles (1984) *Big Structures, Large Processes, Huge Comparisons*, New

York: Russell Sage Foundation.

Trego, Rachel (2011) "The Functioning of the Egyptian Food-Subsidy System during Food-Price Shocks", *Development in Practice*, 21 (4-5): pp. 666-678.

UNDP & INP (2005) *Egypt Human Development Report 2005-Choosing Our Future: Towards a New Social Contract*, Cairo: Institute of National Planning.

—— (2008) *Egypt Human Development Report 2008-Egypt's Social Contract: The Role of Civil Society*, Cairo: Institute of National Planning.

—— (2010) *Egypt Human Development Report 2010-Youth in Egypt: Building Our Future*, Cairo: Institute of National Planning.

Vatikiotis, P. J. (1991) *The History of Modern Egypt: From Muhammad Ali to Mubarak*, 4th edition, Baltimore, Md.: Johns Hopkins University Press.

von Braun, Joachim, & Hartwig de Haen (1983) *The Effects of Food Price and Subsidy Policies on Egyptian Agriculture*, IFPRI Research Report No. 42, Washington, D.C.: International Food Policy Research Institute.

Wahba, Mourad Magdi (1994) *The Role of the State in the Egyptian Economy: 1945-1981*, Reading: Ithaca Press.

Warriner, Doreen (1962) *Land Reform and Development in the Middle East: A Study of Egypt, Syria and Iraq*, 2nd edition, London: Oxford University Press (issued under the auspices of the Royal Institute of International Affairs).

Waterbury, John (1978) *Egypt: Burdens of the Past, Options for the Future*, Bloomington, Ind.: Indiana University Press published in association with the American Universities Field Staff.

—— (1983) *The Egypt of Nasser and Sadat: The Political Economy of Two Regimes*, Princeton, N.J.: Princeton University Press.

Weiss, Dieter, & Ulrich G. Wurzel (1998) *The Economics and Politics of Transition to an Open Economy: Egypt*, Paris: Organisation for Economic Co-Operation and Development, Development Centre.

WFP (2008) *Egypt: Vulnerability Analysis and Review of the Food Subsidy*, Cairo: World Food Programme (WFP) Regional Bureau in Cairo.

Williamson, John (2003) "From Reform Agenda to Damaged Brand Name", *Finance and Development*, 40 (3): pp. 10-13.

World Bank (1990) *World Development Report 1990: Poverty*, Washington, D.C.: World Bank.

――― (1991) *Egypt: Alleviating Poverty during Structural Adjustment*, Report No. 9838, Washington, D.C.: World Bank.

――― (1993) *The East Asian Miracle: Economic Growth and Public Policy*, Oxford: Oxford University Press for the World Bank.

――― (2002) *Reducing Vulnerability and Increasing Opportunity: Social Protection in the Middle East and North Africa*, Washington, D.C.: World Bank.

――― (2004) *Unlocking the Employment Potential in the Middle East and North Africa: Toward a New Social Contract*, Washington, D.C.: World Bank.

――― (2005) *Egypt: Toward a More Effective Social Policy*, Report No. 33550-EG, Washington, D.C.: World Bank.

Wurzel, Ulrich G. (2009) "The Political Economy of Authoritarianism in Egypt: Insufficient Structural Reforms, Limited Outcomes and a Lack of New Actors", in Laura Guazzone & Daniela Pioppi (eds.) *The Arab State and Neo-liberal Globalization: The Restructuring of State Power in the Middle East*, Reading: Ithaca Press, pp. 97-123.

Zaytoun, Mohaya A. (1991) "Earnings and the Cost of Living: An Analysis of Recent Developments in the Egyptian Economy", in Heba Handoussa & Gillian Potter (eds.) *Employment and Structural Adjustment: Egypt in the 1990s*, Cairo: American University in Cairo Press, pp. 219-257.

あとがき

　本書は，エジプトという権威主義国家における社会保障制度を対象とした研究書である。筆者がエジプトをはじめとする中東・北アフリカ地域に関心を持つようになったきっかけは，2001年のアメリカ同時多発テロであった。その当時，高校三年生であった筆者は，テレビでニューヨークの世界貿易センタービルに旅客機が突入するシーンを目撃し，衝撃を受けた。筆者は，翌2002年に京都大学法学部に入学した。受験勉強から解放され，自分が好きな勉強ができるようになった筆者は，一般にアメリカ同時多発テロの原因として指摘されていたイスラームという宗教や，テロを生み出したとされる中東・北アフリカ地域の社会や政治，文化について学んでみたいと思った。そして，徐々に中東・北アフリカ地域のことを学び，理解していくにつれ，中東・北アフリカ地域の政治をテーマとした研究を続けていきたいと考えるようになった。

　そして筆者は，2007年に京都大学大学院法学研究科修士課程に進学し，研究者としての一歩を踏み出した。進学した当時は，本書とは直接関連のないテーマに関心を持っていたが，指導教官であった新川敏光先生の下で学んでいくうちに，中東・北アフリカ諸国の社会保障に関心を抱くようになった。新川先生や同門の先輩方が研究対象としているのは，民主主義国家における福祉政治であった。また，福祉国家論という学問自体も，自由民主主義を前提としたものであり，既存の福祉国家論の枠組みを用いて，権威主義国家である中東・北アフリカ諸国を分析することには無理があった。そこで筆者は，福祉国家論とは異なる分析枠組みを用いて，中東・北アフリカ地域の権威主義国家における福祉政治を分析しようと思い至ったのであった。そして2010年，基礎からしっか

りと中東・北アフリカ政治について学ぶために，イギリスにおける中東・北アフリカ政治研究の拠点大学の一つである，ダラム大学に留学した．

　本書は，ダラム大学留学以降の研究成果をまとめたものである．本書では，第二次世界大戦以後，「アラブの春」までのエジプトにおける福祉レジームの発展と変容を把握しようと試みた．労働運動などによる「下からの圧力」が福祉レジームを作り出す民主主義国家とは対照的に，エジプトのような権威主義国家では，政治指導者の戦略という「上からの力」が福祉レジーム発展の原動力となる．そして，「独裁者」というイメージが強い権威主義国家の政治指導者も，まったくの自由裁量で戦略を決定できるわけではない．過去の政治指導者の選択が制度遺産を形成し，そのような遺産が政治指導者の戦略の幅を狭める．本書は，エジプトでは「ポピュリズム型福祉レジーム」の制度遺産という枷がムバーラク政権を縛り，社会問題の放置へと繋がってしまったことを明らかにした．筆者のこのような試みがどの程度達成できているのかは，読者諸氏のご判断に委ねるほかはない．また，終章で挙げた点以外にも，本書には不充分な点をいくつも挙げることが可能だろうが，読者諸氏の忌憚のないご意見，ご叱正をお願いしたい．

　さまざまな問題点を抱えている本書であるが，上梓に至るまでには，数多くの方々にお世話になった．まず，京都大学修士課程，博士後期課程で筆者の指導を引き受けてくださった新川敏光先生に心から感謝したい．先生の法学部演習に参加して以来，10年以上にわたってお世話になっている．2004年に先生に初めてお目にかかったとき，先生との出会いが本書のテーマへとつながることになろうとは思ってもみなかった．新川先生は，ご自身の専門とは全く異なる，中東・北アフリカ政治に興味を持つ筆者の拙い原稿を根気強く読んでくださり，的確なアドバイスをくださった．また，先生は，とかく中東・北アフリカ政治の現状にばかり関心を向け，政治学の勉強をおろそかにしがちな筆者に対して，政治学の基本文献を読み込み，理解することの大切さを教えてくださった．

あとがき

　そして，筆者にとってもう一人の指導教官であるダラム大学の Emma C. Murphy 先生にも感謝したい。Murphy 先生は，英語の苦手な筆者にでも理解できるように根気強く，かつ丁寧に指導してくださった。またご多忙であるにもかかわらず，筆者が拙い英語で書いた原稿を丁寧に読んでくださり，内容面での的確なアドバイスをくださっただけではなく，わずかな文法の間違いまで指摘してくださった。先生の丁寧なご指導がなければ，イギリスでの博士号取得にはさらなる時間がかかっただろう。

　ダラム大学では，Murphy 先生以外にもさまざまな方々のご助言を頂戴した。Christopher Davidson 先生や Anoushiravan Ehteshami 先生には，学内での研究会や年次審査（annual review）において，筆者の博士論文の内容の一部に対するコメントをいただいた。また，筆者の同僚であった Oğuzhan Göksel さん（イスタンブール五月二九日大学）には，筆者の博士論文のアイデアやストーリーについての相談に乗ってもらった。彼のおかげにより，博士論文の構想もまとめることができた。また，指導教官を同じくする彼のひたむきな研究への姿勢に刺激を受けた。現在は，母国トルコに戻り，トルコ政治学界で活躍する存在になっていると伝え聞いている。彼の助けに感謝するとともに，トルコでの社会科学を取り巻く環境が悪化しているなか，今後彼が活躍することを祈念したい。つづいて，口頭試問の際に試験官を引き受けてくださった，Mehmet Asutay 先生および Adam Hanieh 先生（ロンドン大学東洋アフリカ学院）には，博士論文の修正点について的確なコメントを頂戴した。ここに記してお礼を申し上げる。

　さらに，ダラムで知り合った日本出身の留学生の皆さんは，異国での慣れない生活に四苦八苦する筆者を助けてくれた。とくに石井秀幸，下田麗，加来賢一，浅倉美菜子，森田篤士・珠実の各氏には，大変お世話になった。彼らは，博士論文を言い訳にして家に引き籠りがちな筆者を外に連れ出してくれた。筆者は，そのおかげで煮詰まってしまった研究内容をリセットし，効率的に研究

をすすめることができた。また，彼らはみな，専攻分野が異なるが，異国の地で外国語での授業についていこうと必死に勉強していた。筆者も，その姿に刺激を受けた。

　筆者は，博士論文の執筆のため，2014年4月にエジプト・カイロで現地調査を行なった。その際，さまざまな先生方に筆者の不慣れな異国での研究活動を助けていただいた。とりわけ，Bahgat Korany 先生（カイロ・アメリカン大学），Daniela Pioppi 先生（ナポリ東洋大学），Leonardo Menchini 先生（ユニセフ・カイロ事務所），Ahmed Kandil 先生（アル゠アハラーム政治戦略研究センター）には，エジプト国内での資料調査やインタビュー調査でお世話になった。各先生方の手助けによって，カイロでの調査もスムーズに行なうことができた。

　現在，筆者が所属する京都大学大学院法学研究科の先生方からも温かいご指導を賜った。とりわけ故・的場敏博先生，眞渕勝先生，鈴木基史先生，唐渡晃弘先生，待鳥聡史先生には，学部および大学院の演習で研究の初歩を教えていただいた。日本の政治学界の第一線で活躍しておられる先生方に指導していただいたことは，研究の世界に飛び込んだばかりの筆者にとって貴重な経験であった。

　また，近藤正基さん（神戸大学），荒木隆人さん（岐阜市立女子短期大学），安周永さん（常葉大学）には，日本語に翻訳したばかりの本書の草稿に目を通していただき，ご助言と温かい励ましの言葉をいただいた。筆者の能力不足もあり，御三方から頂戴したコメントを充分に生かし切れなかったことをお詫びするとともに，感謝申し上げる。

　本書の刊行に至るまでさまざまな財政的支援を受けたことにも謝意を示したい。まず，本書の元となった博士論文の作成にあたり，財政的支援をしてくださった松下幸之助記念財団および村田学術振興財団に感謝申し上げる。両財団からの支援により，エジプトでのフィールドワークの費用を賄うことができた。また，本書の出版にあたっては，2016年度京都大学総長裁量経費として採択さ

あとがき

れた，法学研究科若手研究者出版助成事業から出版費用の補助を受けた。筆者の都合により，出版が年度末になってしまったにもかかわらず，手続きを進めてくださった京都大学の事務職員の皆さんにも感謝申し上げる。

　また，本書の刊行に当たり，ミネルヴァ書房の堀川健太郎さんに大変お世話になった。初めての出版のため，右も左も分からぬ著者に助言をくださった。また，出版助成の都合上，厳しい時間的制約のなか，最後まで丁寧に作業を進めてくださった。改めてお礼を申し上げたい。

　このほかにもさまざまな方々のお力添えをいただいたが，ここで全員のお名前を挙げられないことをお許し願いたい。

　最後に，私事になるが，筆者の家族に感謝したい。まがりなりにも博士論文を完成させ，出版にまでこぎつけることができたのは，妻・万紀子の精神的な支えがあってこそであった。このような不安定な職にある筆者を夫として選んでくれたことに感謝したい。また，両親は，大学卒業後も就職せず，さらに海外に留学しようとする筆者を温かく見守ってくれた。不肖の息子に対してこのような自由を許してくれた父・厚男と母・整子に本書を捧げる。

　　　2017年3月10日

河村有介

人名索引

あ 行

アジェンデ，サルバドール　23
アッバース・ヒルミー二世　46
アブドゥルハーリク，ゴーダ　145
アブドゥルマギード，アブドゥッラザーク　135
アブドゥン＝ナセル，ガマール　→ナセル
イブラーヒーム，ハサン　99
ウォーターベリー・ジョン　91
エスピン＝アンデルセン，イエスタ　9, 198
エッズ，アフマド　107-108
オドンネル，ギジェルモ　15

か 行

カーンズ，マシュー　16
カウフマン，ロバート　32, 198
ケマル・アタテュルク　61
ケマル・アタテュルク，ムスタファ　36
コリアー，デイヴィッド　31
コリアー，ルース　31
コルピ，ウォルター　12, 198

さ 行

サーダート，アンワル・アッ＝　6, 77-98, 99, 101-102, 130-136, 165-173
サブリー，アリー　80-81
サラザール，アントニオ　61
サリーム，ガマール　99
シーシー，アブドゥルファッターフ・アッ＝　2, 203-204
シドキー，アーティフ　139
シドキー，イスマーイール　47

新川敏光　11
スコチポル，シーダ　37
スライマーン，サミール　112-113
セーレン，カスリーン　29, 37
ソイファー・ヒレル　31

た 行

ターフェ，エドゥアルト　9
チトー，ヨシップ・ブロズ　61
ティリー，チャールズ　193

な 行

ナギーブ，ムハンマド　54-55, 64
ナジーフ，アフマド　106, 149-150, 181
ナセル　36, 52-80, 123-129, 162-165

は 行

ハガード，スティーヴン　32, 198
ハッカー，ジェイコブ　41
ハンティントン，サミュエル　38
ピアソン，ポール　193, 199-200
ビスマルク，オットー・フォン＝　9
ピノチェト，アウグスト　23, 196
ヒンネブッシュ，レイモンド　197
ファールーク一世　53
ブートロス・ガーリー，ユーセフ　106, 187
ブルギーバ，ハビーブ　36
ブレジネフ，レオニード　21
ベイニン，ジョエル　181-182
ペロン，フアン　14, 61
ベンディクス，ラインハルト　10
ポザスニー，マーシャ　61

ま 行

マーシャル，トマス・H　11
マホニー，ジェームズ　29, 30, 40
ムバーラク，ガマール　106, 108
ムバーラク，ホスニー　1-6, 101-122, 136-155, 174-187
ムヒーユッディーン，ザカリア　79
ムヒーユッディーン，マフムート　106

ムルシー，ムハンマド　2-3, 202-203
メアース，イザベラ　16

ら 行

ラル，ディーパック　27
リダー，アブドゥッラフマーン　50
ルフティー，アリー　138-139
ロエヴェ，マークス　197

事項索引

あ 行

アスワン・ハイダム　57, 78
アブー・シャナブ石油　47
アラブ社会主義　63-64, 71, 73, 79, 80, 83, 157, 164
アラブ社会主義連合　63-64, 80, 85
アラブの春　5, 7, 101, 189
アラブ連合共和国（UAR）　62
アルゼンチン　14, 15, 61, 196
イスラエル　58, 79, 92
一・二五革命　2-3, 202
インフィターフ　77-78, 81-85, 88-92, 130, 136, 156, 165-167, 194
英埃条約　53
エジプト経営者クラブ　107
エジプト経済研究センター　108, 186
エジプト産業連盟　49, 51, 107
エジプト石油産業　47
エジプト総督領　45-46
エジプト発展のための湾岸諸国機構　135
エジプト労働組合総同盟（ETUF）　86-87, 99, 181, 183, 187
エジプト労働者同盟（EWF）　62, 99
エタティズム　65-66, 105, 194, 195
　──型工業化　57-60
エッズ製鉄　107-108
黄金の30年　21
オスマン帝国　45-46
隠密改革　138-139

か 行

開発国家　14-16, 194
開発政策貸付　26
開発のための社会基金（SFD）　→社会基金事業　176, 201-202
解放同盟　54, 61, 64
カイロ交通労働者連合　55
カイロ大学　168
カルユーブ紡績　181
為替レートの一本化　140, 143
韓国　39
官民共同会社　166
官僚型権威主義　15, 16, 195
偽装請負　160
北イエメン内戦　79
技能職業訓練校　176
技能大学　176
キファーヤ運動　114
教育省　176
恐怖戦略　17-18, 32
共和政宣言　53
拒否点　201
許容条件　31-32, 33-36, 57
近代化論　10, 12
クローニー資本主義　109, 121
経済改革・構造調整プログラム　→構造調整プログラム　105
経済機構　58
経路依存性　6, 36-43, 155, 187, 202
ケインズ主義　21
決定的再編成　32
決定的分岐点　30-32, 57
権力資源動員論　12, 14, 20
工業化戦略　→輸入代替工業化戦略・輸出主導型工業化戦略・社会主義型工業化戦略　32-33
公共企業　159

235

――の合理化　165-167, 170
――の民営化　105, 165-166, 174, 177-184, 188
――部門　161, 171, 177
――労働者　163, 164
公共機構　159
公共整備事業　176
公共ビジネス部門　→公共企業　160
構造主義　21
構造調整プログラム　4, 24-26, 40, 144, 173-174, 188
構造調整ローン　105
公的医療サービス　72-73, 91
公的雇用　75, 96-97, 119-122
公的扶助　51-52, 73-73
高等教育省　176
合理的選択制度論　12
五カ年計画　59, 82, 135
国営紡績会社　47
国際通貨基金　7, 24-25, 42, 78-79, 93, 104, 106, 119, 133, 135, 139-143, 147, 161, 173, 179
国際労働機関　3, 51
国民統一進歩党　86
国民投資銀行　118
国民民主党　86, 106-108
国民連合　61, 64
国家コーポラティズム　20, 64
雇用保証スキーム　75, 164-167, 170, 184, 188

さ 行

サーダート年金　95
在埃アメリカ商業会議所　108
シカゴ学派　23
次世代基金　108
失業保険　67-69
実績正統性　204
疾病保険　67-70, 73
シナイ半島　79
――の返還　92
市民権　11
シャーミー・パン　143
社会基金事業　201-202
社会契約　111
社会権　10-11
社会主義型工業化戦略　33, 35
社会主義青年機構　80
社会主義労働党　86
社会党　47
社会保険　4, 9, 67-72, 94-95, 115-119, 122
社会保障の合理化　27, 28, 196
社会民主主義政党　13, 198
若年層の社会的排除　174-177
十月文書　81, 85
自由公正党　2
自由将校団　52-56
自由党　86
準レンティア国家　112, 193-194
障害および死亡給付　67-68
職業訓練　175-176
食料価格補助　75, 96, 105, 119-120, 122-157
食料暴動　115, 134, 136, 137, 195
資力調査　95
新自由主義　4, 23, 42-43
――の実験場　4
――型経済改革　26-28
新ワフド党　86
スエズ運河　53, 79, 92, 112
――会社　78
――公社　113, 159
スエズ動乱　57-59, 78
スタンドバイ・ローン　105, 140
スマートカード　203-204
税外収入　6, 92-93
――の減少　102, 195, 204
政治の代償　91-92, 97
政治的同盟戦略　→恐怖戦略・抱き込み戦略・組織増殖戦略

事項索引

生成条件　31-36, 57
正のフィードバック　29, 36-40, 92, 101
　——の終焉　40-43, 101-110
政府部門　159, 161, 171-172, 177, 184-187
　——労働者　162-163, 185-186
世界恐慌　48-49
世界銀行　7, 24-26, 42, 105, 106, 111, 119, 133, 161, 173, 179, 201
石油公社　113, 159
世俗主義　2
積極的労働市場事業　176
先行条件　30
ソヴィエト連邦　21, 57, 164
早期退職スキーム　180
組織増殖戦略　17-20, 32, 34, 35, 36, 61, 88, 201
組織労働者　13-14, 55-56, 61-62, 65-66, 86-87, 108-109, 113, 121, 166, 178-184

た 行

第一次世界大戦　46
待機状態　176, 189
第三次中東戦争　79, 127
第三の波　5, 38
タイミング　29, 192-193
第四次中東戦争　80
台湾　39
抱き込み戦略　17-19, 32, 34
立ち上げ組織　16-20, 24, 52, 66
脱商品化　13
断続均衡モデル　29
地方固定資産税徴収官　187
中華人民共和国　20
中小企業支援事業　176
中東・北アフリカ　6, 35-36, 39-40, 42-43
中等技能学校　176
チュニジア　36
直接現金給付　25, 150
チリ　23, 196

低賃金・低価格食料品政策　75, 126, 129, 155
テクノクラート　15, 196
鉄道公社　159
統一職務評価スキーム　163
統治連合　24, 27, 42, 107, 113
独立労働組合　187
トルコ　36, 61

な 行

内国通商・供給省　138
七・二三革命　52
農業協同組合　80, 125
農産物強制買上制度　75, 125-126, 128, 130
農地改革　54, 124-125

は 行

配給カード　132, 138, 144, 147, 151
配列　29, 192-193, 197
バラディー・パン　137, 141-144, 149, 153, 157, 203-204
パリクラブ　105
バンドン会議　61
反応的連鎖　40-41
東アジア　15, 34-35, 39
　——の奇跡　15, 19
東ヨーロッパ　35, 38-39
ビジネスエリート　84, 87-88, 109-110, 113, 121
非正規雇用　122, 174
非正規労働者　108-109, 115, 121
人の顔をした援助　25
ヒューマン・ベーシック・ニーズ　24
漂流　41
貧困削減支援貸付　26
貧困削減戦略　26
不安定レジーム　17-18
フィーノ・パン　141-143
フード・スタンプ　26
福祉改革の時代　198-201

237

福祉国家　　11, 64
福祉国家論　　5, 198-200
福祉発展の時代　　198-200
福祉レジーム　　6, 25, 42
普遍主義（食料価格補助制度）　　137, 145-147, 151, 156
プラグマティック社会主義　　61
ブラジル　　15, 196
米埃経済評議会　　108
変動相場制　　148
包括的社会保険スキーム　　94-95
包括的補助金　　25
ポート・サイード　　203
ポスト・ポピュリズム型権威主義　　197
ポピュリズム　　36, 40, 111
　　——型福祉レジーム　　76-77, 88-93, 99, 115, 121, 144, 155, 187, 197
ポプリスモ　→ポピュリズム　　14, 15
ポルトガル　　61

ま　行

マハッラ・アル＝クブラー　　59, 181-182
ミスル銀行　　59
ミスル紡織　　181
民主社会主義　　97-98
ムスリム同胞団　　2, 55, 202
メーデー演説　　135, 165, 173, 186
メキシコ　　19-20

モロッコ　　161

や　行

家賃統制政策　　90-91
山猫スト　　3
ユーゴスラヴィア　　61, 164
輸出主導型工業化戦略　　33, 34
ユニセフ（国際連合児童基金）　　25
輸入代替工業化戦略　　6, 22-23, 33, 34, 36, 196
余剰労働力　　173, 177, 188
ヨルダン　　42, 44, 161

ら　行

ラテンアメリカ　　14, 15, 33-34, 38-39
利益分配メカニズム　　164
リダー委員会　　50-51
流動層　　153
歴史的制度論　　29-30, 192
労使関係諮問評議会　　163
労働災害補償　　51, 67
労働法典　　122, 179-180
老齢年金　　67-68

わ　行

ワシントン・コンセンサス　　24-25
ワフド党　　48-51
湾岸戦争　　104, 143, 173

《著者紹介》

河村有介（かわむら・ゆうすけ）
1983年　名古屋市生まれ。
2016年　英国ダラム大学政治学国際関係学部中東イスラーム研究所博士課程修了，Ph.D.（Political Science）。
　　　　京都大学大学院法学研究科特定助教を経て，
現　在　日本学術振興会特別研究員（PD），立命館大学衣笠総合研究機構プロジェクト研究員。
主要論文　「アラブ社会主義体制における政治的自由化（一・二）」『法学論叢』第168巻第2号・第3号，2010年。
　　　　"Structural Adjustment and Social Protection in the Middle East and North Africa: Food Subsidies in Jordan", *Contemporary Arab Affairs*, vol. 8, no. 1, 2015.
　　　　「エジプトにおける社会保障と「社会契約」」『アジア・アフリカ研究』第55巻第3号，2015年。

シリーズ・現代の福祉国家⑬
アラブ権威主義国家における再分配の政治
――エジプト福祉レジームの変容と経路依存性――

2017年4月20日　初版第1刷発行　　〈検印省略〉

定価はカバーに
表示しています

著　者　河　村　有　介
発行者　杉　田　啓　三
印刷者　藤　森　英　夫

発行所　株式会社　ミネルヴァ書房
607-8494 京都市山科区日ノ岡堤谷町1
電話代表　(075)581-5191
振替口座　01020-0-8076

©河村有介, 2017　　亜細亜印刷・新生製本

ISBN978-4-623-08068-7
Printed in Japan

福祉国家変革の理路

新川敏光 著
Ａ５判上製・368頁・本体3800円

日本型福祉レジームの発展と変容

新川敏光 著
Ａ５判上製・450頁・本体4000円

福祉レジームの収斂と分岐
●脱商品化と脱家族化の多様性

新川敏光 編著
Ａ５判・348頁・本体5000円

現代ドイツ福祉国家の政治経済学

近藤正基 著
Ａ５判上製・320頁・本体6500円

家族主義福祉レジームの再編とジェンダー政治

辻 由希 著
Ａ５判上製・282頁・本体7000円

日韓企業主義的雇用政策の分岐
●権力資源動員論からみた労働組合の戦略

安 周永 著
Ａ５判上製・264頁・本体5500円

― ミネルヴァ書房 ―
http://www.minervashobo.co.jp/